嬗 变

油溪桥村乡村振兴发展道路

李　健——著

中国言实出版社

图书在版编目（CIP）数据

嬗变：油溪桥村乡村振兴发展道路 / 李健著 . --
北京：中国言实出版社，2020.6

ISBN 978-7-5171-3471-8

Ⅰ . ①嬗… Ⅱ . ①李… Ⅲ . ①农村—社会主义建设—
研究—新化县 Ⅳ . ① F327.644

中国版本图书馆 CIP 数据核字（2020）第 086379 号

责任编辑　张国旗
责任校对　宫媛媛

出版发行　中国言实出版社
　　　　　　地　　址：北京市朝阳区北苑路 180 号加利大厦 5 号楼 105 室
　　　　　　邮　　编：100101
　　　　　　编辑部：北京市海淀区花园路 6 号院 B 座 6 层
　　　　　　邮　　编：100088
　　　　　　电　　话：64924853（总编室）　64924716（发行部）
　　　　　　网　　址：www.zgyscbs.cn
　　　　　　E-mail：zgyscbs@263.net

经　　销　新华书店
印　　刷　三河市华东印刷有限公司
版　　次　2020 年 7 月第 1 版　　2020 年 7 月第 1 次印刷
规　　格　650 毫米 × 940 毫米　　1/16　20.25 印张
字　　数　218 千字
定　　价　58.00 元　　ISBN 978-7-5171-3471-8

前　言

　　来到油溪桥村，我的内心一直被震撼着。田野果园的蓬勃，道路屋舍的整洁，干部群众的精气神，让人耳目一新。

　　在这里待的时间越长，越觉得油溪桥人的难能可贵。深入田头村落，每天都有新的发现。去年来的时候，道路建设还没到位，今年游步路已经修好，一些小路也都硬化。路旁的竹篱笆，花格一样疏密，牵牛花的蓝朵攀缘而上，雅致而诗意；村里家禽家畜实行圈养，如果在公路上轧死一只鸡，其他地方要车主赔钱，油溪桥村却找鸡的主人问责；农家乐、生态农庄、游客接待中心都实现了公司化运营，旅游配套设施正在逐步完善，来油溪桥村参观、学习的省内外单位络绎不绝，村干部一边忙接待，一边忙发展，就像奔跑的汽车轮子，不停地转，但人人精神焕发；

村里小孩看见长辈和游客主动问好；游客丢垃圾，村民见了随手捡起来，整个村庄看不到乱丢的塑料袋、烟头、矿泉水瓶子，处处整齐洁净，充满了文明气息。这种气息随着空气流动，清新而充满希望。

油溪桥村过去是个鸟不拉屎的省级特困村，在以村支书彭育晚为首的村支两委带领下，经历了大大小小战役几百上千次，他们的敌人是贫穷，是陈旧的观念和脱贫攻坚路上各式各样的拦路虎。开会、集体决议，是他们解决问题的法宝。基层工作千头万绪，问题层出不穷，他们敢于面对，勇于担当。

十余年来，油溪桥村坚持"节约就是发展，文明乡风就是生产力"的发展理念，制定了"共建、共商、共富、共享"的发展目标，一步一个脚印，稳步向前。他们每推进一项工作，都要付出艰辛，但他们从不退缩，坚持每天在做。他们坚信，只要每天都在努力，目标会越来越近。

彭育晚支书认为，困扰当前乡村发展的主要根源不是资源和资金，而是"基层组织硬不起，乡亲们的思想观念跟不上"。油溪桥人用独特的视野和思维，承载起跨时代的乡村治理责任。

他们首先解决人的问题。加强村级组织建设和党员队伍培养教育，不断提高村组干部的领导能力和责任意识，创新开展党组织的学习活动，要求党员干部为民服务必须落地生根，在田间地头看得到，乡亲们摸得着。充分发挥村级组织的引领作用，建立一支永不撤走的工作队。

二是解决村民思想观念问题。舍弃眼前利益，注重长期发展，不损害集体利益，不断增强村民的获得感，各项事业扎实稳步推进。土地不用征收，能够义务筹工。在这方面走在别人前面。

三是解决民主治村问题。油溪桥村七次修订村规民约，建立了户主文明档案袋，推行户主积分制管理，公章管理阳光化，不断创新和加强村级事务管理，把有限的钱节省下来，用到最急需的地方去，从禁赌、禁炮、酒席从简等方方面面形成文明新风。

四是解决生态保护和持续发展问题。十年不砍树不打猎不捕鱼，为旅游发展储蓄资源，为各项事业的发展奠定坚实的基础，实现景区创建，把贫瘠的资源进行有效的融合，实现效益最大化。

五是产业发展因地制宜，循序渐进。他们选择投入少，风险低，见效快的产业入手，发展稻田养鱼，甲鱼养殖，推行经果林，开办农庄，发展旅游产业，成立公司，把低产低效的短期产业过渡为高产高效的中长期产业。

六是抱团发展，共同致富。用大家的智慧和集体的资金，解决个人资金不足、技术缺乏的问题，实现互帮互助，互惠互荣，实现产业整体推进，一户多品。他们不是盲目追求高效益而忽视风险，而是尊重实际，结合自身情况，稳打稳扎，实现零风险，低投入，高效益。

他们不单抓农业，还抓旅游服务业，践行农业支撑旅游、旅游带动农业的互利互补模式，综合发力，多点增效。

彭育晚说，我们要把无形资源变成有形资产，要把乡亲们的思想观念转化为生产力，要把油溪桥村精神和模式变成乡村振兴的助力器。油溪桥村发展成全国文明村，实现了村集体经济和个人经济的双赢局面，关键是找准了谁是乡村振兴的组织者、服务者，谁是建设者与受益者，明确了责、权、利的关系，改变了观念认识，激发了村级组织活力和村民群众的自身动力，发挥出了四两拨千斤的作用，增强了自身的造血功能，提高了发展效率。

"每一个人的理想信念不同，有人是以无限壮大个人财富来实现自己的人生价值，而我，愿意把个人的财富转换为公共财富，参与到社会建设当中，带领乡亲们改变面貌。一滴水掉到岩石上，会被蒸发掉，只有融入江河才能永葆生机。一个村穷了，家庭再富也迟早会穷；一个村富了，家庭再穷也迟早会富。这就是油溪桥村的小家与大家观。家乡养育了我们，常怀感恩之心才能彰显人性之美，明责任所在。"

彭育晚的话体现了他的情怀、视界与担当。

他把一生"赌"在乡村工作上，包括时间、精力、事业和人脉。

油溪桥村从"我帮你致富"到"我带你致富"，在整合过去集体经济的优势又结合现代承包责任制的利益分配特点上做文章，围绕群众利益最大化来探索发展路径，创造了"五统一五个有"和"一传二帮三带"的模式，要求党员种好试验田，当好试验人，做好传帮带。在第三产业上，油溪桥村采取土地入股、劳动力入股和资金入股的多样化开发模式，实现了全村人人都有不同的股份分配的目标。在经营模式上，把产权和经营权合理分配，既融入了社会资本，又维护了乡亲们发展的长期利益。

因其独特的发展模式和治村理念，彭育晚于2016年被湖南省委组织部聘请为村党支部书记抓党建促脱贫攻坚授课老师，2017

年应邀参加中德公共管理人才高层论坛，并先后荣获"中国好人""湖南省最美扶贫人物""扶贫帮带模范""湖南省优秀共产党员""五一劳动奖章"等荣誉二十余项。油溪桥村的发展经验和模式，被《人民日报》《中国组织人事报》《湖南日报》和中央电视台新闻频道及《新闻联播》等主流媒体相继报道。2018年《新华社内参》第4期以《湖南油溪桥村精准脱贫模式为乡村振兴探路》、《湖南省全面建成小康社会工作情况交流》第1期以《从油溪桥村嬗变看乡村振兴之路》为题，先后介绍该村典型做法。

油溪桥人从不计较自己得到了什么，政府支持了多少，而是不断查找自己哪些没做好，哪些一定要做。他们始终寻觅今后发展的方向，探索新的理念，找准正确定位，破解当前农村发展瓶颈问题。为那些没有政策支持优势，没有资源开发优势，没有区域发展优势和基础建设优势的村庄做出表率。油溪桥村敢为天下先，进行大胆的探索、尝试，走出了一条发展新路子。当我跟彭育晚聊到深处时，他说："发展建设好油溪桥村不是我们最终的目的，探索可复制可推广的乡村治理模式，造福更多的乡村才是我们的理想追求。"油溪桥村之美不只是产业发展之美，更是精神实质之美，担当奉献之美。油溪桥村精神不是用物质可以来衡量的，它是推动社会增强理想信念和加快文明进步的无价财富。

油溪桥村嬗变成了全国文明村，国家3A级景区村。

油溪桥人是平凡的也是真实的，他们默默地守护着这块热土，不抱怨，不放弃。为什么油溪桥村在没有单位领导挂点驻村的情况下能走得如此扎实？因为他们的发展不仅仅指经济和产业，最关键的是解决了村级责任问题、乡亲们的思想问题和发展建设中利益的合理分配问题，而这三个问题正是困扰当前中国乡村发展的老大难，油溪桥村用十余年时间找准了问题，破解了难题。他们所走过的路子留给我们的是深思。

我驻村近两个月，白天走村串户采访，呼吸新鲜空气，神清气爽；晚上住宿油溪桥接待中心，油溪河潺潺流水声，如音乐一般，伴我入眠。本书只是粗略记录油溪桥村在村支书彭育晚的带领下所走过的十余年历程，艰辛也好，收获也罢，说是他们所说，做是他们所做，我尽量不事褒贬，只是呈现。

世界上竟然真的有这样一个角落——湖南省新化县吉庆镇油溪桥村。

一

油溪河漂流公司办公楼门前人头攒动，黑压压一片。

这些人都是油溪桥村的村民。他们群情激愤，往办公楼里闯，被漂流公司保安堵在门外，双方僵持不下。村民不约而同发出怒吼："李某，出来！李某，出来！"

李某当时是油溪桥村支书。他心虚，生怕一现身，村民会撕掉他。他躲在漂流公司刘总的办公室，无比尴尬地望着刘总，乞求他出面破解危局。

正是漂流旺季，这么闹下去，势必在游客当中造成误解，影响工作。刘总思忖良久，反正得面对，他心一横，走到楼前，对着人群打拱手："乡亲们，乡亲们，大家听我说。"

人群渐渐安静下来。

有人问："这块土地什么时候变成你们漂流公司的了？"

刘总清清嗓子，说："我们和村里签了合同，那么大的红章子盖在上面。"

村民不信。

刘总从怀里掏出一份文件，在大伙眼皮前绕了一圈："你们看，白纸，黑字，红章，我们有正规手续。"

人群又骚动起来："正规个鬼！谁给你们盖的公章？我们怎么全不知情？是李某瞒着我们干的好事。这么大的事，为什么不召开村民、村支两委会议决定？这地皮根本没有征收。他把我们出卖了。让他出来说清楚！"

刘总讪讪地编了谎言道："他没在我们这里。"他边说边拨电话。

大约一支烟的工夫，有个人匆匆赶来，平头，鼻梁上架着一副金色窄边眼镜，身材如标杆一样挺拔。他就是彭育晚，土生土长的油溪桥村人。他生于1974年4月，大专文化，1994年参军入伍，1995年入党，是部队的神枪手，四次荣立三等功，1997年退伍。虽是行伍出身，他周身却不见粗犷，倒像位帅气的学者。

彭育晚转业后在南宁开连锁店，事业干得风生水起，是大家眼中的能人。他为人处事豪爽大气，乐于助人。遇上难事，乡亲们都喜欢向他讨教。那天他正好在家。

见到他，乡亲们把他团团围住，七嘴八舌说："晚吉，你来得正好，可得给大家主持公道啊。漂流公司太不地道，他们霸占我们的土地。"那时，村里的人个个亲切地叫他"晚吉"。

彭育晚表情凝重，别看他文质彬彬，却声若洪钟。他说："大家别冲动，有事好好说。事已至此，吵闹解决不了问题。何况漂流公司的手续合理又合法。"

村民又嚷："所有的事都坏在李某手里。他如果没做亏心事，怎么不敢出来面对？上游的电站也是他卖掉的，成瘾了。这次又瞒天过海，如果他没把土地卖给漂流公司，漂流公司能送他儿媳一间独立的门面房，售卖游泳衣、太阳帽等旅游用品？世上哪有这样的好事？别把我们当傻瓜，他损公家的资产，肥自己的腰包。"

彭育晚摆摆手，安抚众人，说："人在做，天在看。过去的事已经过去，当中缘由我也不清楚，重要的是将来。大家要想的是以后该怎么办，怎样才能改变这些，别再让人卖了。"

吉庆镇党委书记杨力勤带着工作人员赶到现场。油溪桥村的状况糟糕透顶，像这样今后的工作还怎么开展？杨书记的眉头蹙成了一条扭曲的大黑虫子。以李某为首的村班子不团结，会都开不拢，村里各种矛盾突出尖锐，工作陷入瘫痪，镇里每次下来调处，都头痛得很。

村民在彭育晚的劝说下，慢慢散去。

杨力勤眼见这么棘手的群体事件，竟被彭育晚轻描淡写化解了，皱紧的大虫子变成了舒展的绸带子。可是，他担心油溪桥村群众心中的结并没有真正消散，他们还会时不时到漂流公司和村里闹，扰乱地方发展和漂流公司运行。

杨力勤对彭育晚说："育晚，群众对漂流公司的抵触情绪太大了，你是退伍军人，见多识广，对解决问题有什么好建议吗？"

彭育晚说："群众的心情政府应该多理解和关心。解铃还须系铃人。漂流公司已经得了天大的便宜，真想缓和关系，他们就得有向群众做出让步的姿态。"

杨力勤饶有兴趣地问："怎么个让步法？"

彭育晚不假思索，说："首先，让村里把那个小卖部收回来，别让某些个人继续享有不该享有的特权；再建议公司把水手的工资适当提高，公司还可对村里群众表达慰问关心，让群众感觉公司心里有大家，人心就稳定了。"

杨力勤一边听一边点头，他心想，这个彭育晚，思路开阔，有见地，是个人才。

刘总趁机说："育晚，我们公司在贵村发展，只为求财。村民隔三岔五闹，真是让人焦头烂额。我有个不情之请。"

彭育晚爽朗一笑："刘总，有话直说。"

刘总说："这次村民来闹，你几句话就把大家劝回去了，他们很信任你。正好我们公司还缺一个安全部经理，如果你不嫌庙小，过来帮忙维持秩序，如何？"

杨力勤微笑着说："这个主意好。你可以成为漂流公司和群众之间的桥梁与纽带，一来能为群众代言，把他们的想法说出来；二来又可代表漂流公司与群众沟通。"

彭育晚从没想过这个，他忙拒绝："这可使不得，我老婆孩子都在南宁，家里的生意离不开我。"

杨力勤说："育晚，不是我们强人所难，而是确实没有合适人选。"

彭育晚犯了难。答应吧，老婆文二莲那里怎么说？闻知这次他在管闲事她都抱怨："关你什么事？老跑回去，店子不管，也不顾家。"不答应吧，家乡父老连个帮着说话的人都没有。他想，不如在家乡待一段时间，南宁那边，暂时辛苦老婆顶着，把这事理顺后马上就回去，两边都不误。于是，他点了头。只是他不知道，这一转身，竟投入了一场波澜壮阔的脱贫攻坚战斗。

二

油溪桥村山穷水恶，天晴一块铜，落雨一泡脓。没有一丘有水田，收成靠天，不落雨就没收成，白忙活一场。即便是塘水田，产量也低。村民多种花生、玉米、红薯，除了过年过节可以吃一餐饱饭，平时还得靠杂粮瓜菜。

越穷的地方，人们越喜欢把改变命运寄托在运气上，越迷信运气的人越喜欢赌，越赌就越穷。油溪桥村也不例外，打牌赌博成风，不论天晴落雨，男人打字牌，女人搓麻将。赢了请客打牙祭，花个精光；输了则生怨气、打架甚至偷盗，村里一片乌烟瘴气。

山外的世界日新月异，村里人却看不到出路，无所事事，稀里糊涂度日。

劳动力纷纷外流，有手艺的去山外做手艺，没有一技之长的到外面卖苦力，只剩些老弱病残留守在村里。

怎么才能驱散笼罩在油溪桥村的阴霾，让村里也跟上时代前进的步伐？

村里一些有头脑的人开始思考。退休老干部苏术初认为，油溪桥要发展，关键是人的问题，要选准人，选出一个脑壳活络、会想事、会做事的带头人。

苏术初在村里经历过很多。二十世纪七十年代，村里选苗红根正、苦大仇深的穷人当带头人，这人只晓得死跟着上面说的做，不管实际情况，欺上瞒下，浮夸成风，没一点文化，自己都穷得叮当响，怎么带动别人致富呢？他还爱耍干部派头，每次出工都比队员们晚到，到了劳动点先不管做事，只管有板有眼坐在地头抽烟。若社员来迟了，他就罚人家工分。社员如不听，他就打就骂。这种人，社员表面上怕，但没人真心向他、服他。田地承包到户后，他还闹过笑话。人家六口人的田打了三十来担稻谷，他家也是六口人的田，他却说打了六十多担谷。别人三十来担谷吃了一年还有余粮，他六十多担谷，到七八月份就没饭吃了，找人借。别人问他那六十多担谷哪去了呢？他死要面子活受罪，说还账了。其实是他打谷时把草铺在下面，把谷摆在上面给人看。这样做表面功夫的人怎么能带好头呢？

群众心里都有一本谱，只要领导一心为公，走在正确的道路上，他们自然跟着走。虽然开始跟的人会少，但慢慢地一定会越来越多。

彭育晚入职漂流公司，处理事务干脆利落，公道正派，魄力十足。公司上下对他处理问题的态度和立场很满意，政府和群众也都认可他的工作方法，特别是群众推选他当村里带头人的呼声越来越高涨。

2007年正月的一天下午，杨力勤书记把彭育晚请到办公室，泡上茶，真诚地说："育晚，和你商量个事……"

"您说，杨书记，只要我办得到，一定全力以赴。"彭育晚说。

"你看看你们油溪桥村……"杨书记摇头叹息，"镇里正在考虑油溪桥村班子建设，李某肯定干不下去了，支书这担子该谁来挑呢？谁又能挑得起，带着乡亲们走出困境？"

彭育晚诧异地看着杨书记说："书记，您这是？"

杨书记开始进入主题，说："育晚，干基层工作也很有味！干得好，比赚钱、当大官还有味些。油溪桥村现在需要你，你既然回来了，干脆把村支书这副担子挑起来，把村里几百人的命运挑起来，好好干一番事业，相信你会找到另一种幸福感、成就感。"

这个突然袭击让彭育晚措手不及。

家乡是游子永远的牵挂。

部队造就的优良素质让他片刻冷静下来。他想，家乡遇到困难，需要人承担。我是油溪桥村人，这方水土养育了我，我有承担这个担子的责任啊。

村里的现状，谁见了都心疼。有一个平台让自己施展才华，改变家乡落后穷困的面貌，让父老乡亲们过上幸福日子，这是多么好的机会！

然而，答应了，就意味着要大公无私，舍小家为大家，抛弃大好的个人事业；更何况积贫积弱的落后山村，不是一两年能改变的事，必须坚持卧薪尝胆，自己有这恒心毅力吗？做得到吗？这也是党组织的一种考验，自己到底能不能担负起这份信任，能不能干好这个岗位？

彭育晚是个有梦想的人。他不想碌碌无为，危难之处当显身手。面对诚恳的杨书记，彭育晚感到信任无价，责任如山。他豪情顿发，担当的力量在心头油然而生。

可是，这么重要的事，怎么和文二莲说呢？文二莲正和他一起在油溪桥过年。她要知道了不大闹天宫才怪。

果然，彭育晚一开口，文二莲坚决反对。她说："我们好不容易从这个穷得叮当响的山窝窝里跳出去，房子都在南宁买了，房子在哪，家就在哪，以后我们的子子孙孙都会是城里人，这些年，我们吃了那么多苦，还不都是为了孩子。"

彭育晚："把村里建设好，更是为子孙好啊。"

文二莲生怕彭育晚冒傻气，极力阻止，说："你是绊了脑壳，竟要折腾回来。"文二莲急得要哭起来。

彭育晚说："老婆，你别激动。正因为这里穷山恶水，我们更要努力改变。"

文二莲说："说破天我都不同意。你又不是不知道，油溪桥村几百年都是这样子，只怕请个皇帝来都改变不了，你以为你天大的能耐。"文二莲压根没想到，她越阻止，彭育晚内心试一试的想法越强烈。

彭育晚说："只要有心、有情、有力，我就不信不能把这穷山沟慢慢涵养起来，为后代造福。"

文二莲拗不过他，气得翻过身子，把后背扔给他："要回来你自己回来，我和孩子可不回。"

彭育晚的三哥彭育兵两口子来串门。文二莲说起他当支书的事，心里充满对未来的担忧。

彭育兵劝他："老晚，你是一家之长，经营好自己的家，让日子越过越红火才是硬道理。"

彭育晚说："哥，支书是全村的家长，我如果当好了，更有意义。"

彭育兵常年在家，对村里的情况一清二楚，他说："李某把村里搞得乱七八糟，没人愿意干的烂摊子，你去捡，小心得不偿失。"

女人的想法既简单又实在。嫂子更是直接："搞什么支书啰。图那虚名干什么？两口子东一个，西一个，连个暖脚的人都没有。"

一番话，听得文二莲眼泪汪汪。她对嫂子投出感激的一瞥。

彭育晚拿定的主意就像被铁焊住一样，纹丝不动。

2008年初，吉庆镇村级班子换届，上级顺应民意，派员下到油溪桥村了解情况，进行村级班子考察、摸底。

这时，出现了争议的声音。有人说，彭育晚当支书？他打牌赌博，油溪桥村本已是赌窝，在他领导下，会成世界赌场。彭育晚想自己的确打过牌赌过博，人家说的没错。他不愿做任何解释。谁让自己走过这些弯路呢？他不想处在这种纷扰和尴尬之中，准备回南宁，重新把荒废的生意拾起来，也好遂了文二莲的意。很多村民眼巴巴看着他，希望他别走，极力向镇里推荐，挽留。

上级找到油溪桥村两个从乡镇退休的老干部，一个是苏术初，一个叫彭育科，向他们征求意见。两位老干部向上级翔实汇报彭育晚的情况。

苏术初说："彭育晚父亲是个手艺不错的裁缝，与人为善，十分受人尊敬。我看着彭育晚这孩子长大，他从小调皮捣蛋，上课开小差，淘气，但心地善良，尊老爱幼，从不玩害人的把戏，品行纯正。他高中毕业就应征入伍，在部队勤学苦练，表现优良，不但入党，还当上班长，获得很多荣誉。如果让彭育晚当支书，能力肯定有，只是当村支书是条费力不讨好的路，不知他愿意不愿意。"

彭育科说："油溪桥不打牌的人几乎没有。我们不应揪住这个缺点不放，他年轻气盛，有过错难免，只要他能警醒，改正错误就行。毛主席说，改正错误就是好同志。彭育晚见过大世面，综合素质高，是油溪桥村支书难得的人选。"

吉庆镇党委一锤定音。

儿不嫌母丑，狗不嫌家穷。彭育晚用他宽广的胸怀拥抱家乡，担任油溪桥村党支部书记，踏入乡村治理大门，开始改变家乡的梦想之旅。

三

油溪桥村是湖南的省级特困村，集体经济收入不但没有一分钱，还欠四万多元外债；道路泥泞、电力不稳，水要到下面的油溪河里挑，有的地方甚至靠挖土坑积水生活。已经进入二十一世纪，油溪桥村的生存环境依旧极端恶劣。

宁愿十年挖口井，也不要一年挖十个坑。唯有专注，才会成功！

彭育晚深知全村人都在看着他，怎样才能不辜负大家的期望？都说新官上任三把火，这火该从哪烧起来？彭育晚感到压力山大，他带着彭德友等村干部走遍了油溪桥村的山山岭岭，对山水资源进行摸底，寻找突破口。彭育晚十分清楚，自己手上并不是真的一穷二白，村里的荒山秃岭只要经过涵养，培植地力，经营得当，大有文章可做。

油溪河漂流的起点至油溪桥之间，有一大片废弃的沙洲，彭育晚每天上下班都会经过那里。他想，那么大一块沙洲，空荡荡的多可惜，应该把它派上用场。它要怎样才能创造属于自己的价值？

七八月份的油溪河很是热闹，热爱漂流的游客来了一拨又一拨。彭育晚偶然听到两位游客发牢骚，漂流好玩归好玩，可竟然找不到地方停车。

彭育晚闻言，茅塞顿开，沙洲是个绝佳的停车场所啊。建成停车场不仅可为游客提供方便，也可为村集体谋取利益。对，油溪桥村的第一把火就从这里点燃。

想到就做。

彭育晚立即召开村支两委会议，把自己的想法和盘摆出，让大家讨论。村干部们对这一金点子非常感兴趣，说："支书，你怎么能想出这样的怪招？"大家一致同意把停车场作为发展建设的开局项目。

"干！别说是一个沙洲，即便是让我们炸敌人的碉堡，也干。"

他们很兴奋。

有钱男子汉，无钱汉子难。

虽然只是整块坪，可设备、水泥沙子从哪来？工资又怎么解决？这都得要钱。巧妇难为无米之炊。油溪桥村新的村支两委刚组建，迫在眉睫的问题就是钱，没有钱寸步难行。

这没难倒彭育晚。

上任之前他就做好了心理准备，在商场打拼多年，他已有一定的经济基础，用他的话说，小钱垫得起。彭育晚私人垫钱，运来水泥沙子，租了压路机等设备。设备和材料堆在沙洲上，小山一样。

全体村组干部带着群众筹工筹劳，热火朝天干了起来。

沙洲面积大，坑坑洼洼，到处是石头荒草，用人工整平的代价太高，彭育晚雇来一台挖机。机械的参与，使效率大大提高。他又去油溪河上游的电站游说，争取电站支援地方建设，免费向村里供应施工用电，村里把线从电站拉过来，装上小型搅拌机和平板振动器。

这时候，村民与漂流公司又发生了争执。

漂流公司认为：油溪河河岸属于公司的管辖范围，怎么轮到你们村里建停车场呢？要建也得我们建。他们质问村民："你们这是什么意思？是不是想掐住我们的七寸，阻碍我们公司发展？"

油溪桥村群众不甘示弱："你们漂流公司都在我们的土地上呢！"

漂流公司董事长伍文军带领职工阻挠村里继续施工。理由是土地是国有的，漂流公司是国有企业，油溪桥村应服从国家这个大局。双方谁也说服不了谁。

杨力勤书记把彭育晚叫来开现场会。

伍文军说："育晚，你们做的事太不地道。"

彭育晚提醒自己保持冷静理智，妥善处理好这个敏感难题。何况，他曾在漂流公司任过职，公司上下都没轻慢过他。他说："伍董，我们并不是想把资源控制在自己手上，我们只是想资源共享。有了停车场，方便了游客，更能促进旅游事业发展。"

伍文军说："油溪桥村要求优先录取村民成为公司水手，我们同意了，待遇也从优，还同意每年赞助村里一万元办公经费。你们不能得寸进尺。"

彭育晚想，不能不战而退。这是村里的开局人计，一定得成功。他说："伍董，你搞漂流我们搞经营，你收门票，我们做服务，互利共赢。你搞你的码头，我搞我的停车场，共同合作把产业做大做强。"

伍文军横竖不干，他说要向县水政局投诉，油溪桥村违章建设停车场。

彭育晚据理力争："修建停车场是为了全村的利益，是全村群众的心声。群众都很齐心、坚决。"他越说越激动，拍着桌子对伍文军吼起来："伍董，你摸着心窝想想，油溪桥人这么苦，这么难，大家想搭着你们发展有错吗？我们不利用资源，能有希望吗？作为落地企业，造福一方土地，是多么有意义的事。你却只想着自己。今天我把话撂这儿了，你同意，我们建；不同意，我们也建定了！"

杨力勤书记赶忙打圆场，说："漂流公司在这里，也得为当地群众谋福利。我倒有个好主意。停车场建好后，公司可以租赁的形式利用场地，支持地方发展；但油溪桥村必须承诺，任何人不得以任何理由影响公司的正常运行。"

彭育晚拍着胸膛表态："这点我用生命保证。"

伍文军斟酌再三，只得同意了。

四

修建停车场，为了省钱，油溪桥村没请施工队。自己动手，丰衣足食。彭育晚把村里的能工巧匠请到现场，边做边想边问，一步一步力求认真做好。

彭中来是彭育晚在漂流公司的同事，两人相处甚好，惺惺相惜，彭中来对彭育晚尤为喜爱，两人在性情上有很多共同点，都不计较个人得失。为了支持彭育晚，他接受了戴家排的一个组长职务，奋战在修建停车场第一线。

油溪桥村的组长可不是徒有虚名，他们不光要组织群众，自己还要冲锋在前。村民的劳动，村里多少会象征性算点工钱，不可能要他们完全无偿帮工。但组长要完成规定的义务工，多出来的才能算点工资。

彭中来同样如此。他运水泥、搞砂浆、搅和卵石，忙得不亦乐乎。由于没有专业技术和工具，彭育晚有点拿不准，与彭中来商量。

彭中来懂木工技术，他说："支书，莫急。修水泥坪虽是泥瓦工干的活，但和木工原理应该是相通的，我保证拿下它。"

只有想不到，没有做不到。

彭中来设计了方案。他锯了些木板，围成一厢一厢的四方格子，往厢里灌入水泥砂浆，打一格留一格，再打一格留一格，松了模之后就成了间隙。中间留了空隙，水泥不得板结拢去，季节变化导致的热胀冷缩就有了空间。他担心河水的浮力，又打了些松气孔，将小竹筒放进眼子里，留些通气的地方。空气有地方跑的话，坪就不会鼓烂。

这个土办法既实用又科学，大伙都夸他是个化学脑袋。

2008年的雨季特别长，暴雨不断。有天晚上，上游电站泄洪，村里还有五六十吨水泥堆在沙洲上，虽然用帆布罩着了，但水位上涨会把水泥都淹了，那会是多大的损失！一接到通知，村组干部都立马赶来。

彭育晚边扛水泥边指挥，得赶在洪水到来之前把水泥抢出去，能抢多少是多少。一百斤一包的水泥，他腿一弯，双手掐住水泥包使劲往肩上扔，脸一扭，弓着背便跑起来；村组干部们也抱着水泥包一路小跑，和洪水争时间。人人头顶上，热气一柱柱升腾，跟着人们步伐奔跑。深夜的油溪河边，啪啪的脚步声奏响了充满力量与激情的"抢水泥之歌"。

遗憾的是，大家的脚步还是没有抢赢洪水的倾泻，水位涨起来了，还有一小半水泥被浸泡在水中。有人眼圈都红了：多可惜，一吨水泥几百块哩。他们埋怨道："电站也真是，怎么不早通知几分钟呢？那样我们的损失就小了，明明知道村里没钱。"

彭育晚纠正说："这事怨不得电站，上面什么时候来大水，人家不晓得，但来了大水他就得把闸门扯开，不松闸的话，坝就有危险。"他安慰大家，"干事情哪有一帆风顺的，我们汲取教训，以后别犯这种错误，尽量少把材料堆在沙洲上。"

从挖机进场到完工，大家夜以继日，花了两三个月时间，仅投资六万余元，宽敞、平坦的停车场便展现在村民面前。人们欢呼雀跃。因困窘沉寂了经年的油溪桥村终于有了点动静！也许在别的地方，它并不起眼，但在油溪桥村的发展史上却具有里程碑式的意义。它是大家用智慧和劳动完成的第一个基础设施建设，看着停车场，成就感和自信在众人心中蓬勃而出。

村里有个叫彭培山的老人，年逾九十，行动不便，听说停车场建成，如孩子般高兴，硬要家人搀着到现场观看。其时，天气已经很冷，河岸上落满薄霜。他拄着拐杖，颤巍巍地对彭育晚说："油溪桥村有你们这帮后生，有希望了。"

老人不久就去世了，但他看到停车场后欣慰的笑容永远定格在彭育晚的脑海里。

停车场建好后，村里收取二十万元租金，一次性租给漂流公司。油溪桥村挖到了村级集体经济的第一桶金，为后续项目建设积累了资金和经验。漂流公司也方便了，两者利益得到兼顾，彼此关系慢慢向好。

彭育晚趁热打铁，把漂流公司被个别人占有经营权的门店摊位收回了，再由村里实行投标发包，第一年就为村集体创造经济效益四万八千元。他先召开会议，说明村集体的资源经营权只能归村里所有，再发布全村公告，让在景区售卖旅游用品的摊主把以前采购的货物按时、主动上交，村里统一收购，若不上交，后果自负，村里不承担任何责任。同时，欢迎全体村民对摊位经营权透明竞标。把人家嘴里的肉抠出来是件危险活，没有人会乖乖就范。发出公告半个月，没有丝毫动静。彭育晚明白，这是一场勇敢和怯懦的较量，公与私的较量，他绝对不能妥协，也没有半寸退路。

最后一天，他特意选了个人多的时间，站在老油溪桥的大青石上，一动不动地望着桥下滔滔流淌的油溪河水。来来往往的村民不知他在干什么，好奇地围了上来。良久，他扬起头对着大家一字一句地说："漂流公司门店的经营权如果收不回来，我就从这跳下去！"和他平时的大嗓门比起来，这声音低沉了许多，却异常清晰有力。村民们都被他周身散发出的无可抗拒的力量震慑住了，他是个说到做到的人。人群外，有些人不声不响地走了。

当天晚上十二点前，所有人把东西都交了上来。

俗话说，会得邻居好，脚都踩到宝。彭育晚不但注重和漂流公司的关系处理，与建在油溪河上游的电站之间的关系也很融洽。同时，不断给群众灌输这些理念，慢慢地，不管是村组干部还是群众，大家都认为既然一个企业到了油溪桥，彼此就是邻居，应和睦相处。邻里之间如果产生龃龉，得认真把矛盾疏解。下到油溪河的船要水，油溪河里的水也要船。

彭育晚播下的友善种子在村组干部心中生根发芽。

彭中来为人厚道，做事扎实，他在停车场建设中所做出的贡献，彭育晚看在眼里，满心欢喜。他特意找他谈话："老哥，不光事要做好，加把劲，争取入党吧。"

彭中来憨憨地笑了："都快五十岁的人了，还想那么多干什么，好好给大家做点事就行。"

"七八十岁都有人入党呢。"

彭中来在村民心目中很有威望，他们说他是吃半升米、挑百斤担的人。他转而想，有彭育晚这样的支书在，对自己要求要高一点，能得到这么大的信任很难得，自己一定要支持他，于是积极表现，申请入党。党员就得埋头做事，这是实话，他也是这么想的，能做到什么他就干什么。

众人拾柴火焰高。

修停车场，大伙使出全力，搅拌水泥、打坪，五十块钱一天的工钱，去外面做工，一天工资有一百到一百五十块钱，谁也没计较这个，只帮村里火火地干。

谁不说家乡好，谁不希望一天一天看到自己家乡的变化？

村干部彭德友说："人都有一种意志，知道停车场建好是村里的，可以收停车费，漂流公司的车多，村里就能赚钱，那种单纯的发展欲望，是村里迫切需要的。一个村，不是支书一个人的，搞好是子孙计，都是为了发展。"

村里没钱，阴历年底，彭育晚在朋友那借些钱回来，把村民的工资付了。村民为村里做事，他一开始就讲好，要付大家工资，虽然工资不高，但讲了就得做到，不能让人白付出，寒心。彭育晚说："不把工资付清，我年三十夜里都不回家。"村组干部的可就顾不上这么多了，村里也没能力顾上这么多，只好暂时搁置一边。这个大家都知道，能理解。

对于给村里建设垫钱、借钱，彭育晚并没多大顾虑。他有自己的想法。要当好村支书，一定要把自己的精力、时间、事业、经济、人脉赌上去。只能出力、不能出钱的人干不好村支书；出了钱出了力没操心没把时间放上去也建不好一个村。只有尽己所能，倾尽所有，才能把村里搞好。这是一份长期性综合型的工作，必须点滴积累，持之以恒，久久为功。

首战告捷，尝到甜头的村民看到了彭育晚的智慧和能力。彭育晚的第一把火赢得了民心。

五

停车场建成没多久，湖南省开始集体林权制度改革。

集体林权制度改革是继田土承包制后，国家对农村改革的又一重大战略举措，目的是盘活森林资源，激发林业发展活力，促进生态环境改善和农民增收。

一些贫困地区一谈林改就哭穷，两眼向上等靠要，没有钱便束手无策，结果是钱没等到，事也没办成。但彭育晚认为，这事既关群众利益，又可以争当试点示范，何乐而不为？只要用心，别人不愿做或者疏忽了的细节，也许蕴藏着契机。至于困难，干什么没有困难？只要齐心，集全村之力，他不信干不好林改。

彭育晚向杨力勤书记主动请战，握住他的手坚定地说："书记，别人不搞我们来！保证完成任务！"

他的手厚实而又充满力量，眼里没有一丝犹疑和退缩，杨力勤书记分明看到了他的信心与决心，深受感染，把另外一只手也盖了上来说："行！就看你们的。"

这四只大手叠在一起传递的是温暖与信任。认定了的事，彭育晚从不怀疑自己会不会给杨力勤书记丢脸，他也不会给吉庆镇抹黑。

他把这当成鞭策。

回到油溪桥村，他马上就林改召开村组干部党员动员大会。

听说是林改，彭德友就泼冷水。他说："支书，现在正是最热的时候，山里蜂啊蛇婆子的那么多，爬上山都难，还要去那些刺蓬里，谁愿意去？全村那么多山。"

彭育晚眼一瞪："不吃苦怎么干事业？难道坐在家里等天上落？"

彭中来斟酌着说："支书，村里的山是1984年林业三定时期分到户的，二十多年了，要重新踏界，只怕是桩费力不讨好的事。"

彭德友接着道："村民原本就因为林地间的利益时有纠纷，这林改如果改得好还行，万一出点娄子，村里只怕会鸡飞狗跳。我们的工作才刚刚打开局面，经不起折腾啊。要是闹出上访，可真是得不偿失。"

彭育晚说："正因如此，我们要借着林改这股东风，化解林地利益引起的纠纷和矛盾，这比金钱还值贵、值得做，把界埋清楚，既可杜绝群众将来因林地利益引发矛盾和林权纠纷，又可顺势借力为全村以后发展布局扫清障碍。这么好的机遇，为什么不迎难而上呢？"

彭中来又说："时间过去了这么久，估计有些家庭参与分山的长辈都不在了，有几个年轻人能知道自家的山从哪起到哪止？就算村里确界，没有早前的依据，怎么确？"

彭育晚沉吟着说："这的确是个问题。不过，村里在世的老人应该多多少少知道一些情况，到时把他们请上山，总归能解决。"

彭德友为难地说："村里好多人在外打工，有些甚至全家都在外面，人都找不到。缺一户都不行啊。这可是个马蜂窝，不动它还好，一动难免被蜇得鼻青脸肿。"

彭育晚说："谁家还没有沾亲带故的人在村里啊，真要有心，还怕找不到人？"

他顿了顿，接着说："同志们，一遇困难，不能难字当头，我们争当这个试点，并不是为了讨好上级，而是油溪桥村需要这个机会。我相信，只要我们同心协力，一定能干好；我也相信，只要干好了，油溪桥村不管是对内还是对外，一定会有新的起色。"

他起身推开会议室的玻璃窗，夜风送来此起彼伏的蛙鸣声，一只萤火虫飞进来，好像它也是赶来赴会似的。望着夜色里安静的油溪桥，彭育晚心潮澎湃。林改，政府并没资金支持，村里需投入大量人力物力，且各种利益纠结，错综复杂。真的是个马蜂窝啊。

难道遇到敌人的碉堡坚固就绕道走？不可能。

彭育晚不打没有准备之仗。他翻阅了大量的资料，走访了上百个林场，有时一天都吃不上一顿饭。由于经常在山林里出没，实地了解情况，他的鞋子都磨破了，脚指头探了出来，在荆棘里穿行，被刺得伤痕累累。

会哭的孩子有奶吃。彭育晚不爱哭，村里虽然受穷困制约，每前进一步都异常艰难。但他有血性，并不惧怕。他说："这是一个挑战，面对挑战，作为一名战士，难道还有畏缩逃跑的理由？唯有靠自己奋斗，去闯，去拼命。从荆棘丛中闯出路来。"

彭育晚号召全村把林改工作上升到一场大战役的高度，当成是一次大练兵，锻炼新班子的治村理政能力。

他首先以标语、横幅、村广播、召开片落座谈会等形式，大力宣传林改的重大意义和有关政策，提高村民积极性，民心汇聚到了一起，油溪桥村上上下下，涌起一股力量，就像张满的帆船，只等出发那一刻。

油溪桥村人口少，林地面积宽，山河交错，地形复杂，遗留矛盾多。针对这些实情，彭育晚建议村里成立林改理事会，成员由群众推荐。

林改理事会组织人员以组为单位，分户摸清农户人口数和自留山、责任山坐落位置及数量情况，逐户逐块地填写调查摸底表，记录内容齐全规范、数据准确无误，图、表、册一致，人、地、证相符。并以居住院落张榜公示。

世上的难事都怕"认真"二字。

根据彭育晚的安排，村组干部一齐上阵。村里通知全家在外打工的户务必派说话算数的代表回来参与林改，把一些德高望重的退休干部，在村里有威信、讲公道话的人全部请出来，搞林权三树确界。

彭育晚自己更是身先士卒，不论是宏观掌控，还是具体操作，都尽心竭力，不分白天黑夜，连轴转。

月亮爬到了山顶上，目力所及都是巍巍群山。彭育晚累了一天，回到冷清清的家里，肚子"咕咕"直叫，他躺在沙发上疲惫不堪。灶上没冒出一丝热气。文二莲过完年就去了南宁。没有女人的家真不像个家。在村里，白天还好，忙得连喘气的时间都没有；晚上一个人时，思念与愧疚就如窗外的月光一样，笼罩着他。她一个女人，带着孩子在南宁，还要照管店里的生意，也不知怎么过的。担忧爬上彭育晚心头。他掏出电话拨了过去。还没等他开口，那头便传来文二莲仿佛正炝辣椒油的声音："你还知道打电话？"

彭育晚小心地说："老婆，村里在林改，太忙了。"

"忙？你忙你的好了，干吗还管我和儿子的死活？"

"老婆，别这样。"

"彭育晚，你不是男人，扔下老婆孩子不管。"

"乡亲们太苦了，我不帮他们谁帮？"

"少了你彭育晚，油溪桥的日月就不转了吗？"

说着说着，文二莲语气缓和下来："你吃饭了吗？"

"没，"彭育晚满不在乎地说，"等下泡碗方便面。"墙角的那堆泡面盒，堆得快有人高了。

文二莲心疼起来："餐餐吃方便面，哪行啊？身体搞垮了怎么办？"

"没事，我身体棒得很。"

"你去哥嫂家吃饭吧。"

"人人都有家，我不能老蹭饭，给他们添麻烦。"

"你快回南宁吧，你不在家，我好害怕，一家人在一起，比什么都好啊。"

"你要坚强点，家里的事就拜托你了。"

每次听彭育晚说这种话，文二莲心里就会起火，她的嗓门又大了："你才是一家之主，怎么能百事不探，全扔给我一个弱女子呢？"说着，她气恼地撂了电话。

彭育晚何尝不想过热气腾腾的小日子？但已经接过担子，不能半途而废，油溪桥村更需要他，他只能硬着心肠抛下妻儿。彭育晚甩甩头，收回思绪，既然主动请缨，做林改先锋，哪有时间在这儿女情长？

一碗泡面下肚后，力气又长了回来，彭育晚开始整理林改资料。房间里静悄悄的，只听得见他的笔"沙沙"地滑过纸页，就像春蚕在"咝咝"地啃食桑叶。村里的灯一盏接一盏熄了，只有彭育晚家的还在固执地陪伴着月亮。

彭育晚结合实际，成功归纳出"凭、听、察、看、摸、查、调、确"八字方针，即凭林改政策，听取群众意见，察看现有山界，判断分析情况，摸清林地底子，查找原始资料，确定权属范围；对板块面积的分布和形成进行调研调整，对插花地、自留地和"三难管"地重新立界确权。这个八字方针思路明确，对油溪桥的林改有着切实的指导意义，让各片负责开展工作的村干部有章可循。

终于，伏在案前忙碌的他抬起头，伸了个长长的懒腰，时间过得可真快，竟然已是凌晨两点。揉揉发胀的眼睛，新的工作安排跳入脑中，他也不管墙上的钟时针指在哪个位置，依次给张仁望、彭德友、彭玉华等人打电话，安排天亮后到哪座山的哪个点会合。他知道这大半夜响起的手机铃声会让人多抓狂，可工作不安排好，他的心就落不下，也腾不出心思思考下一步的计划。

一通折腾，天亮了。

彭育晚简单地洗了个冷水脸，抓过一根香蕉，剥皮后几口塞入嘴里，精神抖擞出门了。回家的这些日子，他每天的食物除了方便面就是香蕉。由于长期吃香蕉，竟然治愈了他的痼疾——胃病，真是意外的收获。

六

夏日的太阳毒辣辣地挂在头顶，烙铁一样灼得人生痛。俗话说"七蜂八蛇"，山里到处有黄刺蜂出没。彭育晚组织过去参与分山的知情者进山，挨家挨户帮着确界、清界。这些知情者大多上了年纪，彭育晚左叮咛右嘱咐，千万要注意安全。

苏术初是林改理事会的一员。他刚刚和同伴给两户村民丈量好林地界限。阳光透过层层叠叠的树叶，在他脸上晃动，他的头发尖子都被汗浸湿了。他直起腰招呼两家管事的人过来，当着二人的面做好规定，又让双方写好协议，签上字。清了界，还得按确定的地点重新埋下界桩。

苏术初抢起锄头，想刨出个埋界桩的坑。一位林地主人慌忙抢过锄头说："这哪还能累着您呢。我们自己来，您只管监督我们找准地方就是。"他三下五除二挖了个深坑，把界桩插进去，培上土，用锄头镦紧实，对着苏术初说："您老看看，天牢地稳了。"

另一位林地主人早就搬来了两大一小三块岩石，他小心地把它们埋在界桩下。旁边两个大的，一个小点的埋在中间。这是老一辈流传下来的埋界方法。两边大的岩石代表各人的地界，中间小石头的目的是让界线细一点，若界线太粗，界上长的树两家又会争。虽然是土办法，但村民都认。

苏术初给他们在界桩上用油漆注明地点，左与谁、右与谁、上与谁、下与谁搭界，四抵标注清楚。他拍拍身上的尘土，避开嗡嗡叫的黄刺蜂，满意地笑了。

天气炎热，村民的情绪更热，生怕这次错过，以后就不管了。村里有个八十多岁的孤寡老人，腿脚不便，上不了山。老人急啊，这可怎么办呢？林改理事会早就替他想好了办法。他们派出代表和老人沟通，征得老人同意后，理事会成员联合上山给他踏界，回头把所得界址和面积口头告诉他，又制成图表让他亲自过目认可，再在村里公示。

在彭育晚的具体指导下，全村没有落下一个人，村组干部认真为群众解决问题，不回避，不推诿。有矛盾的户，通过双方协商，村组干部不偏袒，按事实说话，做到一视同仁，没分厚薄，公平合理，没有一个人不满、不服。群众更加支持村里的工作。林改前，村民之间经常出现林利纠纷和矛盾，现在一改，天下太平。村组干部在处理矛盾中验证了自己的组织协调能力，更觉有滋有味，浑身涨起使不完的力气。

当然，处理这么复杂的问题，牵涉面广，肯定会遇到很多困难。

彭贵华和彭华先、张自荣家的林地，在水对冲的山里，以前是以一棵树为界，但那树被砍了。林改确界时，大方向不错，但不精确，上下相差一米左右的地方，三方争进争出，扯皮不休。

彭德友见了，说："你们公说公有理，婆说婆有理，这界怎么确得了？我看这样吧！找位你们都信任的中间人来商量，怎么样？"

三人觉得他说得在理，这么下去，再争一年都解决不了问题。三人齐声说："还去哪请，就请你给断了吧。我们信。"

彭德友说："要我断，好办，把间距分成三份，一家一份不就得了。多的也多不出多少，少的也不用掉块肉。"

三方考虑后表态，就这么定了。

村组干部积累了经验，上山确界时就表明态度：不管以前怎么指的界、有谁做证、界树砍了没，但现在是我们在确界，不分张三王五，当事人讲的不算，得由村组干部参与，确保透明公正。

张仁望是从前任村班子过渡到新班子来的老村干，是油溪桥村发展的活的"记事本"。林改，又怎么少得了他？他成天带着群众在山里转，汗流浃背地勘察。

2009年9月7日上午，张仁望到河对面的龙山冲山顶竹林，与另外两个村民，进行林权确界测量。竹林正好在木方村与油溪桥村的交界处，崖陡壁峭。他用绳子拉线，打柱子，埋界桩。刚下过雨，岩壁上水渍渍的，很滑，危险，无人敢上。张仁望想，自己是支部委员，我不上，谁上？

于是，他毫不迟疑地爬上一块大片石。常年钻山的人，爬块石头原属易事。不料那石头在雨水的冲刷下早已松动，他人还没站稳，只听"哗啦"一声，石头掉落，人跟着栽了下来，人比石头先落地，石头正好砸中他左小腿。他清楚地听到"咔嚓"几声。同时，剧痛袭来，他知道骨头断了，忍痛拨通彭德友的电话："德友，我的腿摔断了，你快来。"

彭德友和他哥哥张仁高急火火地赶到现场，才知情况比想的更严重。张仁望的小腿骨断成三截，树杈一样戳破了皮。

张仁高吓坏了，软绵绵地搂着张仁望使劲哭："断成这样了，怎么办啊？"

彭德友喝住张仁高："哭，哭，哭，就知道哭。哭能解决问题吗？血都放死了。"他转头对张仁望说："快点爬到我背上来。"

张仁望腿虽摔断了，但人却没糊涂，他犹豫着问："你行吗？"

三天前在山里踏界时，彭德友的右手也摔伤了，肿得像馒头，医生给他绑了绷带吊在胸前。

彭德友说："你莫管这个，爬上来再说。"

张仁望也就不再客气，爬到了彭德友背上，紧紧搂着彭德友的肩膀，张仁高跟在后面托住张仁望的屁股，一来可以防止他往下滑，二来也能往上推推，给彭德友帮点力。

山崖十多米高，陡峭，平时就算手脚利索的人看着都怕，谁上得去？彭德友也不知哪来的胆量与力气，背起张仁望就爬。他的右手不能使力，一用劲眼泪都痛出来了，只好伸出左手在崖上攀住一些杂树苋，慢慢往上爬。

血从张仁望的伤口汩汩涌出来，沿着裤管沙沙往下滴，彭德友的白衬衣、灌木丛、泥土上到处都是。彭德友咬紧牙关，脑中只有一个字，爬！最后，他自己也不知道是怎么上去的，一到平地，便瘫倒在地，回过头去看身后的崖壁，只觉头晕心悸。

张仁洋赶来了。

直到这时，张仁望才说："上来了就莫急了，你们给我简单包扎一下再走。不然，看这架势，我没痛死，只怕血也流干了。"

闻言，张仁洋从自己衬衣上撕下一块布条，替张仁望包扎。众人一块儿把他送到安化大福医院。随后赶来的张仁望老婆看到血肉模糊的丈夫，泪如泉涌，她边哭边数落："你傻呀，那么高的悬崖，你去踏界，不要命了！你要有个闪失，我怎么办？"

张仁望安慰老婆："傻女人，你男人死不了。"

经X光检查，张仁望小腿粉碎性骨折，医生给他上了钢板，鉴定为三级伤残。

为了林改，张仁望出了这么大事故，油溪桥村人深受感动，成群结队到大福医院看望他。

在一旁陪护的张仁望老婆心有余悸，很是庆幸地说，幸好没砸在脑袋上。她边说边比画，那么大的一块石头，砸头上就麻烦了。

村民们你一句我一句，安慰她，好人有好报，老天爷长了眼睛的。

腿伤还没痊愈，张仁望就拄着拐杖出院了。因为他负责村里各种材料的出进，还管着村里的钱，他牵挂村里的工作。由于工作太忙，没时间去医院松钢板，这钢板一直留在他体内。

张仁望说："反正年纪大了，钢板留在骨头上算了，我不想再挨一刀。"

村里对张仁望不畏艰难险阻、冲锋陷阵的英雄事迹，做出相应表彰，报销他所有医药费。三级伤残，按法律规定还有一笔可观的伤残赔偿金，张仁望从未向村里提过半个字。后来省里也对他进行了慰问。

张仁望落下终身伤残，但他无怨无悔。支书那么辛苦，他交代的任务，一定要干好，让他放心。张仁望还认为，林改可以帮村民把森林资源储蓄起来，村民靠山吃山，靠水吃水。把山靠住，油溪桥村人的脊梁就有了支撑。这是他应该做的，换作别人也会这么做。

张仁望的足迹踏遍了油溪桥村每一寸林地，他的汗水洒在了油溪桥村每一个界桩，他的事迹鼓舞了油溪桥村每一位林改理事会人员的士气。

油溪桥村于2009年9月18日圆满完成林改工作，在全省率先攻坚成功，获得了全省第一，为全省林改积累了宝贵经验。

油溪桥村取得的成果打动了县里和省林业厅的领导。油溪桥村敢于碰硬，工作扎实，县里把他们当作重点示范，推广经验，县委书记、县长在礼堂里亲自给他们颁发林业证书和土地领用证书。湖南省林改现场会选在油溪桥村召开，并对村里进行了奖励。时任省林业厅长邓三龙给予高度评价："油溪桥村的林改是全省的一面旗帜。"

这是第一次获得这么高的荣誉，彭育晚心里像吃了蜜一样，信心倍增。

林改工作的成功，调动了村民的积极性，真正让村民成了森林的主人、最大的受益者。同时，也为油溪桥村打开了知名度，为大家干事创业营造了一个良好的外部环境。

七

雨季来了。

这场雨不歇气地下了好些天，还伴着大风"呜呜"地刮。彭育晚在办公室里心神不宁，这么大的风雨，不知康初先家的木板房经不经受得起？不知他和那个残疾大儿子怎么样了？雨把彭育晚的心泼得湿漉漉，他再也坐不住，一头冲进雨中。

康初先生于1943年，过去在生产队搬砖、做瓦，当过会计，也帮公家去车田江修水库，到外面修火车路，后来又到供销社搞了两三年，收废品，做挑夫……

彭育晚赶到康初先家，看见屋里摆满了盆、桶、钵子，屋里的雨并没比屋外的小多少，"滴答滴答"往下滴。滴在桶里"咕咚"作响，溅得到处都是。这房子还是康初先爷爷在世时买了别人家的，已有一百多年，虫蛀鼠咬，摇摇欲坠，楼板东一块西一块，烂得比不上人家一间茅厕屋，风雨中，房子的某些角落不时传来"吱吱"怪响，仿佛它在叹息，再也支撑不住了。彭育晚把快满的桶提到屋外倒掉，又心酸又惭愧，房子破成这样，还怎么住人？万一倒了怎么办？老人已过七十，脚下要有个闪失，可怎么得了？

见到彭育晚，康初先喜出望外地说："支书，我那副'老屋'（棺材）在角落里淋了几天雨了，我搬不动它，正想劳烦你找几个人帮我挪到雨淋不着的地方。"

康初先老婆早故，小儿子在长沙打工，长期不在家，剩下他和大儿子康国旺相依为命。康国旺快五十了，是残疾人，趴脚趴胯，连生活都不能自理。

从康初先家出来，雨下得更大了。彭育晚扳着手指头数了数，像康初先这样住在破烂房子里的穷困户，村里还有不少，这些危房，如果真出一点点事，便是他彭育晚的失职。可是，要怎么才能让大家住上不用害怕风吹雨打的房子？这可不是动动嘴皮子能办到的事。彭育晚挺直腰，撑住伞，给自己打气："不怕，只要有心，办法总会想出来的。"

改善穷困户的居住条件，不光他放在心上，国家也雪中送炭了。

2009年，油溪桥村被新化县定为农村危房改造试点村。

有了国家这个强大的后盾，彭育晚浑身都长出了力量，他带着村支两委和村民代表立即确定改建对象，召集危改户，传达危房改建的有关要求，并在时间、面积、质量等方面做了具体安排。制定危改方案，动员全体党员村组干部一边给危改户捐款、捐物、捐工，一边利用社会关系，多方联系，减少建材成本。

油溪桥村的危改对象大多经济困难、信心不足，彭育晚组织村里开展为他们送关怀活动，大力争取晨光管区、晨光电站、吉庆卫生院、吉庆变电站、双江口电站、漂流公司等单位的支援。关键时刻，多筹一块钱、一颗钉子都能派上用场。他又指挥大家把现场的实情，摄成图片上传到村电脑和村网络，力求让全社会关心并参与到危房改建工作中来。

村里有一份在外地务工者、工作人员的联系手册，一有空，彭育晚就按手册上的电话四处拨，一点都不怕难为情。他对村组干部说："危改户是弱势群体，在外面的人再怎么难，都会比危改户过得容易点，我们不要怕出丑，跟他们多联系，请他们帮一点是一点。"他说，这是为了困难群众，脸皮能有多厚就可以有多厚，只要能讨到援助，无论多大困难，大家都要坚定信心，让村里的困难户及时住进温暖、舒适、明亮的新房。

由于危改户多，时间紧，任务重，劳动力少，彭育晚提出分片包干到户。

彭育晚对所有村组干部说："大家必须高度重视，模范带头，筹款筹物，打赢一场为弱势群众办实事、办好事的攻坚战。"他认为危改工作是一项艰巨的政治任务，只有圆满完成才能充分展现油溪桥村基层干部"在位为公、办事为民"的光辉形象，才能把党的惠民政策落到实处。

经过共同商量，村里规定党员干部对每个危改户捐工不得少于三天，群众不得少于两天。到户帮工时生活自理，安全自负。凡是在这次危改工程中有失职或不服从安排、不按方案执行，影响到油溪桥村危改工作的，一律问责到人，并计入年终考核，处罚到位。

彭育晚十分珍惜每一次发展机遇，他深知，要搞好危改，自己必须带头，以身作则。可是他每天都忙得脚不沾地，哪有时间去每家每户帮忙？他找到苏开初，歉疚地说："开初，不是我偷懒，而是确实没空。你看这样行不行，我把工资捐出来代替帮工，你给分配到每个危改户去。"说着，他递给苏开初一个厚厚的信封。苏开初推辞说："支书，你忙里又忙外，不用把这放心上。"彭育晚正色道："我怎么能搞特殊呢？再说，这也是我的一片心意，我真希望大家的新房能早点建好。"苏开初见状，爽快地应声"好"，利索地收下信封。在彭育晚的影响带动下，村支两委树立起了为民服务的新风尚。

康初先家的房子被彭育晚放在第一批。他又上门了。他对老人说："你家的房子快倒了，很危险，你一定要把它翻修好。"

康初先眼泪汪汪地说："支书，我也想建，可我家的情况……"他长长地叹了口气。

彭育晚说："正因为你家苦，不能苦一辈子，把房子建好，你也尝尝住新屋的滋味。"

康初先抹掉眼泪说："支书，我只有四千多块钱，怎么建得起房？"

彭育晚说："别急，有村里，有政府，大家一起帮你想办法。"他不光帮他四处筹钱，又私下捐了些钱。村干部、党员组长也来给他帮忙，帮他刷帮他砌，有的三五天，有的十多天，一分工钱都没要。

康初先眼瞧着新房子一天一天地建了起来，他简直不敢相信，幸福的泪水挂在满是皱褶的脸上，怎么也擦不干。

康初先说："我不知自己哪里修来的福分，一个普通老百姓，这么多干部来帮我建房。我记住了他们的好，也记住了现在这社会的好。"

他家的新房子是水泥预制结构，二层，装修简单，厨房用的是煤气。康初先对彭育晚满怀感激。他说："多亏支书给我解决了一个大难题，没想到我这辈子还能住上这么好的红砖瓦房，上层四间，下层三间，宽敞透亮，住着舒服。"他感慨万端："真是做梦都想不到啊。"

康初先接着说："我家是贫农，过去搭帮毛主席，有书读，有地种，现在搭帮习主席帮扶，住上了楼房。房子漂亮，舒服，真是享福了。"

彭德友家的房子也被彭育晚催着改建起来了。

他家的老木房子朽烂得快倒了，租住在别人家。彭育晚对他说："德友，你是村干部，老租房子住不像话，要带好危房改造的头。"彭德友很犯难："支书，你知道，我家没有一分钱，女儿又在读大学。我就算了吧，确实没能力。"

彭德友老婆腊嫂也不同意，说："女儿读书重要，等她毕业再说吧。好房子不过也是住人，没什么稀罕。"

在彭德友面前，彭育晚总是很率性，他板着脸说："你们聪明，自己在外租房住，把七老八十的娘丢在老房子里。有本事把她接去一起租房住。不然，就想法把房子翻起来，让老人住得安全点。"

彭德友红了脸说："这不是没办法嘛！"

彭育晚说："天无绝人之路，办法都是人想出来的。我借五千元给你，先搭个场子。"

彭德友只好硬着头皮上。他又到别处借了些，开始建房。第一层还没建好，腊嫂跟他吵架了："吃饭的钱都没有，建什么房子？不建了。明天我就回娘家，看你怎么唱戏。"彭德友愁死了。

彭育晚听说了，火冒三丈，扔下手头的工作，跑到彭德友家的屋场，做两人的工作，语气虽然带些火气，不中听，但却有理有力。

腊嫂见支书发火，想辩解。彭育晚没理她，转而也批评了彭德友。

腊嫂见此，也不好再说什么，只好老实跟着彭德友建房。就这样，村里帮的帮，筹的筹，彭德友咬紧牙关慢慢地把房子建起来了。

八

张孟兰是个精神病人，她男人酗酒后冻死在路边，女儿远嫁安化。她的房子破烂不堪，垃圾横七竖八，脏得不像样，谁都不愿上她家。彭育晚安排她跟弟弟住到一起，方便照顾，又帮她对好地基，买砖买材料，屋里粉得平整光洁，水电都装好。

这天，张孟兰家又装了一车砖来，彭育晚正好赶上了。他找来挑子，码了一担砖，跟在帮工的人后往她家房前挑。挑了几担后，早晨啃的两根香蕉消化得差不多了，他觉得腿有点软，便坐在地上歇口气。

人一得闲，容易思念。他有段时间没给文二莲打电话了，因为每打一次电话，文二莲就会逼他回南宁，总是吵吵嚷嚷，让人心堵得慌。想曹操，曹操就到。文二莲的电话来了。她慌慌张张地说："老公，儿子高烧都抽起来了，怎么办？"

彭育晚一听，很着急："快送医院啊。"

"他太沉，我背不动，店里又走不开，连个帮忙的人都没有。"文二莲一副哭腔，哀求道，"就算我求你了，快回南宁吧。"

"回南宁，坐火车要两天，等我到家，孩子病都好了。再说村里事太多，我哪有那么多时间？老婆，只能辛苦你，快带儿子上医院。"

"我既要带孩子，又要管店子，你以为我三头六臂？"说着说着，文二莲来气了，"儿子病成这样，你都不回来，铁石心肠，你还有良心吗？"

彭育晚不知怎么接话，只是一遍又一遍催文二莲带孩子看病，越快越好，以免耽搁。如果有翅膀，他恨不得立即飞过去。

文二莲心里翻江倒海。彭育晚眼里根本没有她和儿子，只有油溪桥村。她一百二十个不愿意彭育晚回油溪桥村，他拍拍屁股走了，扔下她和儿子在偌大的南宁，每天她都忙得筋疲力尽，回到空荡荡的家里，连个说话的人都没有，连想要个肩膀依靠都没有。她不知道这么过下去有什么意义，她也不知道能坚持多久，她多想彭育晚能回到南宁，回到以前的日子，他打理生意，她管家，一家人在一起，和和美美。然而……文二莲恨恨地冲手机里嚷："彭育晚，你和你的油溪桥过一辈子好了。"然后就挂了电话。

彭育晚再打过去，就是忙音了，气得他真想摔了手机。

正心烦气躁时，却见彭梦山急匆匆找来了。

见到彭育晚，彭梦山就像找到了救兵，他委屈地说："支书，我家的屋场别建了，建不成。"

彭育晚立马晃过神来，他很奇怪，问："怎么了？说得好好的，不是今天整地基吗？"

彭梦山缩着脖子说："我堂兄不准建，他说那屋场是祖先的产业，他也有份。"

彭育晚一听，火了："全村上下都在帮你，自家兄弟倒为难你，我去看看，看他到底有什么能耐。"

彭育晚放下挑子跑到他家屋场，四下检查一番，彭梦山堂哥不在，但还有不少帮工的人在，他绷着脸，不怒自威，当着在场的人说："你们转告彭梦山的堂哥，彭梦山家建屋谁都阻挡不了，他要继续刁难，就是和整个油溪桥为敌。我倒要看看，到底谁怕谁。"

彭育晚知道，这事用不了半天，就会传到他堂哥耳中。果然，彭梦山家的屋场改建从此顺风顺水，再没人阻挠。

彭梦山是个孤儿，没房子。外婆把他带到四年级，再由满叔带大。他说自己什么都没有。后来在外面打工，他遇到一个圳上的女孩，两人谈恋爱时，女方家人到油溪桥来看，当真一样都没有。女孩说："我爸不同意，我和他性格相反，他越反对我越要嫁。彭梦山诚实，心好，人也可以，嫁人嫁人，肯定要看人嘛。"

彭育晚亲自上门对他们说："趁着政策好，你们把房子翻新了吧。"

彭梦山愁眉苦脸地说："我们哪有钱呀，没钱怎么建房？"

彭育晚说："这是个好机会，不建可惜了。"

彭梦山老婆虽是女人，但拎得清轻重，她说："支书，家里这样子，我们只能看着别人建，真是急死人。"

彭育晚对她说："你去娘家找点钱，先干起来再说，弄不成了算我的。"

"真的？"彭梦山两口子的眼睛都亮了。

"真的！"彭育晚郑重地点了点头，"村里一定不会扔下你们不管。"他知道，他应的这句话，有着什么样的分量，又该承担什么样的责任，但他说了，轻言细语，却又力逾千钧。这话点亮了彭梦山一家的心灯。

彭梦山本分，仍缩手缩脚，他老婆豁出去向前冲，回娘家借钱，她说我们支书答应，万一不成算他的。确实也是这样，建好一层，第二层上不去了，彭育晚临时从村里支两万块钱给他们，才建上去，盖上瓦。

按正常标准来说，每栋危改房只能补助五千至七千块钱，但油溪桥村每栋危改房补到了一万多，有的甚至三四万，彭育晚通过各种渠道到政府争取，向社会募捐。他跟彭梦山无亲无故，帮他家东讨西要，争取资金共计四万八千元。

彭梦山家有两个孩子，大的正读初中，他也不懂什么技术活，只能在外做点死工养家，家里再没别的经济来源，如果不是彭育晚壮胆，他们一家想都不敢想建新房。所以，他老婆逢人便说："我家建房不光搭帮国家的政策，也搭帮支书。"

房子建好后，彭育晚和其他村组干部从门口路过，彭梦山两口子想请他们进屋喝杯茶他们都不去。他们对彭梦山老婆说："彭梦山是孤儿，你不嫌弃，帮他箍了一个家在油溪桥，我们帮帮你们是应该的。"

彭梦山老婆说："支书和村里帮我们下那么大的力，我们自己还不努力就不是人了。"

最有意思的是她父亲，最初他说油溪桥村是个干死蛤蟆、饿死老鼠的地方，不准女儿嫁过来，后来却赞不绝口，说油溪桥村变成了好地方，碰上了好支书。

在彭育晚任上，油溪桥村节省村民办理建房证手续费用，由村文会负责统一协调办理，村民不用搭白，只管到文会那里拿建房证。如果村民单个去办，要喊国土所的人来实地察看，有时人家去别的地方了又找不到人，村民跑空路，很麻烦。除了办理建房证所需正常费用，村里没抽过群众一包烟，也没吃一餐饭，只图村民方便、省事、少跑路、少麻烦、少开支。

油溪桥村改造危房三十来栋，从根本上改善了弱势群体的居住条件，并在上级启动贫困户摸底工作前全部完成。

九

随着油溪桥村一件事一件事扎扎实实地做成，村组干部在实际工作中得到锤炼，情怀慢慢深远起来。

要想改变群众生产生活环境，就得完善村里的基础设施。

油溪桥村是一个典型的石灰岩干旱死角村，"三天不下雨就旱，下雨三天就涝"，灌溉用水非常困难，十年中九年没有收成。水是万物之源，缺水的地方，何谈发展？何谈过上好日子？

2011年8月，彭育晚召开村支两委会议，决心解决水的问题。他说："同志们，每次看到乡亲们到那个土坑里担水，我就难受，那水少得可怜又不健康，油溪桥几百号人，竟然把命都系在它身上，如果有一天它干了呢？我们怎么办？你们想过这个问题吗？难道我们守着油溪河干死？"

彭德友说："支书，油溪河里是水多，可它在我们村脚底下，水往低处流，我可没见过水往高处走。"

彭育晚说："从现在开始，我们就要设法让水往高处走，我们再不能对着油溪河望水兴叹了，我们要让它为我们所用。"

张仁望一听要搞水，心情激动地说："支书，油溪河中游罗湾溪洞有股大井水，放到河里，夏天沁人，冬天温热。如果引到山上来，枯水季节供应全村饮用水绰绰有余。前几任村委班子都在上面想过点子，但是难度大，投入成本高，据预算，需要一百七十万元左右，所以最后都只是动动嘴皮子了事。"

"他们曾经做不到的事并不意味着我们做不到。"彭育晚指着山上的田地，豪迈地说，"我们不光要让自己有水喝，还要让庄稼都喝上水，这样，乡亲们的日子就好过了。"

彭德友不忍心把他从梦想中叫醒，但严峻的事实摆在眼前，不容人回避。他直愣愣地问："钱呢？从哪来？一百多万可不是小数目，卖了我们都值不了这么多钱。"

彭育晚说："大家别怕。我们继续发扬老传统，能省的省，有钱的出钱，没钱的出力，我再到外面借点，管它那么多，搞起来再说，我是豁出去了，万一搞不成，我自己垫钱都要搞。"

水源建设的消息一经传出，油溪桥村人的兴奋与期待难以言表，喝上自来水，大家期盼了好多年

村民纷纷找到彭育晚说："支书，你带着我们干吧，我们做梦都想喝上水啊。"

还有人说："饮水工程，村里缺钱，我们每家每户凑，凑一点是一点。"

彭育晚紧紧握住他们的手，说："乡亲们的心意我很感动，也很感谢。但我在此向大家保证，饮水工程绝不给乡亲们增加半点压力，村里会想办法的。只是，到时的具体工作就得靠大家多多辛苦。"

大家说："放心吧，支书，我们有九分力肯定不会只用八分，一定会使出十分来。"

彭育晚说出的话，一定会用实际行动来诠释。

他从卡上取了十万元交到村委。他没和文二莲说，自己做的是正事、好事，以他对她的了解，她会理解的。村干部见了，也你一万我两万凑了起来。彭育晚又找信用社贷了些款，共筹了四十来万元，启动资金有了，人的底气就足了。至于资金缺口，彭育晚历来相信车到山前必有路。

他从县里请来防汛抗旱服务队，他们根据油溪桥村的地理、人文、水利现状，帮助制订全村的水利工程规划，把罗湾溪洞定为取水点。

水是液体，得装在管子里才能送到家家户户，因此，首先得量出需要多少水管才能解决问题。如果有专业的仪器，这应该不难；如果村里有钱请专业技术人员来测量，应该也不难。难就难在村里什么都没有。三个臭皮匠，抵得上诸葛亮，什么难题到了油溪桥人手里，他们总能用属于自己的方式一一化解。

苏开初和张仁望先把山里的杂木砍倒，扫出一条路来，又找来一条长绳索，作为丈量工具，单位为索。两人一个扯住索头，一个拉着绳索跑向另一端，把索尾按在地上做好记录。一索一索，周而复始，他们量过沟坎，量过山坡，量过树林，竟然量出来需要五千米管道。

管道虽然量好，但不会自己跑到油溪桥村来，水也不能自个从河底跑到山上来，还得要抽水机器。这两样，加在一起可不是个小数目，化缘的事，大家眼睁睁地指望彭育晚。经过他几番游说，县水利局终于答应解决这个"大数目"。材料机器有了来处，自来水在村民心中一天比一天具象起来。

机器与各类材料运进山，需要修建一条公路，彭红华家的责任山成了公路的必经点。

村干部上门了。

没等他们开口，彭红华主动说："村里喝水是大事，山上也就几棵树，只管挖就是。"

挖机"轰轰隆隆"开来了，不到两天，他家山上碗口粗的树木一棵一棵被放倒在地。

村干部们从那里经过，颇为过意不去，便叹惜："这么多的树，可惜了，再过几年都能派上用场了。"

彭红华听了反倒呵呵一乐："这是我家的荣幸。饮水工程是世世代代的好事，油溪桥村那么大，偏偏只经过我家的山，这不是缘分么？以后，你们路过这里，都记得这里是我家的，多好。"

他这么一说，众人觉得在理，跟着他一块快乐起来。

水源点在荆棘丛中，没有可行的路。

路都是人走出来的。

运材料的施工人员每次只能用肩膀扛半包水泥进入施工点，荆棘多刺，他们露在衣袖外的胳膊被划了一道又一道口子，鲜血渗出来。奇怪的是，大家的痛觉好像变得迟钝了，没谁管这个，只是一趟又一趟地驮材料进场。大家心里只有一个信念：这是几代人的梦，圆梦机会来了，能够参与是荣耀。

取水点与居住集中点距离甚远，回家吃饭浪费时间，参建人员的午餐就在施工地点解决。村民席地而坐，有的吃干粮，有的吃剩饭、啃红薯。家里不能干体力活的老人们打好擂茶，小孩子们把擂茶运送下山，送与施工村民解渴充饥。

彭新春，一位普通村民，一直奋战在水利工程现场。他忙得忘了时间，肚子早就扁了。他仰头眯眼看天色，原来已是正午时分，怪不得肚子不听话。他没带饭，该回家吃饭了。回家吃饭，一个来回，至少得花两三个小时。他干得正兴起，舍不得丢下手中的活计，便拽过背上的水壶，拧开盖子，"咕嘟咕嘟"猛灌几口，又埋头干起活来。

张仁望等人带着锅碗在罗湾溪施工近一年，没归家。饿了就在山里搭个灶，随便煮个菜，一起吃点饭，有时饭都没熟，填了肚子就往工地跑。

为了节省资金，村里除安装管道的技术活请了人外，别的都是自行想办法搞定。所有通道都由村民用电凿与钢钎凿通，省下了雷管炸药与技术员的开支。

彭中来又成了打石孔、装模的专业户。

在石灰岩上打管道槽子，是件很苦的事，既要一定宽度，又要一定深度，很多地方被石头挡住了，彭中来从来没把这些拦路虎放在眼里。他用手电锤一点一点啃。把槽子里的石头打掉，拣出来。一桩活下来，他常累得衣服没一根干纱，一拧就能出水，峡谷里的河风一吹，衣服又干了，反复几次，背上便现出深深浅浅的白色盐渍。打管道槽子，都是从低往高攀，老会遇到绝壁，中间没有着力点，材料只能从山上一梯梯往下吊。彭中来就像在峭壁上采药的药农一样，在岩石上方打钉固定好，身体绑上安全绳，悬空操作。山上的人俯瞰着他飘在半空中的身影，手心都捏着一把汗。彭中来自己却一点都没觉得害怕，满门心思只想把事做妥帖。

靠他一个人，不知打到猴年马月去。张仁望组织群众，在彭中来的指导下，跟着在岩石上一点一点凿，硬是凿通了五千米管道槽子，光这一项就为村里节省资金好几万元。

十

取水点在河底，如果把水从河底洞眼里抽到山上来，得用电，需放电杆，架上线才能通电抽水。通到水源建设点的山崖既陡峭又高耸，电杆从劈陡垂直的山坡放下去，承包给别人放，一根杆子就要一万块钱，一万块多值贵，就这样都还没人敢干。因为人家觉得去不到那地方。

别人不敢，就自己来！

为了减少危险，防止电杆折断，彭育晚组织十多个青壮劳力，先把高压电线杆抬到山上的蓄水池边，用木板钉一个槽，把电杆放进槽里，到电站借些架高压线的绳索套着电杆，绑上吊葫芦，山上面装卯，设置固定点，再用吊葫芦固定电杆上绑着的绳子，防止电杆不听招呼直接往底下掉。胆大的人到下面接，电杆慢慢往下缩，靠吊葫芦紧着，人哪能吊得住。一根那么粗的杆子，差不多一吨重。大家一节一节、一梯一梯地放，放下去把这个吊葫芦松了，把另一个吊葫芦的绳子又套上去。接着往下吊。一群人在悬崖上，有些地方又陡又窄，人都站不稳，他们想的是如何保障电杆万无一失地放下去，不出问题，再安全地把杆子竖起来。一根杆子，要放三个小时，每个人都满头大汗，十多颗心在嗓子眼"嘭嘭"直跳，安全下到沟底后大家才长长地舒口气。油溪桥人很自豪，油溪桥人并不傻，面对困难，能够创造性地解决。大家冒着天大的风险，但做到了最好，完成后没出一点意外。这是别的村没有的创举。吃得苦，霸得蛮。

水源工程，彭育晚交代年轻人拍好照，没搞之前是什么样子更要拍。把那些光秃秃的荒地拍下来，让子孙后代知道过去的油溪桥是个什么模样，知道他们的前辈们做了什么。可惜的是大家全神贯注在干活，没谁顾得上拍照，没有记下那些扣人心弦的瞬间。

油溪桥村人愚公移山，经历一年艰苦卓绝的战斗，水源工程建设终于在2012年5月8日竣工，投入使用。整个水源建设项目，全村节约资金达六十余万元。全村各个院落，挨家挨户装上自来水。管道像毛细血管一样分布到田间地头。

村民拧开几代人渴盼已久的水龙头，高兴地用手掬水喝，痛痛快快地把前坪后院浇了个透；小孩子们兴高采烈地手牵手围着水龙头跳舞、转圈；老人们则拍红了巴掌，欣喜的眼泪激动得就像水龙头里的水，"哗哗"涌了出来。

前人栽树，后人乘凉。

彭中来是个单纯的人，他的希冀也很朴素。他对彭育晚说："油溪桥村一天一天好起来，你是油溪桥的功臣。"

彭育晚说："老哥，你们才是油溪桥村的功臣，我只是给大家架了座桥而已。"

彭中来动情地说："我们都一样，心中都有一个共同的情结，只要能建设好油溪桥村，无论个人付出多少，怎么辛苦都是值得的。"

彭中来对未来满怀憧憬。他希望整个院落，整个油溪桥，以后家家条件都好，不管走到谁家，赶上喝茶有茶喝，赶上吃饭有饭吃，谁的心里都舒服。彭育晚的心情同样如此，但他的思路更长远，上任伊始，他就做了规划。哪个地方要建成什么样子，要达到怎样的效果，都装在他心里。这张规划的蓝图，一直存放于村办公室。

彭育晚并没光顾着高兴，他的脑袋就像永动轮，从没停止过转动。水源建好了，自己和村干部垫的钱放到一边，村里还借了不少贷款，不还掉，息钱哪背得起？可要怎么还呢？他只能继续打"化缘"的小九九。

彭育晚筹备庆典大会，邀请了县里不少单位来参加。油溪桥村的村民也都来了，村民们都自发地你拿五百我也拿五百，村里的难处他们都看在眼里。那些前来参加活动的单位也纷纷慷慨解囊。

村干部们不得不佩服彭育晚的脑瓜活，庆典大会上筹集的资金刚好把银行贷款还清。他们垫的钱谁也没提，怕什么？支书垫那么多哩。

水源建设好了，不光村民饮水问题解决了，农田灌溉用水也有了来源。为了不浪费一滴水，彭育晚接着进行水渠硬化。油溪桥村三个片落的水渠硬化，都由村里出材料，组里出人力完成。从木方下来有两条渠道，从塘井下来有条小渠道，吴家湾片区也有条渠道，都分组用水泥硬化好了。水渠没硬化前，到了河边螃蟹多，螃蟹挖孔很厉害，水渠里到处是它们打的孔，放水就漏。硬化以后，只需上半年放水时把两边的杂草除掉，让人看水时好走一点就行，别的不用再管什么。

油溪桥村受过缺水的煎熬，知道水来之不易。

2012年8月，为了落实用水管理制度，保护水资源，油溪桥村选举产生用水者协会，冬季对所有山塘、水坝、水渠检修加固，做好蓄水准备；春季完成引水蓄水，以最大的蓄水量做好抗旱储备；夏季则管好水、用好水，真正做到有准备、有计划、有目标节约用水。

用水者协会定期排查山塘、水坝、渠道险情，清理它们当中的污泥、杂物，检查灌溉运转情况并汇总，解决灌溉中出现的问题。

用水者协会对放水有严格规定。晚上不准放水，耕作没有田埂的、用水户没有报告、没有通过审批、管理责任人没有在场等几种情况也不准放水。

用水者协会还制定出放水顺序。先用水户报告组长，由组长查看旱情情况，然后上报给用水者协会，协会根据旱情缓急和灌溉的水量制订放水方案，做到宁可勤放水不可多放水。同时，为了降低灌溉中途的水耗，他们让距离远者优先并增加灌溉流量，实现了因地灌溉、平衡灌溉、有效灌溉。

快过年了，油溪桥村的山坡田地都蒙上了一层薄雪。彭育晚信步来到一丘农田旁，他拧开卫士般立在田头的水龙头，水"哗啦啦"淌进了田里，薄冰顷刻便被冲化了，露出褐色的泥土。彭育晚分明听到了冰雪融化时清脆的"咯吱"声，他喜滋滋地想，来年一定是个丰收年。这一刻他多想文二莲就在身边，能把喜悦和她一起分享。他拨通了文二莲的电话，他想让老婆也听听水流的声音，他说："老婆，你们哪天回来？"彭育晚的满腔热情被文二莲泼了一盆凉水，她冷冷地说道："我和儿子不回来，在南宁过年。"

"去年你们都没回来过年，今年回来吧，家里都有自来水了，你回家看看。"

"那是你的家，我们的家在南宁。"

"过年都不团圆，哪还像一家人？"

"一家人？你还知道我们是一家人？你摸着良心问问，这几年，你回过几次南宁？"文二莲像被点燃引线的炸弹，"嗞嗞"吐着火舌，"你给村里垫钱搞建设，我没二话，我知道你在做正事，可我是个女人，你说说，有哪个女人一年到头见不到老公的？"

最后，她疲惫地说："你心里如果还有我和儿子，有这个家，你就回南宁过年。"说完她"嘭"地挂了电话。

彭育晚举着电话，杵在原地。他哪走得开？村里的事桩桩件件都离不开他，他手头正在编写《农民用水者协会资料汇编》，需要深入研究和探索。村民过去节水意识淡薄，水利设施维护差，在蓄水、维护、灌溉等方面处于无序状态，导致水资源得不到合理利用，纠纷时有发生。他想构建一个全民护水、协会管水、统筹调水的运行管理模式，把引水灌溉建设与管理，融入村级管理建设之中。工作上他一天比一天自信，但固执的文二莲，却让他心神难安。这么多年，他确实有愧于家人，儿子长这么大，他一次都没带他出去旅游过。他在心底默默地对文二莲说："老婆，对不起，总有一天我会让你为我骄傲。"这个年，对他来说，肯定又是格外孤独冷清，但油溪桥村会比往年都热闹，这就够了！他转身大踏步往村办公楼走去。雪地上，留下一行清晰、坚实的脚印。

2014年，油溪桥用水者协会在参加全省用水者协会评比中排名第一，并成功入选全国农民用水者模范协会。

油溪桥村缺水的状况终于得到改变。现在的油溪桥村水旱无忧，饮用健康，农业丰收，彻底结束了水荒水废的历史。

十一

河东山里的人羡慕说，油溪桥村成了不夜村，变得和城市一样了。他们村所有道路都安装了路灯，每到傍晚，"唰"的一下，路灯全亮了，到处明晃晃的，和白天一样，去哪都不用担心黑灯瞎火。

农电网改造，上面并没有硬性规定，彭育晚带领村班子和群众完成后，上级政府补了一点资金。没改农网以前，村里电线杆很低矮，电线只有麻绳粗细，常不定时跳闸停电。由于电压过低，过年过节用电量大时常常连照明都成问题，更别说烧水煮饭。且安装也不科学，安全事故频发，安全隐患无法彻底排除。在改农网时，铜锣湾的彭育平单屋独向，不在村里的集中地段，他担心村里想节省材料和怕麻烦，不把主线给他放到家门口，那不还和从前一样，一点用都没有。

他找到彭育晚，试探着问："支书，我家住得偏，农网改造村里会把主线送到我家吗？"

彭育晚说："老哥，这你不用担心，和你情况相似的有好几户，改电网就是要让每户村民都享受到方便、稳定的电力供应，村里不会落下任何一户。"

彭育平将信将疑，又说："给我家送过去要多花很多材料。"

彭育晚豪爽地手一挥，"村里这么多都出了，还会在乎你们多的那一点？放心，村里有能力给大家解决难题。"

后来，村里果然克服困难，把主线都送到每家每户，包括距离村集中点数百米的吴家湾彭光荣与彭某家，送了三相电过去。三相电可以用来加工，能够带动打米机、抽水机这样的大家伙。把电改好后，村里很少停电了。

农网改造，又得架电杆，就如水源建设时那样，只是电线杆更多，山更陡。

崖山上刚好脚板宽的地方，人站上去"啪啪"打战。

正是夏季，气温出奇的高，村里的狗都热得乏了，躲在树荫下懒洋洋地"呼哧呼哧"吐舌头。如果太阳大，电杆抬到山上，人人气咻咻，吃不消，容易中暑。他们有条不紊，配合默契，套绳子的套绳子，安吊葫芦的安吊葫芦，喊号子的喊号子。人心齐，泰山移。

经过努力，油溪桥村水电问题解决了，路的问题日趋突出。

全村没有一寸水泥路。天晴时汽车驶过，路上便升起灰尘长龙，行人都成了地道的"灰人"；下雨就泥泞满地，踮起脚尖都找不到落脚的地方。

别的村修路，靠村民凑钱，实行摊派，路还没修村民早已怨声载道。油溪桥村不然。彭育晚就算穷得没一分钱也没给村民增加一丁点负担，他也不会唉声叹气。

彭育晚跑公路局，争取上级支持；缺少资金，他在外借钱，筹集款项，再发动村民出工出力，要求党员和村组干部出义务工要比村民多。

彭育晚带着新班子，披荆斩棘取得的成绩，村民都看在眼里，也共同分享着这些带来的便利。从大方向来看，已经营造出了谋事干事的良好氛围。油溪桥村修路，需要占用村民的田地，村民开始理解、豁达、大度，只要村里有需要，尽管拿去就是，没有一个人提出征收、补偿，逢山过山，遇水过水，畅通无阻。村民深知这是为自己好，为将来好，所以愿意吃亏。

铜锣湾院落在院长彭玉华带领下，起了先锋作用。

为了修铜锣湾到天石岭去的那条路，彭玉华召集院里村民开会。

他鼓励大家说："我们心往一处想，劲往一处使，没有修不好的路。"

村民说："修路是为了方便自己，再难我们都不怕。"

彭玉华说："说得对。我们要走在全村六个组的前列，率先把铜锣湾建设好，当个样板，让大家学习。"别看彭玉华平时不急不慢，做起工作来却挺有一套。

一番话，鼓动院里村民摩拳擦掌，巴不得立马开工。村是由组组成的，建设应当先从组里开始，铜锣湾做得好，别的组就会跟着来，不说别的，单说义务工他们就会好好捐。

不过，落后的人总是有。

彭玉华推进公路建设时，还是遇到了阻碍。他与辜某发生了争执。辜某是入赘到油溪桥村的上门女婿。

村里修路的配料场在新桥端头，运送材料得从辜某家门前经过。水泥路完工那天，辜某也在家门前修路，还砌了条很宽的沟，拿石头挡在上面。那路原本就窄，才三米五宽，这么一来，装混凝土的车就过不去。

彭玉华从低边跟他商量："你个人的发展重要，村里的建设也重要。村里的建设今天要完工，赶时间，你把石头滚到一边，让我们把混凝土装过去。"

辜某拉下脸不愿意，瓮声瓮气说："这是我屋门口，我想怎样就怎样。"

彭玉华很气愤地说："你不讲道理。"两人拌起嘴来。

吵闹解决不了问题。彭玉华抚平心思继续做他工作。辜某左右不干，硬要堵着路。

没办法。彭玉华说："不劳你大驾，我来。"他动手把石头滚开，又和辜某讲事实摆道理。好在后来道理讲通了，辜某没再说什么。包括做义务工，也没抵触过。

因为修路，彭德友向老婆腊嫂扯了谎。

修公路填了彭某的塘，原本已做好工作，塘填完后，他却变卦了，说："鱼都没了，心疼死了。"其实没死的鱼都放到田里去了，死了的只有七斤七两。

彭某半开玩笑半认真地说："德友，都是你干的好事，你得赔我。这鱼多好，喂到过年，我二十五块钱一斤都不卖。"

彭德友明白他的意思，也不讨价还价，说："买就买。"他当即掏出二百元付了死鱼的钱。

鱼是买了，可怎么拿回家呢？彭德友只觉头大，以腊嫂的个性，如果知道是为村里修路买的鱼，还这么贵，不骂他一顿才怪，何况自己家里还养了鱼。怎么办呢？他一路走一路寻思，到了家门口都没想出辙来。

看到彭德友提的鱼，腊嫂快步迎上前接过问："咦，又没过年过节的，你买这么多鱼干吗？家里干鱼、鲜鱼都有。"

彭德友灵机一动，笑眯眯答道："村里修公路，填了别人一眼塘，主人见我辛苦，送几条鱼给我。"

腊嫂听了笑逐颜开："人家不会自己留着吃？你在村里做事，累也是应该的，怎么能白要人家的鱼？"

腊嫂的话让彭德友很欣慰，但他仍不想说破。你想想，人家送的，多大的情意。腊嫂嘴上不说，心里一定在想，我家德友的汗水没白流，人还记着他的好。她这么一想，会更加支持他。彭德友瞟了一下腊嫂的脸色，欢喜都在她脸上堆着呢。彭德友不爱骗人，但为了工作，也为了让腊嫂有更多动力，他很坦然。他对自己说，又没干坏事，虽然骗了她，但是善意的。

院落修公路，油溪桥村放开，无论哪个院落，一视同仁。想修的自行组织捐义工，村里供应技术、材料。苏术初所在的戴家排两个组也开始修下面的路，苏术初讲话做事在戴家排深得人心。

他在院落会上讲："别的院落都在修路，大好事，我们也要把路修起来。"

村民说："修路好哇。我们都有田土在山下，路上到处是草，连落脚的地方都没。"

苏术初说："村里只出材料，劳动力得大家出义务工。"

村民说："这没问题。早些年我们就在盼着，村里提供原料，用人，有的是，几个人就能把路修好。可惜原先村里穷，没条件，现在这么好的机会，怎能不抓住呢？"

当然也有个别人说："既然是义务工，就不能强迫我参加，要讲究个你情我愿，哪有事事都干义务的？要干你们干。"

他有情绪，别的村民并不介意，他愿意干就干，不愿意也不少他一个。大家互相打气，万一技术没过关，也别灰心，重新来过就是；如果少了工，每人再多出两只工，总能把路修好。

铜锣湾修的上山的那条路用的是戴家排的地，苏术初家一亩五分土都被占用了。他家响应退耕还林政策，在土上栽了一片树，树已经拳头粗。路从他家上里转上去，土没了，树也没了。苏术初家没人讲过半点啰唆。

他们的路，一个月之内就修好了。

邻村修路，由于要占用油溪桥村一些田土，人家来村里联系协商，彭育晚召开会议，征求大家意见。彭育科首先表态说："路修好了对我们只有好处，因为我们也在这地方。但我有一个要求，要修路就得修好，不能半途而废，浪费资源。"

油溪桥村正是由于这些老干部的通达、支持，道路越走越宽广。

油溪桥村的路像网络一样延伸到了每个农户家门口。

身体素质好的村民都出去务工了，留下来的一般都是些力气弱的，只抵得上半个劳力，但大家都争着一口气，碰上村里有事，累趴在工地也要做。实在吃不消，便干一天休息几天。

前任支书在任时道路狭窄，打谷机都过不了。有一回塘冲里的路塌方了，村民用预制板搭了条路。那时百姓觉悟不高，不存在义务筹工。虽然那时村里该填的路也填，路边该砍的树也砍，但村民都不愿意动手，因为干了收工钱不好意思，不收钱觉得自己亏得慌。村里只得花钱请外村的人来做……

跟以彭育晚为首的村班子相比，真是大相径庭。

油溪桥村有两座桥，一座是人们口中的古桥，有两百多年历史，是古迹，曾经车来车往。为了保护古桥，当地交通部门在隔桥相望的地方建了一座新桥，古桥从此不准通车。新桥桥面坏了，经检测后需要修整，把水泥打掉，重新扎钢筋，所有的过往车辆都必须绕道远行，严禁从古桥通过。

为了防止有人违规行驶，彭育晚和村干部把古桥的两端都堵上了石磴。白天还好，大家都守在古桥上，没人敢犯。没想到夜深了之后，外村的张某开着三轮车来了，他是在社会上混的人，刚坐牢回来，他偷偷把石磴挪开，放汽车过桥，他则守在桥头收过桥费，每辆五十元、一百元不等。

天亮后，村民才发现这事，赶忙打电话向彭育晚报告。彭育晚立即带着彭德友赶到现场。两人先把石墩恢复。彭育晚大步向张某走去："张某，你凭什么到古桥上来收钱？"

"我收钱关你屁事！别管闲事。"张某大咧咧说。

彭育晚想，张某太过分，一定要把他的嚣张气焰打下来，不然什么人都能来油溪桥撒野。他脚下没停，嘴上脱口而出："古油溪桥是我们村的，我不管谁管？古桥是受保护的设施，大车坚决不能通过。"

"你算什么东西。"张某口出粗言，认为彭育晚挡他财路。

"张某，我提醒你，你这是在违法乱纪！有我在，你别妄想胡作非为。"彭育晚如同一头不容侵犯的雄狮，一步一步向他逼了过去。

"你以为老子怕吗？收两个小钱算什么？"

"以前过了的车我们不追究算了，但以此为界，再不能过车。"

张某歪着脑袋挑衅："过了又怎么样？"

彭育晚怒吼起来："再过就报派出所把你捉起来。"

一听彭育晚要报派出所，张某恼羞成怒，开着三轮车向他撞过去。两人间的距离越来越近。彭德友胆战心惊，伸手想把彭育晚拽住。彭育晚轻轻地却又无比坚定地打掉他的手，丝毫没有停下脚步的意思，昂首挺胸，迈着军人特有的步伐，不慌不忙迎了上去。张某胆怯了，他原本只想吓唬彭育晚，谁知他不是那么好吓唬的，张某来了个紧急刹车。彭育晚上前一把揪住他。论打架，张某怎么会是彭育晚的对手。但他岂会和张某一般见识？

彭育晚堵在张某的三轮车前，威风凛凛地喝道："张某，你不要一错再错！记住！油溪桥是油溪桥村的！"

看着铁塔一般屹立在跟前的彭育晚，张某灰溜溜地开着三轮车走了。

彭德友赶上来说："支书，你太冒险了，如果真有个三长两短，可怎么办？"

彭育晚说："我如果躲，对得起'支书'这两个字吗？乡亲们会怎么看我？既然是支书，哪怕要付出生命，我也要迎上去。"

有存心看戏的人使坏，怂恿张某到彭育晚家里闹。

邪不压正。

毕竟彭育晚是为公，占着理，正义凛然。张某怯着胆，不敢去。

不打不相识，后来两人的关系反倒好起来了。张某见彭育晚为油溪桥村奉献了那么多，带着大家奔发展，便也慢慢向能带他发展的人靠拢。他搬到油溪桥村来寻求一起发展，现在村里开农家乐。

张某告诉彭育晚，有人在他背后怂恿。

彭育晚一笑了之。

他说："类似问题，基层干部都会遇到，就看当事人如何处理。如果遇上有人威胁，害怕得罪人，选择当好好先生，一味妥协，睁只眼闭只眼，歪风邪气就会盛行，越来越乱，没有正义可言。因此一定要顶住一切压力。这不是保护自身利益，而是保护公共设施不受伤害，先辈留给你的东西，就要守住。就算有人拿枪顶着都不能后退，每个岗位都需要这样的人，只有不畏惧才制得住。村干部敢于牺牲，挺身而出，会带动别的村干部，也会感化更多村民，弘扬正气。"

张自荣说："在村里当领导，只是名声好听，其实是个打杂的，样样要管，该管的、不该管的都得管。"他对村组干部的行为有着自己的理解，要想干出成绩，村组干部得适度强势、霸道，太软弱的话，没人听你的，也没人信你狠，怎么开展工作？什么事情都有比较。你强势，执行力强，人家就服，安排他们的工作也能做到位。这样，村里才能真正发展。

在彭育晚的带领下，油溪桥村全民参与，义务筹工终于把水、电、路三大硬骨头一块一块啃了下来。自建了饮灌一体的水利工程，修通了通往田间地头的生产通道，实现了全村水利管理灌溉、田埂硬化，村民的扁担下岗了，减少了农业劳动力成本投入，为油溪桥村各项事业发展打好了坚实基础，创造了条件，更关键的是赢得了村民信任。村民认为这一届村委不计个人得失，真的是为村民办实事谋福利的村委，与以往的确不同。

苏术初说："现在油溪桥村和城里一样，晚上有路灯，出去不要走泥巴路，早晨穿着干净鞋子出去，晚上回来还是干干净净的。"

十二

油溪桥村通水通电通路后，村民开始从心底认同，他们看彭育晚的眼神由游离慢慢变成敬佩。彭育晚在村民中确立牢固的威信，工作上渐渐理顺，油溪桥村一年一个样，发展变化进入快车道。但是，这与他的梦想和目标相差太远，只是万里长征刚起步。他想，一个篱笆三个桩，一个好汉三个帮。靠个人的力量，累死都不管用，只有建设一个坚强有力的班子，才能带领全村人走向富裕。

村民富不富，关键看支部；村子强不强，要看"领头羊"。

一个村村支两委班子的整体素质高低、能力强弱，决定了村经济发展速度与社会和谐程度。

彭育晚认为，如果村级班子能力不强，国家再好的政策都难以实施，更谈不上发展。选好、配强班子十分关键，但是有些村民的家族主义、姓氏主义、院落主义观念比较重，不能把村里真正想干事、能干事、敢干事的人选进队伍。

脱贫攻坚具有复杂性和艰巨性，不是一蹴而就的事，村班子队伍建设，已经成了油溪桥村的主要问题。只有大家带动和影响村民，才能凝聚人心，凝聚力量，使自己的思路和意志变成一只铁拳，打败贫困这只老虎。

油溪桥村采取公开演讲的形式，让参选者谈理想讲规划，表决心作承诺，把甘于奉献、勇于担当的优秀分子选进来，确保选出素质过硬、群众满意、组织放心的"两委"班子，使其真正成为带领群众脱贫致富的"主心骨"和"领头雁"。

彭育晚用带兵的方式带领村组班子，从思想作风、办事风格方面严格要求他们，要他们树立为村民服务的思想，培养长远眼光，不计较眼前得失，为子孙谋福利。

彭育晚思路宽广，但他下面的村组干部有的观念老化，守旧，除了开会，几乎没出过村子。为了把一班人的心凝聚起来，开阔他们视野,彭育晚带着村干部到江浙学习取经,长见识,班组人员的精气神发生了巨大的变化。

彭育晚上任几年后,杨力勤书记调往他处,临走时对他说:"育晚,当时为你到底上还是不上,我们很纠结,最担心你的性格,怕你搞烂场合。谁都没想到你的基层工作经验这么丰富,没有上交一桩矛盾到镇里。"

彭育晚有些不舍,握着杨力勤书记的手说:"书记,这些年多亏您的大力支持,我代表乡亲们真诚地向您道谢。"

杨力勤书记又说:"育晚,好好干,我相信你能干出名堂来。"

彭育晚好像回到了部队,"啪"地立正,铿锵地说:"您放心!"

有些干部,手头有点权就以为是自己的,有权不用,过期作废,把七大姑八大姨,安排得妥妥帖帖。油溪桥的村干部虽然权力不大,想的不是索取,而是奉献,或是出于对生养他们的乡土感恩。

村支两委新班子刚上任时,彭育晚给班子成员每人发个很大的笔记本,要求大家在会议上做笔记。

他态度很明朗,对大家说:"我不管你们学历高低,只要你们写的自己认得就行,随便怎么画,反正不用别人看。"

村干部们坐在会议桌旁,面面相觑,个个大眼瞪小眼,难为情地笑了。为什么呢?大多不认识几个字,支书发本子让做记录,怎么办?

但支书认定的事,肯定在理。从那以后,彭育晚坚持每年都给大家发本子，从没间断。谁都无从知晓人的潜能有多大，多年后，村干部回过头看都觉得不可思议，自己竟然也能像模像样记笔记了。彭育晚自己也爱做笔记，每次会议都不落下，哪怕是几分钟的短会。因为做笔记让人更投入，同时也是纪念，他把每个笔记本都当宝贝收藏着。一个人的时候，彭育晚喜欢坐在它们跟前，什么都不干，只静静地看着它们，这是一种旁人无法想象的享受。过去的时光一幕幕在他眼前再现，那些信仰、忠诚、决心也在他体内翻涌奔腾。

班子里只有苏开初文化稍高一点，像张仁望、刘志中、彭玉华、彭德友，都不高，以为就是发个本子，没用，他们最初都认为支书玩花点子。后来每个人本子上都记得密密麻麻，尽管有的歪歪斜斜，但的确像那么一回事。

张仁望小时候家穷，没上过学，用他的方法记录，从换届记到今天，说话变得有条有理，这就是锻炼的结果。

彭玉华呢，在外面打工，文化全部退给老师，在村里干了几年后，文化水平提高了。在老师那里没掌握的知识水平，在彭育晚的带领下却得到了提高，这是很大的实惠。既然进了村委班子，就得要胜任，不往这方面钻研，老不摸笔，越来越跟不上形势。

这也是一种建设、成长、发展。

彭玉华对彭育晚说："支书，为了培养我们，你真是用心良苦。现在我们的文化素质和能力都提高了。"

彭育晚宽心一笑："玉华，只要用心，什么都干得好，这也是对你们的考验，经受住了，就有进步。"

彭玉华很敬重彭育晚的眼光，有远见。最初他进村班子只有热情，没有经验，无所适从。后来他想，村里搞了这么多建设，没有一项建设犯重工，这是支书的龙头舞得好，发展思路也对，只要跟着他走就是。

他一有时间就琢磨彭育晚的所作所为，同样是人，他是个脑壳，我也是个脑壳，他怎么能看得那么远？村里这些年的建设非常多，从没失败过，这是什么原因呢。后来，他总结出来，支书全部心思都花在村里的工作上，谋项目，谋事业，谋划全局，一步一步，他都像自己做生意一样用心思考。

彭玉华说："支书，你晚上一般要到十二点、一点才睡，睡得晚又起得早，白天守着村里做事，晚上计划第二天的安排，不知怎么坚持的，年纪轻轻，头发都白了。说实话，换成我，肯定受不了。可惜我没文化，不能给你多担点力。"

彭育晚说："玉华，你为村里做了很多，大家都看得见。"

他们经常在一起谈心，交流看法，探讨思路。

彭玉华动情地对彭育晚说："支书，只要村里需要我，只要我做得到，你安排工作就是，我绝不打一点推辞，放下家里的一切，我都会为村里干。"

彭育晚说："玉华，你要多提让村里发展更好的建议，村里如果有做得不合理的地方，你要及时提醒。"

彭玉华很肯定地回答："支书，你想得很周到，什么事情都做得合情合理。"

彭玉华跟着彭育晚不分白天黑夜地干，老婆看在眼里疼在心里。那天，和往常一样，彭玉华吃完晚饭，大手一抹嘴巴，就要出门。老婆不乐意了，拽着他的衣袖问："你天天夜里去村里开会，不累吗？"

他说："为村里做事，一夜不睡我都愿意。"

为什么呢？因为彭玉华以前爱打牌，不着家，常为打牌跟老婆置气，自从当了村干部，过年过节他都没摸过牌，也没跟老婆吵过架了。

彭玉华说："人一旦有了目标，生活就有了奔头，根本没心思想别的什么，只想好好干。"

十三

彭德友和彭育晚是发小，一起长大的。照彭德友本人的话说，他过去有点游手好闲。在生活上，彭育晚关心、爱护他，出门常带着他，和他交流思想，也有心培养他，让他当油溪桥村治保主任。

这消息一传出来，很多人围着彭德友，嬉皮笑脸地说："猫科长，当官了，怎么也得请我们撮一顿吧。"

那时很多人都喊彭德友"猫科长"。他们认为他像花脚猫一样，做事东三西四，不能持久，不靠谱。

彭德友一听这三个字，既烦恼又反感：他做事毛糙，容易冲动，这是事实，但他不叫这个名字，无缘无故被叫这个外号让人不舒服，他感到屈辱，很愤怒。金无足赤，人无完人。谁都有缺点。戴着这样一顶帽子，怎么在村里开展工作呢？

知他者莫若彭育晚。

彭育晚上前郑重地说："叫人诨号是种谩骂、侮辱。将心比心，换成你们也不喜欢被人安诨号吧？人与人之间要互相关心、爱护、尊重，要形成良好的文明风气，以后谁也不准叫外号，这不利于团结。"

嬉笑的人们讨了不自在，四散开了。不过，从此，再无人叫彭德友"猫科长"。

彭育晚的话使彭德友很感动，这是对他极大的关心，帮他维护了尊严。就冲这些话，哪怕是上刀山，下油锅，彭德友都愿意。

彭育晚是雷厉风行的人，他恨不得班子成员转得比高铁的轮子还快。可这么快的速度哪能个个跟得上呢？那天，累得骨头散架后，有几个人凑在一堆嘀咕。一个说："支书希望我们是机器人，干啥都不知疲倦，可以不停地干下去。"一个说："主要还是费力不讨好，我们累死累活，听不到他一句好话。"另一个捅捅他们，神色古怪地指了指路旁。原来彭德友来了。有人很是不屑："怕什么。他听见了还好些。他跟支书关系好，去打小报告呀。你们不是不知道，支书那臭脾气，不爱听闲言碎语，彭德友去学舌，还不被骂顿饱的。"

这些话一字不落随风飘入了彭德友的左耳朵，不过，一秒都没停留，又从他的右耳朵出去了。他了解他们的用心，想让支书对他有看法，拆散两人，因为他是支书的另一双眼睛。

小人才打小报告。

彭德友不是小人。如果把别人对支书不理解的评价和行为说与他会挫伤他的积极性，油溪桥的发展离不开他。彭德友了解支书，所以只报喜。越报喜，彭育晚劲头越足，越干越有味。嘴巴长在人身上，爱怎么说是人家的事。彭德友有个原则，对支书没影响的事，再大他也不会传。人与人之间，难免有些磕磕碰碰，言语不合，讲错一句话就去学舌，哪还像个集体？没必要点滴都报告。哪怕有些事他们饬他不会做、做不好、不去做，他也不会说与支书听。但如果对支书和村里有影响，再小他都绝对要反映。

彭育晚有时半真半假地说："德友，村里有事你还瞒着我，可要保持对组织高度的忠诚哟。"

彭德友不认同："支书，你做出的成绩，摆在那里。你要求很严，有的人跟不上，难免不满意，有怨言，这在情理之中。如果事事报告，不成了挑拨离间？"

彭育晚在他心中，最是大公无私。

镇里通知，旅游局的领导马上来村里检查工作。彭育晚从兜里掏出两张红票子给彭德友："德友，你去集市上买点水果、茶叶回来招待领导们。可要细心点，要选新鲜、品质好的。"

彭德友扭捏着不接："支书，公家的事，不能次次让你掏腰包啊，我去文会那支点，行不？"

"别婆婆妈妈的，这能花几个钱？"彭育晚命令道，"快去快回，还有很多准备工作等着你呢。"

彭德友一路想，自己的思想境界离支书太远了，只不过为村里的建设出点力，给群众做做思想工作，发动义务工而已，支书付出的多多了，自己有什么理由和他高声谈论、争长争短？

以前因为漂流公司，彭德友跟着彭育晚与镇里各位领导关系一贯处得好，当上村干部后，镇领导的态度更亲切，常嘘寒问暖。他们去镇里办事，镇长、书记亲自到门口迎接，很关心他们，不用他们开口，就会抢先问有事吗？我能帮忙吗？彭德友心里很舒坦也很得意。这是为村里付出换来的成绩，为镇里争得了荣誉，所以镇里很重视他们。

彭德友明白，发展建设既不是为了镇长、书记，也不是为了支书，而是为了家乡。家乡属于自己，他有责任和义务改变。可后来他竟差点当了逃兵。

到底怎么回事呢？

因为彭德友深深地感到心酸。有些村组干部背地里抱怨彭育晚太严、太霸道，遇到事情喜欢骂人，如果是私底下骂一顿还好，偏偏要在大会上骂，让人多难堪。这些不满、牢骚不知怎么传到彭育晚耳中去了，他在会上又狠狠训了他们一顿。以前他们巴不得彭德友学舌，真的挨骂后却反过来怪彭德友在支书跟前搬弄是非，对他成见很深。彭德友心中的冤屈没地方诉说。每个人都有自己的看法、想法、做法，他不可能添乱。他理解他们，支书的确严，眼里容不下一粒沙子。大家只是普通农民，又不是国家公务员，书读得也不多，要十全十美的话，都能当支书了。

彭德友不是两面三刀的人。有时建设进展缓慢，彭育晚找他了解情况。彭德友一边帮着村组干部、群众找理由，解释说同时在推进别的项目；一边又加紧做众人的工作，提高效率，最后总会完成任务，只是时间长了点。他的苦心并不是所有人都能理解，有些人便阴阳怪气地讲些风凉话，彭德友深受伤害，于是向彭育晚提出辞职，说："我不干了。"

彭育晚很惊讶："你怎么了？"

彭德友说："得罪不起。"

彭育晚追问："得罪不起谁？"

彭德友说："支书得罪不起，同事得罪不起，我左右为难。有些干部说我只有支书喊得动，其他人喊不动，他们凭什么这么说我？他们喊我，我也射箭一般去了。他们还专门向你打小报告，说喊我不动，你不问清情况，打电话就骂，其实当时我正在做事，有苦难言。这些我若对你讲，我就和他们一样是小人；我若不讲，又忍不住。我费力不讨好，你表不表扬我无所谓，你骂我也没关系，因为我们是朋友，但我和他们不能相处，这职务让别人干吧。"

彭育晚一听，头发立即竖起来了，眼睛鼓得比铃铛还大，紧紧盯着彭德友低吼道："你就这点承受能力？内心不强大点，怎么能把事干好？"

彭德友从来没见过彭育晚这副模样，他嗫嚅着："我……我……"

彭育晚双眉往上一耸，提高嗓门："你什么你？算了，算我看错你了。"他又闷闷地说："你写份辞职报告交给夏某。"

彭德友哭笑不得，夏某只不过是村里的妇联主任，她怎么能做这个主呢？辞职报告摆在那没人动，他只得继续干下去。

十四

　　几位外村的村支书慕名前来油溪桥取经，彭育晚陪他们迈步在村里的小道上，他们啧啧称赞山窝窝里的小村庄变化竟然如此之大，真不容易。一行人在一户人家前停住了脚步。暖煦的阳光下，苏术初坐在水泥坪里，聚精会神研读着手里的一份文件。那是什么重要的东西呢？让他对来访者毫无察觉。众人好奇地凑拢了去。苏术初这才发现来客人了，忙不迭起身给大家让座倒茶。

　　一位支书信手翻开他搁在椅子上的文件，只见上面赫然写着"油溪桥村第七次修订村规民约"，几人兴趣大增，这可是深入了解油溪桥村的好机会。他们惊讶地问彭育晚："你们的村规民约都修订七次了？"

　　彭育晚说："是啊，没有规矩，不成方圆。我觉得村里要发展，村民群众才是主体，文明乡风则是保障，所以我上来后，就参照别的地方推行村规民约的先进经验，再根据我村的实际情况研究制订了我们专有的村规民约。村里在发展，这里那里的问题不断冒，为了适应不断变化的形势，我们也不断地跟着修订，到现在已经是第七次，也是最完善的一次。"

　　另一位支书问："修订一次就要变动新的条款，群众不反感吗？"

彭育晚说:"没有反感,大家几乎形成共识,油溪桥村要想走得更远,必须把村民的意识拧成一股绳,变成集体意志,各项工作,才能所向披靡。"

有人摇头叹息说:"基层工作难干,村里要往东,有些人偏要往西。"

彭育晚说:"要想健康发展,不能掉以轻心,必须有精准的制度约束,有效实现村民自治。"

一位支书又说:"制度订出来,就怕有些人非但不遵守,反而抵触。"

彭育晚说:"村规民约是村民自治的主要抓手,为了充分发挥它的约束力,我们遵循一个原则——听取群众意见,得到他们的认可,群众认可了,落实就有效。"

彭育晚详细向同行们介绍油溪桥村村规民约的出台。村里坚持从群众中来到群众中去,自创三上三下"六步修订法":及时搜集村民群众有利于村级发展的好观点、好建议,实时提交村支两委讨论。村里组织召开党员大会,将村民的提议和村支两委形成的村规民约修订内容供大家讨论,并制订群众意见征求书发至各家各户。再收集意见征求书,将反馈意见进行分类,对有利于村级发展而村民不支持的意见,由村支两委分工包户,上门做思想工作。村里又根据意见对村规民约进一步修订完善,报镇党委备案。接着召开村民代表大会,宣读修改完善后的村规民约,并在会上由村民举手表决并签字。最后将表决的村规民约试用一年,如百分之六十以上村民自觉遵守,则正式实行。

正是因为坚持"六步修订法",充分发扬民主,尊重民意,油溪桥村规民约才深入人心，真正成为治村管村的法宝。

支书们都不错眼珠地望着彭育晚，生怕听漏了什么。

苏术初笑呵呵地递给大家一张纸："支书还给我们发了户主回执单。"

"户主回执单？有什么作用？"

彭育晚说："村规民约出来了，各院组要召开村民会议，逐条向村民解读，让人人了解。每户发放户主回执单，由户主签上意见和建议，村里统一回收。回执单便于村里进一步了解宣传的深度和广度，也便于村里掌握群众对村规民约的理解高度。不同意者，村组干部再上门做解释工作。新的建议和意见，村里召开村民代表大会，协商讨论，如果大多数代表认可就及时添加。"

支书们说："这个方法好，来之于民，管之于民，执行起来阻力就小了。"

彭育晚说："是的，我对村组干部们说，我们的村规民约修订七次，不是为了简单地执行而执行，更需要你们用心用情用智慧把工作融入群众的生活、生产中去，为他们保驾护航。"

这份村规民约在支书们之间传阅。大家惊叹："你们禁赌禁炮？"

彭育晚乐了："有些农村烟花爆竹乱放，攀比成风，既浪费钱财又污染环境；有些赌博买码成风，麻将馆、码报到处可见。为刹住这些不正之风，我们顺应民心，禁赌禁炮，已全面实现一年四季不放炮，赌博买码无踪影。"

彭育晚上任伊始，就深深地意识到油溪桥贫困的根源在地力贫瘠，他有意识地往涵养、培植地力上下功夫。他想，一年不行就十年，十年不行就二十年，二十年不行就一百年，总有一天，油溪桥的穷山恶水会变成青山绿水，变成金山银山。到第七次修订村规民约，各种培植措施已日趋完善。他们制订了山林绿化与生态环境建设规划，对荒山、空地和田间隙地进行了统一美化绿化，对现有林地实施全面封山育林，严格实行林木砍伐审批管理制度；对风景林编号存档，并明确专人管护；规定村民每人每年植树造林不得少于一百棵，村组干部每人每年义务植树不得少于五百棵，庭前院落必须栽种四季花果；建立三级联动管理体系，组建了植树造林和森林防火义务宣传队。同时，对生活污水进行治理，对沿河两岸居民区实施了厕改工程，确保油溪桥村水资源得到良好的保护和开发。

几位支书都在用心聆听，他们有无数的问题要请教彭育晚。有支书提了个大家都头痛的问题："有人的地方就有垃圾，你们的垃圾是怎么处理的？村规民约上有规定吗？"

彭育晚说："当然有规定。我们采取'防、堵、分'三种方式，对全村垃圾进行分类处理。防，禁用一次性塑料用品，倡导婴儿尽量不使用尿不湿；堵，对垃圾处理尽量做到不出户、不出组、不出村，可掩埋的由农户自行处理；分，垃圾实行分类处理，逐步分解，防止造成二次污染。"

油溪桥村第七次村规民约还推行酒席从简，禁止超标准操办。提倡婚事新办，丧事简办，其他喜事一律不办，移风易俗。实行家禽圈养，严禁打鱼，严禁乱搭乱堆乱建。并对积极支持集体事业、顾全大局、不计个人得失、见义勇为、舍己为人的各种优秀事迹给予奖励。

彭育晚侃侃而谈："村规民约实现了对村民自治的制度化管理，把他们所有的陋习都用制度捆起来，关到笼子里。这不是铁笼子，是心灵上的笼子，能统一人的思想认识。人管人，管不着，我没吃你的饭，干吗要听你的？只有制度能管好人。每个人来到世界上，都有欲望，但也知做坏事不好，是犯错。村规民约成为群众的家规家训，人人皆知，晓得不能违反，违反了会受相应措施处理；只有支持、理解、包容、遵守，才能皆大欢喜，和谐发展。"

一位支书打断他的话说："你们村规民约的内容很多是倡导性质，村民不遵守也得不到处罚，还有很多事情如给村里建设捐款捐工、扶贫济困等，村规民约也无法全面规定，怎么办？"

彭育晚说："这我们早就想到了。为了确保村规民约持之以恒、坚定不移地贯彻下去，倒逼文明习惯养成，通过反复实践，我们给每家每户建立了家庭文明档案。"

"家庭文明档案？"支书们兴致盎然。

在彭育晚的大力推行下，油溪桥村为每个家庭建立了一份档案，除家庭基本情况外，主要记录家庭成员违规违纪违德和做贡献得表彰等情况，再盖章保存起来。做到一喊一应，你的行为怎么样，村里把它放入档案记起来。出个试卷有人做，做了答卷后及时发现问题，发现问题后及时纠正，才有效果。每个月的28号为档案登记日，查找到村里每个户，把他们的生产生活情况记录在册。开会时就可明确提出哪个户产业管理不到位，哪个户办了酒席，违反了村规民约哪一条，清清楚楚，让他们知道下一步该怎么办，及时调整。以村民档案为依据，行使监督，这是一个系统工程。村规民约既然签字同意了，谁违反就能把他冻结，档案里有污点，必须接受处罚。

档案把好事、坏事都登记起来，旗帜鲜明。

彭育晚说："为什么要设档案袋？档案袋是一个家庭的荣誉证，也是一笔无形的财富。为什么每月要统计？这是一种工作动态。发现问题，解决问题，提高工作效率。"

这一措施的实施收到了良好的效果，其关键在于把握了群众的心理。乡村是个人情社会，大家都很看重道德名声，有时比金钱更重要，为了维护自家良好文明档案，人人努力遵章守纪，争取多记优点，少留污点。谁家都要娶亲嫁女，档案里有污点的话，你家讨儿媳，人家都不用调查，只看档案袋就行，你是个什么样的人，屋里怎么样，一清二楚。

一群人又风风火火来到村档案室，查看档案袋。打开档案袋，他们看到了这些记录：

×××，经果林管护差，罚款二百元，早山层后面经果林种玉米罚款五百元（按村规栽了经果林的地，不允许种植高秆植物）。游步道捐工二十五天。

×××，妻子去世，出殡违规燃放鞭炮，罚款五百元，录入黑名单，停办一切手续。

彭育晚解释："群众的罚款，我们也开回执单，得让他知晓信息，防止以后起争执。这些罚款并没要求随罚随交，而是群众需要办理别的事务时，才会把以前所欠交清，时间一久，难免出现记忆差错。他们应该有知情权，罚钱并不是最终目的，而是一种促进手段，促使他们按村规民约一项一项落实下去。"

十五

有了村规民约、档案袋，接着得管好公章，油溪桥村的公章奉行阳光化管理。彭育晚不管公章，把它交给三个群众代为管理。公章来自群众，让群众为群众服务天经地义。

管公章的人不用看彭育晚和任何人眼色，只要看档案袋。

村里规定，给谁盖了公章要登记，他为什么事来盖公章？有没有违反村规民约……都得记录，不能让人浑水摸鱼。没有违反直接盖；有违反记录，交了罚款再盖。如果档案袋里有违反情况，你却给他盖了公章，对不起，盖公章的人得代他把罚款交了。公章管理者必须明了，不能给盖公章，并不是哪个人刁难，而是全体群众都不给他盖，是集体决定，在档案袋和会议记录上有据可查。

彭育晚说："如果不建文明档案袋，村民不可能如此听话，总会有人乱来。"

档案袋里登记的罚款，受罚的村民一分不少都交了。因为没有文明档案袋，公章拿不出，他什么都干不成，闹也没用。村里不接收，不盖章，他能找谁？油溪桥村把权用活了，用准了。

自古有句俗言：做官靠印。有些村的公章却盖成了萝卜蒂，发挥不了威力。而在油溪桥村，公章就是法宝，是集体权力的体现。

彭育晚和村干部带头向村民承诺，不参与任何违背村规民约的事，并认真带头遵守，无人享有特权，坚持谁践踏，处理谁。自然，村民群众也能自觉维护村规民约的权威。

第七次修订村规民约后，油溪桥乡风民风变化很大，村民自觉了，不再像脱缰的野马。大家意识到不能再像以前，做好做差一个样，人人都想做得更好。村里捐工会公示出来，还会被记入档案袋里，不捐满，多没面子。谁都不想比别人差，宁可多捐工。

苏术初说："坚持才能形成风气，深入民心。满山树木随风倒，而主导我们坚持不放弃的那个人就是彭育晚。"

彭育晚就是那风啊。

彭育晚扭住村民自治这个关键，创新乡村治理。他说："一个村的发展，离不开党员干部，村民群众更是主体，如果只有党员干部干，群众站在边上看，那肯定是无法成功的。"油溪桥村坚持自治、法治、德治多措并举，最大限度赢得了村民的认可与支持，最大限度凝聚了干事创业的强大合力。

彭育晚描绘发展蓝图，就如何发展，与村民共同商讨，广泛征求意见，在深入调研思考后，确定将休闲农业与乡村旅游作为油溪桥村支柱产业，做好了"三年转弯子、六年打基础、九年见成效"的三步走计划。他又与村民们商量如何一起共同打造油溪桥村，全体干群对村里的发展前景越来越清晰，对建设美好生活越来越有信心，干事创业的激情越来越高涨。

　　彭育晚胸怀宽广，他想，光靠内在创建家园，肯定力量有限，若想真正长远、大幅发展，需要吸纳、兼容外部力量，为己所用。于是，他真诚邀请功成名就的外出精英、投资创业的外来精英，以自己的经验、学识、专长、技艺、财富反哺桑梓，泽被乡里，参与新农村建设和治理，以榜样的力量带动全体村民，共同建设美好家园。

　　发展越快，油溪桥村的项目启动就越多，在彭育晚心中，要保证它们顺利实施，必须有严谨的审批与管理制度。他创新性制订出"六步"工作法：首先，由群众、院组向村委提交项目实施可行性报告。村委根据项目初步意见，召开村支两委会，统一实施意见。再根据项目实际，成立实施机构，制订具体实施方案。接着村里召开决策会议、党员大会和村民代表大会，审议并决议项目实施。然后落实工作计划，根据项目进展情况，做出阶段性考评，落实整改措施，确保项目整体推进。最后民主评议结果，由实施领导小组做出项目结算报告，公示项目资金投入、建设时间、工程质量，民主评议出优、良、差工程。

　　为不断健全村级管理制度，取信于民，彭育晚规定村干部为村里办事开会都属于本职工作，不能另给报酬，除定补工资外，不准从村里再拿一分钱，村里的办公经费，每年控制在一万元之内，一般的招待由村干部自己掏腰包。坚持做到章、钱、账阳光化管理，章、钱、账管理纳入民主议事当中，增进了村组干部的内部互信，增强了村支两委的公信力。

　　村规民约的制订，让所有油溪桥人找到了行走的路径与方向，他们不再茫然，在他们心中，不再有"懒"和"怕"二字。

不"懒"才有出路，村里项目才能自建，劳动力才能自筹。不
"怕"才有思路，这也怕，那也怕，能出思路吗？他们认为，村
里的每一项举措都是最好的思路，从易到难，滴水穿石，一切都
会慢慢好起来。

他们又用好了"心"和"情"两字。做什么都要用心，不用
心就做不好事情，为了家乡发展，需要油溪桥人用心去做。油溪
桥人在这土生土长，与这里有生命之缘，大家来到世上，是为了
感恩，感恩就是情，有了情，什么都有。

油溪桥人还学会了"好"和"爱"两字。人人都传播正能
量，不讲不利于团结的消极话，原本村里还没这么做得好，群众
经常把赞许的话说在前面，村里不做好都不行，这是生活的智
慧。人们只有爱亲人、爱家乡、爱国家才有奉献，没有爱，怎么
担当奉献？爱家乡，就要付出，多大的付出都值得。

十六

"打牌赌博是条龙，一时富来一时穷。有女莫嫁油溪桥，一
年四季西北风。"这曾是油溪桥村的真实写照，村民自由散漫，
把大把的时间精力浪费在打牌赌博上，得过且过，有点想法的劳
动力则外流，资源贫乏，怎么能脱贫致富呢？

康某和张某夫妻感情不和闹离婚，就是由赌博引起。

他们闹到了村里。

张某抱着头蹲在地上说："妹郎好意把我们夫妻带到广州进厂，工资虽然不高，但省着点花还过得去。没想到康某迷上了打牌。有一次输了三千多，后来又一次输了两千多。我没说她什么。她倒怪我没钱，要离婚。家也不回了……"

康某哭哭啼啼："张某自己也打牌，我手气不好输了钱他就打我，打得我过日子不得，还打我弟弟，屋都被他打烂了，我和他过不下去了……"

宁拆十座庙，不毁一桩婚。

一个家庭拆散容易，要重新组建起来就难了，何况张某和康某的婚姻还没到非离不可的程度。

彭育晚说："康某，你起的头，你一个女人家，打牌赌博瘾大，是搞不好家庭的。父母、子女你都不管，这是没有责任心的表现。前段时间，村里危房改造，我打电话给你，你一直没回家。不要老是怨张某，你也有好多不对的地方。"

对张某，彭育晚更是没留一点面子。他批评道："我俩年龄差不多，我最看不起你，打牌赌博，不务正业，乱骂岳父岳母，动手打老婆，这算什么男人？男子汉要让老婆有安全感，对家庭有责任心。"

他苦口婆心劝他们："你们俩都要好好想想自己错在哪，不要光想对方的不是，一个巴掌拍不响……从现在开始，你们都不准再打牌赌博，要发狠勤劳，早日把家庭搞好。"

这桩离婚纠纷，通过双方亲戚协商、村里调解，达成了和解。

张某与康某因打牌闹离婚的事，让彭育晚深深感觉到了赌博的危害。

一波才平，一波又起。

花甲之年的苏某老人找到村办公室，红着眼圈对彭育晚说："支书，你管管我们家吧。再这么下去，这个家迟早会散掉，我只好寻条死路算了。"

彭育晚赶忙给老人让座倒茶："出什么事了？说来听听。"

原来苏某的儿子有个养牛场，老婆却染上了打麻将的恶习，虽不打大的，但心思全在那上面，家务事不做，不刈草喂牛，也不管孩子，男人喊不动，两人经常吵架，今天打起来了，儿媳吵着要离婚。

苏某气得手直抖："支书，为着几只麻将，好好的家都不要了，你说值不值？这不让人看笑话吗？"

彭育晚说："叔，别急，我去给他们做工作，把关系说好。"

苏某说："讲一回只一回，支书，我强烈要求村规民约里加一条，不许打牌赌博，那样，谁都不能违反。"

彭育晚说："叔，村规民约也不是喊加就加的，但您放心，我们调查清楚后一定给您答复。"

彭育晚想事周全，当时并没肯定答复，事后做了些调查，苏某确实说得对。他开始思考怎样才能把打牌赌博这个毒瘤除掉。

彭育晚和村组干部就禁赌进行深入细致的讨论。

彭德友说："打牌的现象不只油溪桥有，别的村也有，甚至县城也到处麻将声声，大家见惯不怪，要完全禁止可能难度比较大。"

彭育晚说:"赌博的人,自古以来只有一个下场,败家子。禁赌是百利而无一害的事,既有利于家庭和睦,又有利于村里秩序安定,更重要的是能够发展生产力,让村民早日脱贫致富。别人做不到的事,我们要做到。"

他接着说:"从现在起,你们谁因赌博被村民举报,可别怪我不客气,立马免职;党员打牌,经发现直接报请镇党委开除党籍。只要我们下决心扭转风气,村民会跟着来。"

彭育晚连着察看几家麻将馆,只见里面人头攒动,烟雾缭绕。他们鏖战正酣,谁都没看见皱着眉头站在门口的他。彭育晚想,再不铲除这个恶习,就算油溪桥村的黄土变成了黄金恐怕也都会被麻将桌吞噬。

彭育晚接着召开村民代表大会,提倡远离牌桌、赌桌,摒弃"不劳而获""一夜暴富"的投机心理,不打牌赌博,不买六合彩,违者报请相关法治部门处理。

一个村民代表说:"我不爱打牌,看见打牌的心里就烦。村里禁赌,我举双手赞成。"

彭育晚说:"多谢理解。只要大家同意,我们一定能把禁赌进行到底。"

另一个村民代表问:"支书,我们能为禁赌做点什么?"

彭育晚说:"请你们把村里的决定传达给每一位村民,如果谁继续打牌,所有的福利都没有,公章也盖不着。赌博的人,有什么资格享受低保、五保?有什么资格成为精准扶贫户?他还有钱输,应该取消所有待遇。"

彭育晚动硬的了。他责成村里对赌博的村民排查到户,定期开户主大会，分门别类，分区域，分人口，再登入到档案袋，让历史来呈现。

开会时，他让赌和不赌的人分开坐，以此增加村民心理压力，调动他们的荣誉感和自尊心。再用村里以前三代打牌的后代是什么样子作为反面教材教育他们。有意思的是，没有一个人愿意坐到赌博区去，这证明油溪桥村有希望。

不禁不知道，一禁吓一跳。大家才发现村里因赌致贫的人比比皆是。

有个漆匠师傅，好好的家输得个精光，堂客不跟他，跟着别人跑了。

彭某，过去打金花，欠了很多高利贷，无力偿还只好带着老婆孩子，背井离乡。直到把钱还了，才回来建房子。

还有一个彭某在长沙当包头，有钱不守住，打牌，输得稀烂，几年都没回来，连老婆、娘都没联系过，别人说他坐牢去了。他哥说："有家不能回，家人不能见，不和坐牢差不多？欠人家钱得躲，回来还不被人煨了？"他家大门前还曾被人拉了白色长幅，上面用鲜红的油漆写着"彭某欠我血汗钱不还，要你血债血偿"。油漆红得触目惊心，真像是用鲜血喷上去的。他本人倒是没看到，但他的亲人看到了，每个人背上都凉飕飕的。

这些都是打牌赌博的下场。如果不打牌，这些情况就不会出现。油溪桥村曾流传过一个故事。有人担了十只猪仔去卖，见路边有宝押，便想押一回赢点车费，不一会儿，便输掉一只，输了一只猪仔不甘心，还拿一只去扳本，最后十只都输掉了。

油溪桥禁赌并不容易。麻将馆老板通常有两种人，一是在社会上混的，二是上面有点靠山的，一般村民哪敢？这是违法的。禁开麻将馆，损害了他们的利益。有些人便报复彭育晚，阻挠建设，但彭育晚无所畏惧，强势推进，对他们不遗余力地做工作，利用一切可以利用的关系，选派和他们走得近的村组干部上门，内部化解矛盾。

李某，在外面包工地，老婆在家开麻将馆。他对禁赌意见很大。麻将馆天天收桌子钱，能给他个人带来直接利益；村里的建设再好对他也没用，只不过是环境改变了，又没直接拿钱给他。将来的利益是未知数，谁看得到？

彭育晚亲自上门找他谈。李某沉着脸说："我又没拽住他们不许走，是他们自己来的。"

"话虽这么说，但你不能否认，你的场子在这，就是一个大诱惑，群众都是普通人，哪个经得起诱惑？"

"那我不管。这是我家，我想怎样就怎样，村里应该也管不着吧？"

"这不是你家的事，而是全村群众共同的事，我们不能不管。"彭育晚诚恳地说，"李某，你是见过世面的人，也是讲道理的人，你说说，外面的人哪像油溪桥人，天天守牌桌？人家事都做不完。你不能为了一点蝇头小利坑害全村人啊，以后人家会戳你背心的。"

李某不吭声了。经过彭育晚多次解释，李某转而认同了他的观点，并积极配合村里的工作。

彭育晚强行关了一家麻将馆，几个村民群起而攻之，奚落他："村里名堂多，禁这个禁那个，这里没一点经济活力，怎活跃起来？禁了赌，外面的活水不来村里了，越搞越死。你以前也是赌鬼，凭什么来说我们！"

彭育晚摸摸被"打肿"的脸，拉着他们的手说："我以前走错了路，难道你们要继续错下去吗？"他跟他们讲起自己的经历……从那之后，那几个"赌鬼"成了村里建设的中坚力量。

患尿毒症的彭某，换了肾，看到别人的麻将馆都关了，他以生病为由，倒开上麻将馆了。他想赚点生活费。彭德友知晓后上门做工作。他说只开两三天。

没想他竟打起了持久战。村组干部几次登门找他。彭某不听。

彭育晚便从外围着手，给妇女和户主开会，声明谁要继续进彭某的麻将馆，就要处罚谁；村组干部、党员的亲人打牌，立马警告处分。

这下好了，大家不去麻将馆，彭某摆麻将桌也没用。村民们说，禁赌真的好，女人不打牌，男人回家就有热饭吃；不打牌就不会输钱，不输钱，日子好过多了。

彭中来家有六个兄弟姐妹，三男三女，因打牌闹不团结的有四个。他当着母亲的面对亲兄弟姐妹说："这个家还不禁赌的话，只怕麻烦。"他们父亲已故，母亲也已八十岁，老母亲在谁家过年，大年初一他们就去谁家吃中饭。前年母亲在他家过年，他和另外两个兄弟商量："从现在起，你们都不准再打牌。如果你们做不到，就别怪我不客气，娘就一直在我家过年了。"兄弟们赶忙说："别啊，娘是大家的，我们都有份，牌戒了就是。"大家果真都没碰过牌，连正月在家都没摸过。去年老母亲在他哥哥家过年。

彭育晚也在正月初一召开家庭会，他说："村里禁赌，我不能只去管别人，自己家的屁股却不擦干净。新年新气象，从今天开始，我们家人之间再不许打牌，打着玩也不行。只要我们做出榜样来，慢慢地，自然而然就行了。"

兄嫂有爱玩牌的，叫苦不迭："初一十五都不打牌，大家在一起有什么好玩的？"

这年，在家人的劝说下，文二莲带着孩子回来过年了。她淡淡地说："不打牌是好事，我们喝喝茶，说说话，聊聊一年中发生的事，谈谈来年的计划，不挺好吗？"

彭育晚没料文二莲会说出这么一番话来，心下高兴，这才不愧是他彭育晚的老婆。他借驴下坡说："老婆，村里大事小事一摊摊，家里我实在照顾不过来，你回来帮帮我？"

文二莲硬气说："回来？你那点工资，让我们跟你喝西北风？这样吧，你跟我回南宁，我养你，保证手指甲都不用你动，把你当菩萨一样供着。"

再说下去，两人肯定又会掐起来。彭育晚不想破坏家里的气氛，便嘿嘿笑着岔开话题。文二莲也不死缠烂打，只是第二天就走了，说店子没人看不放心。看着她匆匆离去的背影，彭育晚怅然若失，这团乱麻，不知什么时候才能理清。

油溪桥村禁赌，都是进行合理疏导。村级组织，不像派出所有执法权，村里只能一步步引导，一次次做工作，一次不行，就做两次，两次不行，做三次，直至这些不良现象销声匿迹。

通过整顿，油溪桥村再无打麻将、赌六合彩现象。彭育晚带领油溪桥村积极、主动、创造性地成功禁赌。他思路创新，逻辑严谨，为县里全面禁赌找到了方向。禁赌后，油溪桥村民风为之大变，勤俭节约、积极创业的观念深入人心，投身建设的新风尚逐渐形成，积累了今后的创业资本。

村民不打牌赌博了，村里把牌桌上的劳动力解放到义务筹工上去，让他们天天有事干。有事干的话就不会想打牌，参加义务劳动又能带来实际的意义。

彭育晚勇于担当，巧运战略战术，指挥得当，取得了又一次战斗的胜利。

他说："一个人不可能干哪件事都百分百成功，什么都有风险。但不去做永远没有希望，做了就有希望。"

县交通局一个领导经常来油溪桥村，每来一次，他都无限感叹："老晚，你们把乡村工作做到这个样子，不容易。油溪桥村在上面没有文件规定的情况下敢这么办，你们凭什么？群众不造反？"

彭育晚说："我把自己作为试验品，我不在乎能不能当支书，我在乎能不能当好支书。我想着对的事就要去做，没做成功是我能力有限，不去做则是态度不对。我不怕群众把我推翻，如果他们没把我推翻，我就继续前进。我不会对强势的违规者睁只眼，闭只眼，对弱势的人就盯着搞。这一点我永远做不到。要我当支书，我就要把油溪桥村建设好。"

十七

彭育晚是个有心人，一路走，一路思考。他跟漂流公司刘总到溆浦培训调研，路过一个地方，那里看起来很平常，但很干净。他们吃饭的农家小屋，卫生更好，餐桌擦得锃光发亮，他深有感触。那时他刚上任，油溪桥村脏乱不堪，污水沟臭气冲天。人家小小的村庄竟然还有物业管理，每人每月交三块钱，请专人搞卫生。

彭育晚寻思，这儿虽然有政策扶持，但地理条件并不好，为什么能发展旅游？因为环境卫生好，房子风貌统一，古色古香。现代人恋旧，再加上一些建材有辐射，影响健康，人们便喜欢住木房子，怀念过去朴素的生活方式。彭育晚心有所动，回来后和村组干部商议，决定参照溆浦那个村推行物业管理，不过不收钱，号召村组干部、村民养成卫生习惯。村组干部能号召，但村民并不买账：农村又不是城里，丢个垃圾还被人管，真是小题大做。所以只能先要求村组干部提高觉悟，统一思想。

彭育晚知道，任何事都要从小处着眼，找准一个支点，一根木棍也能撬动地球。怎么才能找到那个支点呢？他不停地在村里转悠，想找出点料来。他发现村角的土坷垃里藏着不少烟头，涩黄脏污，很醒目，时刻都在向人挑衅。彭育晚大喜。

他对村组干部说："从现在起，我们开展捡烟头比赛。"

村组干部一头雾水："捡烟头？"

彭育晚满脸坚决："环境要卫生，除了不乱扔垃圾，还得把以前积存的垃圾清除干净。"

村组干部惊呼："村里那么大，烟头只怕不比河里的沙子少，怎么捡得完？"

彭育晚说："肯定有难度，经住考验才是我们的风格，只要我们做得好，相信群众也会跟上来，我们要用行动感化他们。人多力量大，什么都不怕。"

村组干部不再多说什么，默默抄起家伙跟在他身后。一行人悄没声息地出现在村道上。

不一会儿，队伍后跟上了一大群看西洋景的群众，比捡垃圾的人多多了，他们在嘀咕："好家伙，把他们选上去以为能带着我们干点大事，没想只知捡垃圾，捡得再干净又有什么用？"

彭育晚从不会被闲言碎语打倒。他一手握铁钳，一手提着蛇皮袋埋头走在队伍前列。小石子里的玻璃碎屑都逃不掉他的眼睛。

他们前脚刚走，有个年轻人后脚故意把手中的一捧板栗壳撒得到处都是。彭德友气坏了，掉转身子想和他理论。彭育晚喝住彭德友，不声不响返身再捡。年轻人脸臊了起来，都是人，人家捡，自己丢，太不像话。

捡了一段时间后，村里变得干净了，连空气都好像清新一些了，群众被打动了。他们也开始学样，捡垃圾。

在这之前，油溪桥村民还有一个坏习惯，垃圾都从新桥上往下倒，日积月累，新桥端头成了村里的一块大疮疤。新桥高十来丈，看着都头晕，怎么才能把垃圾捡干净？

彭育晚拍板：系上安全带，下到桥底一块一块去捡。

他总是想到了就做，不然他的心就会像有猫爪子在挠一样难受。他率先系上安全带，彭德友、张仁望、彭玉华、苏开初，连女同志夏某也跟着系上了。他们把绳子的一头绑在高处的树蔸上，另一头吊在腰上，人慢慢往下滑。

世人只知高空擦玻璃的"蜘蛛人"，却不知油溪桥村也有一群悬在空中的"超人"。崖壁上、河滩里、桥墩下堆积的垃圾经年累月，散发出令人作呕的臭味，只要一靠近，蚊子就像轰炸机群，飞速把人包围，一巴掌能拍死几十只。他们谁都没退缩，就像摸田螺一样把垃圾捡起放到背上的篓子里。

头顶的太阳晃得人眼前白花花一片，彭育晚头晕心慌，但他没忘大声提醒另外几个人："大家要小心，安全第一。"

"支书，我们不怕，在崖山上砍柴砍惯了。"

彭德友发现他脸色苍白，不大对劲，悄声对他说："支书，你要累了，就去河底休息休息。"

彭育晚不在意地说："这算什么，你们能干，我也干得了。"

为了节省时间，他们自带了干粮到桥底。时候不早了，大家卸掉绳子到河边洗手准备吃东西。洗着洗着，彭育晚觉得眼前有无数颗金色的小星星在飞舞，再后来，他眼前全是黑的了，他慌忙叫了句"德友"，身子歪了。彭德友飞身上前，想要扶住他，却没来得及，他"扑通"一声倒在地上，人事不省。彭德友说声："不好，支书中暑了。"大伙全都慌了神，围拢上去，手忙脚乱给他扯痧。好一会儿，他才苏醒过来。醒来后，他特别惭愧："我太没用了，亏我还是从部队出来的，这点苦都受不了，真让人笑话。这事你们千万别说出去，我可不想让大家为我担心。"见他没事，彭德友他们松了口气。

这事后来不知怎么传到了文二莲耳中。恼他归恼他，文二莲其实时刻都在牵挂彭育晚。她发飙了："彭育晚，以后你要有事还瞒着我，我跟你没完！"

彭育晚呵呵一笑："老婆，我不好好的嘛，没事。"

文二莲的声音瞬间又高了十分贝还不止："你傻呀！身上担子那么重，你又没长十双手，干得过来吗？"

她的话冲得人都快贴到门板上去了，彭育晚听出了里头深藏的担忧，心里暖洋洋的，说："老婆，你知道我，不是那种在一边指手画脚的人，我喜欢和大家一起干，心里踏实，效果也好。"

彭育晚他们捡起的不仅仅是垃圾，也是卫生的习惯，更是文明的种子。

村组干部们出门都随手携带垃圾袋。陈家岭片长阳记花从家里到吴家湾办事，一路走，一路捡，捡了大袋白色垃圾。彭育晚碰巧遇上了，他很感动：有这么自觉的村组干部，还愁卫生搞不好吗？得到支书的表扬，阳记花有点不自在，她脸上一片绯红，说："支书，这没什么，看到垃圾，弯弯腰不是难事。"

村里正是发展阶段，基础建设多，建筑垃圾更是不容小觑。彭育晚天天念紧箍咒："建设搞到哪，垃圾就要清到哪，别弄得一地狼藉。"为了督促施工方不破坏村里的环境，他在施工协议里加了一条：工程完结后，如果遗留有建筑垃圾，村里要扣除一部分工程款作为卫生保证金。因此，来村里搞基建的工程队都特别注意保持卫生，就算在施工当中，水泥、沙子都不会撒得到处都是；活干完了走人，垃圾也跟着走。

每天都有许多单位来油溪桥村参观学习。彭育晚常说："人家单位组织活动要申请，得领导批准，很烦琐的手续，又那么远，为什么选择来油溪桥村？因为他们认为油溪桥值得学习，但人家不是来欣赏油溪桥村的垃圾的。"

由于前来参观学习和旅游的人越来越多，垃圾量增加，县美丽办来村里检查卫生时，发现道路两边出现了塑料垃圾。

彭德友小声辩解："人太多，有些游客也不注意，我们刚捡完，跟着就有人扔了，难免存在空当。"

彭育晚一脸严肃："环卫意识必须扎根心底。环境整洁是我们心灵的折射，也是我们的骄傲。不能讲任何客观理由，只有效果才能说话。这不是哪一个人的事，大家都要用火眼金睛去找不足。人走在哪，眼睛看到哪，不要往天上看，多往左右两边看。多宣讲，请游客别乱扔垃圾，发现垃圾就要及时清除。"

从此，卫生工作村组干部按制度宣传，常检查，常督促，常抓不懈，发现问题主动解决，不拖，不欠。

十八

后来，不光是村组干部，连村民也习惯了，不管何时何地，只要看到垃圾都会顺手捡起来。彭育晚趁机在各院落进行卫生评比，对差评者实行处罚，按等级罚款五十元，一百元，二百元。钱不多，但是人心里都有荣誉感，都想得到村里的认可，不想挨批评。这不光是罚款，还有名声影响。就这样，全村形成共识，搞好环境卫生是应当的，不只是村里的事，还是自己的事。村民开始自觉实行庭前三包，包屋前屋后的环境卫生、美化绿化和基础设施看护管理。

有一天，张仁望邀彭玉华一起去外面买东西，了解市场价格。走在路上，张仁望突然由衷感叹一句："老师傅，我们油溪桥的美丽乡村名不虚传啊。你看别的地方垃圾一片片一堆堆，臭气冲天，我们村里，看不到一张纸屑、一个烟头，游客丢了矿泉水瓶、烟盒在地上，连普通村民都会自觉捡起来。"

彭玉华说："这是因为大家的思想观念转变了。支书思路超前，很多事情他都想在前面，走在前面。去年县里才开始全面推行美丽乡村创建，我们三年前已经开始了，得到村民认可，成了示点示范。你看，全县的'双创'工作现场会都选在我们村召开。"

作为油溪桥村发展变化的参与者与建设者，他们对彭育晚思路的前瞻性以及对事业的坚定意志，发自内心地敬佩，更为能成为油溪桥村的村干部感到高兴、自豪。

这种情愫也时刻萦绕在每一位普通村民的心里。

彭育晚和大家聚在一起聊天。

彭育晚问村民："大伙说说，垃圾捡干净到底是好还是不好？"

村民异口同声说："肯定好。环境卫生好，臭气、蚊子都没有，疾病也少了。"

彭育晚说："既然如此，我们还要切实防止一个词：反弹。不要一在野外搞活动，就留下遍地垃圾，乱七八糟。"

"放心吧，支书，我们保证人走，垃圾跟着走。"

康初先难掩内心的喜悦，说："眼看村里建设一年比一年完善，现在比起2008年，简直是一个天上一个地下，这都是支书的功劳。"

彭育晚谦逊地说："这和大家的支持分不开。环境卫生需要我们改变思想，提升素质，自己丢的东西不能让别人捡。不文明、没素质的地方，人家都不愿意去，那还能有发展吗？我们只要有人、有精神，什么都会有。充满智慧的人在哪都能被扶起来，但又懒又蠢的人，烂泥扶不上墙头。懒惰很可怕，我们不要盲目羡慕别人拥有的，只要继续努力，别人有的我们会有，别人没有的我们也会有。"

大家都兴奋不已："我们要让别人来羡慕嫉妒恨。"这话引起一阵开怀大笑。待大家静下来，苏术初对彭育晚说："这多亏党的政策好，加上你得劲，带出了优秀的村级班子。村里取得的每一步成绩都是用艰辛堆起来的，来之不易，没有你这样好的带头人也带动不起。"

彭育晚动情地说："这不是我一个人的功劳。我想说，村组干部的付出不容忽视。如果只让大家莫乱丢，村组干部见了不捡甚至带头丢，你们不会有情绪？你们还会捡吗？他们带头捡，你们自然跟着来。他们用无声的行动，影响大家转变观念，换来了干净整洁。"

村民们说："他们的确是我们学习的榜样，言传身教，我们才没有掉队啊。"

康初先说："那年，支书安排我扫街，喊广播发动群众，还有人看笑话，不放在心上。你们瞧瞧现在，屋前屋后、村街村道都干干净净，人走在路上心情畅快得很。"

彭中来自豪地接腔道："是啊，周边村，哪个和我们比得上？"

彭中来是村里的卫生督查员，他铁面无私，在他面前，谁都别想搞特殊。

彭育晚家的新房建好后，垃圾没来得及处理，附近山崖上挂着些塑料布。遇上彭中来检查卫生，他想：你是支书，更要起表率作用，垃圾不捡干净怎么要求群众？

他毫不犹豫地对彭育晚说："按规定，罚！"

彭育晚当场道歉，连连说："该罚，该罚。"他忙，疏忽了。见彭中来这么说，当然知晓他的用心，自己没做好，让别人怎么看。

彭中来眼都不眨，把这事记入档案袋。

他对施工队的建筑垃圾查得更严，一片木屑都不允许对方留下。

有人抱怨："你检查得那么严，我们不干了。"

彭中来说："既然做了就要认真。我们的卫生全靠村民自觉维护，成了全县全市全省的标杆，就是严要求的结果。"

县美丽办第三次检查时，发现肖某家卫生很差，彭育晚高度重视，召开会议，决定罚款二百元；且肖某隶属超山冲片，其片落第一负责人，负连带责任，罚款二百元。

社会在进步，人们的许多生活习惯也在改变，有些改变其实是柄双刃剑。比如现在的年轻父母已经不给宝宝用尿布片了，他们喜欢用尿不湿，方便、省事，随用随扔。没谁在意用过的尿不湿能不能被土壤降解，会给环境治理带来怎样的难度。他们以为，那是别人的事。彭育晚想得远，他从源头抓起，对村里给宝宝用尿不湿的家庭罚五百元，不用的话就补贴五百元买尿布，这样对孩子身体没伤害，既省钱，又环保。

有些人觉得他真过分，发明尿不湿就是为了提高孩子的生活质量，如果照他的思路来，世界根本不需要发明创造。

彭育晚说："追求方便的同时，我们一定要有环保意识，图个人方便而有损大家的事绝不能做。"

在他的要求下，油溪桥村的垃圾出户由户负责，出组由组里负责。垃圾不准乱倒，科学分类，层层分解，该倒的才倒。经过这么多年涵养，加之不准砍树，水土不流失，生态越来越好。环境整洁在于人，卫生差是人造成的，卫生好也是人打造的。

仔细想想，油溪桥村各项工作制胜的法宝是，彭育晚认准的事，就会带着村干部扎实执行，无论再苦再累都坚持到底，坚持就是胜利。

十九

国人爱放鞭炮，源远流长，油溪桥村人也不例外。他们爱热闹，大小喜事，都有放鞭炮的传统，特别是人故之后，从出殡到山上，一路鞭炮喧天。村里的每片区域卫生都有专人负责。党员张仁敬打理的是一段上坟山的路，路边茅草丛生，偏偏这段路上放的炮每每比别处多，炮屑溅到草丛里特别难以清理，扫吧，总有一地残留；一点一点捡嘛，给十双手都不够。

张仁敬苦不堪言。

他寻思，炮屑不只这里有，吴家湾那有座庙，已故的人在葬前都要祭庙，鞭炮放得烟尘满天，下点雨炮屑粘在路面上，扫不净，烧不尽，极其碍眼。从村里一路出来，简直就是条红色孽龙。这么下去，环境卫生治理有什么意义？他找到彭育晚说："支书，我们这茅草多，炮屑不好清扫，耽误很多工夫，得禁了才行。"

恰在那时，电视里报道，一个小孩被鞭炮炸伤眼睛，导致失明。彭育晚深受震动，下定决心禁炮。

村里要禁炮，很多村民惊诧莫名："放鞭炮是传统，历朝历代都允许，村里说禁就禁，目的是什么？有什么要求？禁了有什么好处？"

有个人粗声粗气咳了好几句，见全场的目光都转向他了，才慢条斯理地说："红白喜事全都禁，我有九十多岁的爹，百年之后，连炮都不许放，我不同意，砍了脑袋都不同意。"

他的话引起了大家的共鸣，谁家没老人？现场吵吵嚷嚷，就像一锅正在翻滚的粥。

彭育晚双手往下一压，大家安静下来。他说："放鞭炮，除了铺张浪费、污染环境、破坏卫生外还有别的什么吗？放炮在我们这已成了一种风气，有钱放，没钱也争相放，邻里暗中攀比。大家说说，该不该禁？我们要节省资金发展产业，禁炮是条好途径。"

他说得在理，大部分村民都不说话了，有人建议："村里喊不放就不许放，只怕大家一下难以接受，得让人有个适应过程，白喜可放三封炮，老人身故的起身炮、封生炮、迎柩炮；红喜结婚男、女方进屋时可放一封炮。"

彭育晚认为他说得是，禁炮不是一朝一夕的事，还是得注意群众的感受，关注人性，尊重传统，于是采纳了这些建议。

后来在实际操作中发现，放起炮来难以制止，无法收拾，所有村组干部和村民代表提出完全禁止。彭育晚又召开户主大会，试行一年，村民自觉遵守者逾百分之九十九。

群众态度坚决了，彭育晚自己心里却在打鼓，过年都不放炮了，村里冷冷清清，一点气氛都没有，他跟彭中来商量："初一早晨是不是允许放一封？大家图个好彩头。"

彭中来说："支书，这哪行？真想禁，一封都不许放，否则禁不下。蚊帐裂了缝，蚊子就会一只接一只飞进去，挂不挂蚊帐都是一码事了。"

彭育晚一下醒悟，下决心在油溪桥村正式形成文件，向镇里报请批准，村里全面禁炮，不遵守者予以处罚，第一年处罚二百至五百元，第二年升至五百至一千元。

就在全村都快忘了放鞭炮是怎么回事时，村东头的坟山里响起了"噼里啪啦"的声音，这声音突兀又刺耳，油溪桥村的每个人都被震得鼓膜发胀。是谁罔顾禁令？彭育晚匆匆赶往坟山。原来是刚从外地回来的黄某带着新娶的老婆在祭拜他父亲。第二封炮已经撕开铺在他父亲的坟上，黄某正准备点火。彭育晚快步上前抢过他的打火机："老兄，村里禁止放炮，你倒好，堂而皇之放起来，根据村规民约，罚你五百元。"

黄某一脸茫然："支书，我一直在广东佛山送快递，不知道村里不许放炮啊。"

彭育晚说："禁了不短的时间了，这证明你太不关注村里的发展变化。"

黄某生气说："支书，不知者不罪，这罚款没道理，我才不交。"

彭育晚说："禁炮是全村人定的，并不是针对你一个人，也不可能因为你一个人而改变。罚款迟交早交你都得交，因为这会记入档案袋。"

黄某说："支书，我们这是第一次，村里就不能给个机会原谅我？"

彭育晚说："老兄，你是党员，更应明白，已然形成的决定，谁都不能找理由，只能遵守，严格执行。"

后来黄某老婆的户口要转到村里落户，彭育晚把镇里批准禁炮的文件给他看，他心甘情愿交了罚款，顺利办好手续。油溪桥村执行处罚的手段聪明又巧妙，暂时登记，遇上机会再促其兑现。

说白了，放炮除非是为了撑面子，你放两万元，我就放三万元，证明我比你有钱，有能力。禁止放炮，人人都不用担心没面子，还省了钱，谁都不想浪费。一放炮，浓烟滚滚，呛死个人，破坏环境，有什么好？以前没办法，现在村里禁炮了，省了不少事。

因为禁炮，炮店老板可没好脸色给彭育晚看。见他路过，不是摔东西便是指桑骂槐。彭育晚也不发火，索性到他店里坐下，好言解释："禁炮并不是针对您，但您却针对我，这是您不对。禁炮是为了村里的大局，对环境与安全都有益。"店老板不满地说："村里炮也不准放，这也搞不得，那也搞不得，我们还怎么做生意？"彭育晚说："话可不能这么说，表面上是影响了你生意，但你家也有人客往来，你想想，现在干什么都不用放炮了，会给你省多少钱？绝对比你赚的多。"炮店老板赶他不是，不赶他也不是，只好讪讪地闭了嘴。

彭育晚喜欢和人讨论工作当中的问题，这样有利于总结经验，便于下一阶段工作的开展。大家凑在一起聊起了禁炮。

苏术初说："我们村禁炮几年之后，县政府才提出禁，我们比县里早几年。支书真是想得远啊。"

他刚退休回村时，抱怀疑观望态度，只想好好做个旁观者，随彭育晚和他的班子怎么折腾，尽本分做好自己就行。没想，后来他彻底被彭育晚的行动和思路征服，满怀激情参与到村里的建设中来了。

彭玉华说："禁炮，不仅利于村里建设，还能保护村民健康，两全其美，是大好事。"

彭育晚非常感激村组干部对禁炮的付出。他说："我的红脸都是你们用黑脸换来的。"

彭育科说："禁炮很有必要。放炮带来的坏处显而易见，炮灰满天飞，噪声刺耳，扰乱生活，浪费钱，安全隐患防不胜防。现在，我们谁还担心这些？"

彭育科是禁炮的忠实拥趸。他给去世几十年的父亲修墓，家人和百岁高龄的母亲想放炮，他说："如果要放炮，我连坟山都不去。"母亲因此隔了很多天都不理他。

彭育科的父亲是中医，医术精，土改时从医，后因家庭负担重，劳累过度，患了肝硬化，不幸四十多岁就去世。以前的坟山分大房小房，他父亲并无葬大房的资格，但六十年代经济困难，温饱难继，他把父亲葬在大房的位置也没人说什么。后来日子略好，准备立碑，但大房里的后辈不准，真是饱暖是非多。

在彭育晚的带领下，乡风好转，几年前允许他立碑了。到了可以立碑的时候，却又禁了炮，虽然母亲颇有微词，最终他还是没有放炮，没惊动任何人，悄悄地把碑立好了。

禁炮没多久，彭中来他们组，一个村干部的娘故了，那时人故了村里还准放三封炮。孝家夜里十二点多放了起身炮。农村土葬有寿器，老人的寿器开了几个小时都没打开。彭中来懂得一些技巧。孝家凌晨三点多把他请了过去。打开后，他留下帮忙。孝家办丧事计划放炮。

彭中来说："你是党员，又是村干部，参与村里禁炮工作，自己却不遵守，群众会说，官家点得火，百姓点不得灯。你们拿槽沟水都洗不脱。"

孝家想想，他说得对，于是断了在村里放炮的念头。

老人埋在外村地方，要经过两个村，那里没禁炮，他们又想在路上放炮。孝家派人联系，对方说："炮你们只管放，但放了后要把卫生搞干净。"炮还没放，人家的语气里已满是火药味。

见状，彭中来又点醒他说："人家当面不好说，背后肯定议论，你们聪明，自己禁炮，到别人地方放炮，哪有这么好的事？"如此一来，孝家买的炮都没放了，都挑到坟山里销毁了。

彭中来院落里还有一位妇联主任，她爹过世了，就她一个女儿。给她当家的亲房说："八十多岁的老人家故了，是喜丧，放点炮。"彭中来听了制止道："你们是长辈，要放炮她奈何不得，但她是村干部，如果村里追究责任，你们给她担着吗？"他们听从他的建议，起身炮都没放。

油溪桥村在禁炮这件事上，已达成了共识，做到了自律，连清明也没放炮。不过，村里有些坟山是外村的，外村并没禁炮，村里的规定对他们没有约束力，人家来挂青放炮，又不违法。彭育晚便灵活处理，到了清明节，安排村干部值班，外村人放炮可以，但必须把卫生打扫干净。

据统计，油溪桥全村每年节约烟花爆竹开支约八十余万元。

二十

山区的村庄脏乱差现象比比皆是：鸡鸭散养，猪狗满村跑，公共区域无人管理……为了村内环境治理，他们花了不少费用，但效果往往不尽人意。

有些村光保洁员的工资一年要五六万，彭育晚觉得很惋惜，如果大家都不讲卫生，就算请十个保洁员又有什么用？这不是请保洁员能解决的问题。他摇着头说："我们可没有专职保洁员，哪有这么多钱来开支呢？我们把钱花在产业上，花在刀刃上，十年就能变成六十万，多好。"

没有保洁员的油溪桥村人人都是保洁员。

村里整洁、有序，处处清清爽爽。你若问油溪桥村在卫生保洁上花了多少钱，真实答案是：很少，几乎为零。靠的是什么？靠村规民约和文明档案。卫生保洁，油溪桥村实行个人包户、村组干部包片，自家产生的垃圾自己处理。按月评比，评比情况及时记入文明档案，落后户由党员干部结对帮扶。

彭育科是一个很讲卫生的人。他不管多忙，屋前屋后都要打扫干净，屋内地板更是光可鉴人，来串门的乡亲们感叹说："你家呀，如果不小心把盐撒到地上了，仍可以撮起来炒菜。"彭育科眯笑着说："家里干净，人住着舒服。"他每年都喂几头大肥猪，养一群鸡鸭，但他家鸡鸭有棚，猪牛有圈，地板全水泥倒制，每天坚持用水冲洗，没一丝异味，夏天的晚上还给它们点上蚊香。乡亲们喜欢拐进来看看他喂养的大肥猪和鸡鸭，说："你家的猪圈比人家的床铺还干净。"

彭育科讨厌别人家的鸡、鸭、猫、狗跑到家里来，倒不是担心它们来偷食，是怕它们随处屙屎拉尿，庭院刚刚扫完，就被糟蹋得不成样子，简直要命。打狗看主人，打鸡也一样啊。彭育科只好经常把门关着，虽然沉闷，但总比满地臭粪或者伤了邻里之间的和气好。

修订第七次村规民约时，他向村里建议，说："村里家禽家畜应该实行圈养。"他话音还没落，阿婆阿婶们坐不住了。

众人七嘴八舌怼他："鸡不圈狗没套，鸡狗都放养，不像牛在鼻子上穿根绳子可以牵着走，村里自古以来就是这么过的，彭育科你发哪门子神经？你讲你的卫生，管我们的鸡、鸭、狗干什么？"

彭育晚却陷入了沉思。

油溪桥村山多地少，资源贫瘠，村里没有厂矿企业，只有依托新化旅游开发的大环境发展旅游，才能带动产业发展和转型。旅游发展起来后就可建农家乐，游客的消费又可促进村民种养产业的销售。但发展旅游，首先要保证村容村貌干净、整洁。这几年，村民根据自家能力发展家庭养殖，除了猪牛有固定的栏外，其余的鸡、鹅、鸭、狗，基本上都是白天放任它们在外面跑，晚上把它们往笼里赶。个别农户放养的羊群，满村子乱窜，羊粪四处可见，羊踩踏庄稼，啃吃禾苗，损毁苗木，村民怨言不断，有的甚至做出极端行为……

彭育晚在网上搜索有关知识，传统的家禽放养模式，出现禽流感的概率及其危害程度，是现代化养鸡场家禽的数十倍；人、畜混住一处，儿童与家禽、家畜直接接触，很容易发生手足口疾病。放养家禽家畜不但影响环境卫生，还大大增加疫病传播的概率，给村民人身安全带来一定威胁。

正在彭育晚思考着家禽家畜要不要圈养的当儿，村里发生了一起疯狗咬伤人的事。一天傍晚，村里一位老人，弓着背在自家门前的菜地种菜，从路上跑过来一条狗，猛扑到她身上，把她的脖子咬得鲜血淋漓，老人吼叫着拿起锄头去打，那狗向院子里跑去。老人进屋用肥皂清洗伤口，一中年妇女背着竹篮，提着裤腿，一瘸一拐地走来，原来她刚才在路边扯草时，小腿也被那可恶的狗咬伤了。两人正说着，院子里传来哭叫声，一个坐在屋门口摇篮里玩耍的孩子的手又被狗咬伤，孩子吓得哇哇大哭。一路咬伤三人，这狗肯定疯了。村民顿时警觉起来，喊声四起，大家围攻，把狗打了。被狗咬伤的老人、中年妇女和小孩的家人想找到狗的主人，要求打狂犬疫苗，要求营养补助。经过排查，大家发现这狗却是从外面流窜来的。

彭育晚迅速派车把三个被咬伤的人送往县城疾控中心打疫苗，果断召集村支两委及党员开会。

彭育晚说："禽畜生事，主人负责，自古皆然，可是这是一只无主的流浪狗，找谁呢？我们想想，如果这只狗是我村的某个人喂养的，咬的是游客，会是什么后果呢？凶狗扑人，那是很可怕的事，吓到人家，还会找你要精神损失费呢。"

彭育晚话锋一转，说："彭育科的建议是正确的，村里的家禽家畜必须圈养。现在我们正走旅游兴村的路线，正在创建文明乡村，家禽家畜满村跑，粪便堆得到处都是，走到哪儿都臭，谁敢来？村里因为喂养的禽、畜闹纠纷的现象经常发生，既不利于团结，也不利于发展。禽、畜的疾病容易传染给人，为我们的健康着想，跟家禽、家畜一定要分开。"

村干部们也意识到，要发展乡村，改善村民生态宜居环境，就要把眼光放长远，建立长效管理机制。

彭德友说："家禽圈养可以维护公共秩序及环境卫生，给每位游客留下一个良好的印象，保障村民人身安全。"

村支两委人员经过讨论，一致同意，拟定了《油溪桥村关于圈养家禽家畜的通告》，并打印出来，每户送一份，通过各种形式深入宣传，做到家喻户晓、人人皆知。要求村民在一个月内对所饲养的鸡、鸭、鹅等家禽实行圈养，禁止在村庄公共场所和耕作区放养家禽。村民要看管所饲养的牛、羊、狗等家畜，防止家畜在户外随意大小便，影响村容环境；防止牛、马、羊、狗等家畜对人身、农作物造成伤害。

彭玉华建议："我们成立圈养家畜家禽监督小组，负责对违反通告的行为进行监督和处理。"

彭育晚说："还应建立群众举报制度，向村民公布举报电话，对群众投诉做好记录，及时处理，同时向投诉者反馈处理意见。"

家禽家畜圈养风风火火地在村里推行起来。

彭育晚派人对圈养情况进行明察暗访，如发现没有圈养的家禽家畜，便对户主进行批评教育并罚款。村里还把圈养工作同评选文明家庭户挂钩，如被发现该圈养的家禽家畜出现在户外，将取消评选资格，对圈养工作做得好的家庭，村里对其实行每人每年奖励。促使村民逐步养成自觉实行圈养的习惯，做到人畜分离、净化环境、美化家园。

因为有问题存在，油溪桥村才制订规定来解决，所以任何制度的推行都不是一帆风顺的。

彭德友正每家每户督查家禽家畜圈养。走到一户时，鸡、鸭虽没放出来，户主却牢骚满腹："我喂只鸡下蛋，如果圈养，还能下吗？村里又没补钱，凭什么要关鸡？"

彭德友耐心解释："村里想打造成旅游景区，这里一泡鸡屎，那里一坨狗屎，别人怎么来旅游？饭都吃不下。疯狂咬人那事你也知道，如果那狗是你喂养的，这个事件所造成的影响放一边，单那赔偿恐怕不是笔小钱能打发的吧？还有院子里经常出现的羊，东一只西一只，那个臊味，谁受得了？一路拉粪一路偷啃庄稼，谁不受害？全部圈养的话，是不是大家都受益？"

那人嘟哝着："也是这么回事，关了好像比不关确实要好。"

不过，彭德友遇上了钉子户。

连着几次检查，村民彭某家的鸡都在屋后悠闲觅食。彭德友好言劝他："人家都关了，就你固执。村里这么做，什么歪心都没有，就是为了大家好。"

彭某咋咋呼呼地说："我喂的鸡鸭放在自家庭院关哪个屁事，你们管得也太宽了吧？有本事就把我的鸡鸭打死、药死啊。"

彭德友依旧和颜悦色地说："话这么说就不对了，你看村里什么时候做过这种事？"

彭某冷哼一声："那搞这些花架子干吗？只晓得在老百姓面前耍威风，图好看，有本事让我们得点真正的利益。"

彭德友说："你思想没转变，我说再多也没用，但我会把你的做法记录进档案袋。你自己好好想想，村里是不是真的和你说的一样？"

后来彭某给孩子办独生子女证，需要村里盖公章。村里要求他缴清登记在档案袋里的罚款，把家禽圈起来，才办手续。彭某只好照办。现在他家的鸡、鸭再也不放出来了，也不违反其他村规民约。他说，看到村里的变化，心服口服。

这是乡风文明带动观念转变的过程。

"哎哎哎，这是我家的鸡。不好意思啊，一没注意就跑出来了。我一定关好，保证没有下次。"一个老太太赶忙喊孙女把鸡赶回笼。这场面正被来参观的谢主任碰上了。

谢主任说："老人家，一只鸡出来就出来啊，您慌什么？"

老太太说："你不知道，幸好支书没看见，支书看见了会处罚。我们油溪桥天天有你们这样的文明人来参观，看见鸡屎、羊粪，你们饭都吃不下，下次再不敢来了。"

谢主任对陪同的彭德友说："看来你们工作做得细致，'洗脑'很成功啊。"

彭德友笑了，说："很多村民开玩笑，我们支书要是搞传销，不到半年就能成为钻石经理。他很会'洗脑'，只是他'传销'的是国家政策和发展理念，给村民带来利益。"

谢主任也笑了，说："'洗脑'就是凝聚人心，统一思想，加强学习。你们班子的思想最初肯定也不统一，村民的认识也有局限性，譬如这个圈养，虽然不是大事，但要改变村民的思想意识、生活习惯总是难的。"

彭德友说："谢主任您对基层情况很了解。家禽家畜圈养，对旅游兴村，对文明乡村的建设都有好处，村民的思想认识可能会慢一步，但也并不是不讲道理。当他们明白一切都是为了发展的时候，也就配合接受。"

谢主任说："我了解到你们有几大产业，目前已经盈利，你们把盈利又投入到旅游开发上去。但景点不多，代表就是漂流，而漂流有季节限制。"

彭德友说："对，有季节性。我们的理念是产业兴旅，旅游兴村，产业是旅游的一部分。县里做旅游的目的就是靠旅游把人带进来，人来了后才能消费。我们村的观念也是这样，有人来才能买这里产的东西，我们发展所有的产业就是想把农产品卖给游客。"

谢主任说："没人来怎么办呢？你们要加大宣传力度。"

彭德友说："宣传很重要，但更重要的还是自身要做好，创建好环境，做好服务工作。人家旅游是去寻开心的，那地方的风景再好，如果环境脏乱，服务冷淡，给游客脸色看，让人扫兴而归，谁还想去？"

彭德友有一回和村干部到溆浦一家饭店吃饭，饭店的地面擦得都能照出人影子。老板很热情，大老远就满脸笑容迎上来，服务体贴暖心。彭德友心情很愉悦，感觉受到了极大的尊重。饭菜端上来后，大家发现差些火候，同伴嫌弃不好吃，在碗里挑挑拣拣。他赶快压住，说："入乡随俗，每个地方有每个地方的口味，我们村里也有服务行业，都不容易，要多点包容。"同伴也就没再多说什么，很开心地吃完了不大喜欢的菜。

制度的实施一定要果断到位，但如果烧三把猛火后再不管事，陋习就会再次抬头，甚至卷土重来。彭育晚每推行一项正确的决议都会贯彻始终，常抓不懈。

油溪桥村来了一车漂流的游客，眼看就到了，却不知从哪钻出一只肥胖的鸭子，笨拙地摇摆到了路中央。司机连忙刹车，可还是晚了，他清楚地感觉到了轮胎下的异常。司机下车查看，鸭子血肉模糊，摊在路面上。他回头对同伴嘟囔："这下没有二百块钱我们休想走。"

彭育晚刚好经过，他上前对司机说："朋友，你不用担心，我保证不要你赔一分钱。"他对身边的彭德友说："德友，你去查查，这鸭子是谁家的？怎么跑出来了？根据村规民约，该怎么处理？罚多少钱？你去落实一下。"司机愣住了。他没想到自己压死别人的鸭子，还要害鸭子主人家被罚钱，这也太……司机连忙替主人求情。彭育晚说："朋友，不关你的事。家禽圈养是我们村的规定，鸭子主人违反了规定，必须惩戒。不然，我们的工作就开展不下去了。"

这些年来，油溪桥村通过不断整治，路变宽了，水变清了，村庄变洁净了，品位得到极大提升。

二十一

"干事业就像挖井，如果东挖挖，西挖挖，结果哪都不出水！"

彭育晚喜欢把工作中的感悟发在微信朋友圈。

> 不断学习创新，让山更青、水更绿、乡亲们的行为更美！恨时间太少、精力不够、能力不足！

> 这是油溪桥村2009年林改时发放给村民栽下的红豆杉！快一人高了！让我深深体会到开发生态森林资源的价值和重要性！只要赢在森林资源上，必定会赢在乡村振兴上。到目前，我村已经完成所有荒山空地的绿化开发。

> 移他山之土，培我山之树，我们不怕资源贫瘠，因为精神富有……

每一条微信，不光是记忆，也见证着他对家乡大爱的赤子之心。

油溪桥村的树，只栽不伐。

彭育晚充分利用村里的闲置资源，启动十年绿化工程，对全村七百余亩荒山空地采取村委提供苗木，农户投劳，二八分成的形式进行开发，实现生态资源的可持续发展，为旅游脱贫不返贫储备资源。

每到春天植树造林季节，彭育晚都会带着村组干部、党员，发动村民义务筹工植树，不管天晴落雨。

这些年，村里建设多，义务筹工任务越来越重，闲言碎语多了起来："只知让我们义务筹工，有劳动就有报酬，天经地义。"个别领导还指责彭育晚另搞一套，有悖于市场经济，不符合上面精神。听到这些，彭育晚郁郁寡欢。基础建设是绕不过的礁堡，不采取义务筹工，无法前进。如果村里有钱，谁愿意想这法子？这是没办法的办法啊。心力交瘁的时候，他十分想念文二莲，怀念在南宁的轻松惬意。

春雨霏霏，彭育晚带着村组干部冒雨植树，这个铁打的汉子感染了风寒，咳嗽不断，高烧。文二莲把他接到南宁治疗，精心照顾他。她精神焕发，以往的憔悴一扫而光，因为伸出手她就能触摸到他。躺在病床上，彭育晚的愧疚与日俱增，他亏欠她太多！一个念头跳进他脑中，油溪桥已经走上正轨，没有他，同样也能转下去；而南宁这边的家不一样，没有他就如同房了被抽走了大梁。他又想起了在油溪桥的日子：饥一餐饱一顿，累死累活还要受气……他觉得多年的付出与心血都被油溪河水冲走了。与其这样，不如在南宁陪着文二莲，夫唱妇随，过逍遥自在的小日子。

文二莲在医院、店里来回跑，虽然辛苦，但很幸福。她甚至希望他的病慢好一点，他就会待在她身边久一点。

令她惊喜的是，彭育晚病愈出院后没提回油溪桥。油溪桥发生什么了？文二莲没兴趣多想，只要他能留下来，就是老天的恩赐。

日子又回到了从前，彭育晚重拾生意，驾轻就熟，文二莲相夫教子。每天，她都能和彭育晚在同一张桌上吃饭，还能手挽手一起散步，这才是她要的生活。她祈求谁都别来破坏。

好景不长。镇长书记的电话一个接一个追来了："育晚，家不可一日无主，油溪桥村不能没有你啊。"

"您高抬我了。没有我，村里会更好。"

"怎么可能。你一走，油溪桥村乱得一塌糊涂，你忍心看着村里功亏一篑，又退回到从前吗？"

"我真的没有那么重要。再让大家选个带头人出来就行。"

"你都走了，还会有人愿意接这烫手山芋吗？"

他每接一个电话，文二莲在一边都听得胆战心惊，生怕他会像电影里的隐身人一样消失。她寸步不离跟着他。

"滴滴答，滴滴答"，嘹亮的冲锋号又响了，这是彭育晚多年没变的手机铃声。他接通，还是书记："育晚，你再不回来，我们就带着油溪桥村的老少到南宁来接你了。"

"您这不是强人所难吗？"

"育晚，我代表镇里诚挚地向你道歉，让你受累又受气，不就几个义务工，我们狠狠批评了那些搬弄是非的人。回来吧！以后再也不会出现这种情况。"

彭育晚沉默了。

他把征询的目光投向文二莲。文二莲的眼里蓄满惊恐，浑身瑟瑟发抖："你说过，再也不离开我。"

"你也听见了，看这架势，我不回去，镇里不会罢休。"彭育晚试图靠近文二莲。

"我不管，我要你留下。"文二莲连连后退，她咬住嘴唇，"你是不是有别的女人了？不然，油溪桥怎么有那么大的吸引力？"

彭育晚愣住了。他没想文二莲会生出这种离奇的想法，他不经意给了她这么深的伤害。他想解释，可他发现自己的心早已飞回了村里，那是他亲手打造出来的，怎么可以半途而废呢？在选择面前，任何解释都苍白无力，一切只能留给时间。

彭育晚边收拾行李边向文二莲交代生意上的事。文二莲一个字都没有听进去，她觉得自己是站在雪地里的一尊冰雕，从里到外都没有一丝热气。

彭育晚拉开房门，大踏步走了。文二莲这才醒悟过来，追到门口，声嘶力竭地喊道："彭育晚，你一定会后悔的。"彭育晚没有回头。文二莲扶住门框，软软瘫倒在地。待她再抬头，彭育晚已不见踪影。

得知彭育晚回村，苏术初早早等在古老的油溪桥上。

苏术初农村工作经验丰富，思路宽阔，金点子多。彭育晚很信任、倚重他，私下里认他为智多星，一直尊他为"师父"，遇上问题喜欢向他请教。

见到苏术初，彭育晚很是难为情："师父，我让大家失望了。"

苏术初安慰他："谁都有犯迷糊的时候，农村工作复杂、艰巨，你的心情我理解。不过，"停了一下，他又说，"有志者，事竟成。既然你选择了这条路，就不能打退堂鼓。你这些年干得不错，做了不少事，名声也出来了。遇到困难就缩头，不是你的个性，你的家乡观念哪去了？你刚上任时的豪情抱负哪去了？换个人接班，他本事比不上你，群众不服、埋怨，发展就会变成一句空话，村里就会垮。"

彭育晚说："师父，太难了。要资金没资金，有人还以为我捡了个何首乌，鸡毛蒜皮的事都要闹，又不好好配合村里的工作。"

苏术初给他壮胆，说："无理取闹的事犯不着管。至于义务筹工是经大会决定的，是集体意志，不用怕。我们都指望你把大家带出困境。绝大多数村民紧紧跟在你后面呢。"

彭育晚说："老婆天天跟我吵，不许我回来，我顶着的脑袋比箩筐还大。"

苏术初说："总有一天，小文会为你骄傲的，你也不会后悔自己的选择。"

苏术初一席话就像阳光照进彭育晚郁结的心里，温暖，鼓舞。村里毕竟还是有理解他的人。撒手不管就是不负责任，是逃兵。勇敢面对，才符合自己性格。就这样，他顶住常人无法想象的压力，受了伤，找苏术初聊聊，心情就舒畅了。

彭育晚又像下了地的拖拉机，不停"突突"开动。

他带领干部、群众把油溪桥村的田边、土边，都种上花草，有紫薇、梅花、荷花、桂花、桃花，他们让光秃秃的荒山旱地变成花果山，村里四季有花有果。栽树就像种菜，需要精心管护，这些管护都由村民自主完成，大都是义务筹工，即使发工资，也只是象征性的，再也没人抵触、抱怨。

树栽满了油溪桥村的荒山隙地，方凳宽的地方都没落下。大马路边的绿化按理一般由公路局管，但只要属于油溪桥村的地段，彭育晚说："自己动手，丰衣足食。我们不能留一处死角。"

村里美化绿化，苏术初却种了几蔸峨眉豆在公共地段上。

彭育晚把他拉到地头，也不拐弯抹角，说："师父，这地方可不能种菜，村里要种茶梅，你得把峨眉豆扯了，要不，我帮你扯。"

苏术初一听，就知自己欠考虑，他原想脚板宽的地，村里派不上什么用场，与其空着不如种点什么。既然村里有用，当然得配合。他笑着说："哪能让你来，我种的我自己动手。"说完，找来锄头，把密密麻麻挂满了豆荚的峨眉豆藤连根刨出。

路过的村人很是惋惜："多好的峨眉豆啊，过两天就能摘了，让它结两茬豆子再挖也不耽误种茶梅。"

苏术初说："该挖就挖，我可不喜欢婆婆妈妈的，谁让它长得不是地方。"

因为植树，油溪桥村的生态渐渐向好。彭育晚说："一棵树意味着产业的根，致富的眼。"

彭育晚深刻意识到，村里单个人或单个家庭在别村的个人或家庭面前还略显赢弱，人家的收入可能已达十万，他们才刚突破一万。但别人并未整合资源。而油溪桥村人只要把每个一万都拿出来，全村就是好几百万。

滴水成海。一滴水汇入大海，会成为大海的一分子。如果这滴水滴在水泥地或沙漠里，就会蒸发、消失。一个村若富，个人再穷也会跟着富起来；村里若穷，个人再富，迟早也会穷下去。穷山不能养虎。一座荒山野岭，没有丰富的植被和生物，不能形成食物链，你去养虎，迟早会被老虎当食物吃掉。在穷村里，再不能出现这种危险。

彭育晚坚持绿色发展理念，硬是让昔日只看得见黄土和岩石的一座座山头，变得郁郁葱葱，且树种丰富多彩，千姿百态，赏心悦目。仿佛它们不是人工栽种，而是早就自然生长在那里。

彭育晚站在山腰中，欣赏油溪桥村美丽的山山水水，看到自己涵养水土培育资源的理念和付出初显成效，不无欣慰。他豪情满怀地说："我的家乡不比别的地方差。"

油溪桥村打造田园风光，后又加种了红梅、茶梅、紫梅，还移栽了银杏、樟树。彭育晚就像一个艺术家，油溪桥的山水都装在他心里，哪里宜栽棵树，哪里应该种花，搭配非常合理，养眼。他不时在村里转悠，走到谁家门前就拉着谁前前后后检查："你看，这里怎么还有巴掌大的空地？快栽棵树、种蔸花，别让它空下来。我们不浪费一寸土，打造油溪桥村的特色和亮点。"他遇上谁都带着人做美梦："伙计，将来的油溪桥村睁开眼就有花看，伸出手就有果摘。"对彭育晚的话，村民深信不疑，他们一寸荒草、一寸废地开垦，村里每一个角落都栽了杨梅树、柚子树、枣子树，大家都期盼着油溪桥成为绿洲，成为花海。

花开的季节，人在稻田里劳作，花香扑鼻，蜜蜂"嗡嗡"，心旷神怡，遍身的劳累便消失得无影无踪。

到了秋天，竹篱笆上有黄灿灿的桂花，下是红艳艳的鸡冠花，美得摄人心魄。

彭晚育和他的村民陶醉在美丽的梦里。

二十二

植树就是植富，造林就是造福，功在当代，利在千秋。

彭育晚又买来很多树苗发放给村民栽种，包括楠木、红叶松等名贵苗木。

彭育晚说："老祖宗的山水流传下来，是人类几千年的文明成果，我们接过接力棒，继续改善、开发、利用自然资源，想想我们栽的楠木、红叶松，五十年、一百年后会是什么样子？虽然我们享受不到它们带来的福利，但我们仍用心地在做，做一些明知自己享用不到的事情。我们栽楠木、红叶松，不是说我想受益我才做，而是取决于我该怎么做。家乡哺育了我，我有义务为家乡做贡献。"

说这话时，彭育晚双眼透出深刻的自信。他心中有梦，有蓝图，他坚定不移地按着心里的蓝图走，津津有味做自己喜欢的事。

有人问他："油溪桥村发展建设，买苗木，钱从哪来？"

彭育晚毫不打停地说："省啊，我们都是省出来的。一百万的项目村里尽量只用五十万干好，省下五十万干别的；需要五十万的项目又只花二十万，省三十万干别的。"花最少的钱做更多想做的事，能用力气换的东西他们决不多花一分钱，这是油溪桥村在发展中一直奉行的理念。

初春，雨一直下。几个村民手头植树造林的工作差不多完工了。游客建议他们散个早工，回家好好歇歇。他们说："这哪行？还能干点别的事。"油溪桥村从来没有散早工、磨洋工的现象，哪怕只剩半小时，大家也会自觉做另外的事情。他们认为所有的活都是为自己在干。

送苗木的谭总第一天从县城赶来油溪桥村，说八点半才能到。彭玉华对他说："谭总，十一个人在等你，你慢到半小时就是十一个半小时。"后来他七点四十就赶到了。他听说过深圳速度，上海速度，没想到油溪桥一个小小的山村，竟然也有这种时间观念。油溪桥村历经多年才见出成效，过程貌似缓慢，如蜗牛在爬，但他们其实跑得很快，快得让人看不见。

油溪桥村的穷山恶水变成了青山绿水，用眼睛可以看到，但那最美的风景——人心的绿化美化，得用心感受。

人心都是肉长的。

彭育晚带着大伙正冒雨栽树填泥巴。已经干了大半天，衣服分不清是被汗水还是雨水打湿的，粘在身上又潮又冷。这时候，如果有一碗热汤或者一杯热茶，该多好啊。还真有人听到了他的渴盼。一回头，他看到小路上出现了个人，戴顶斗笠在雨中蹒跚着。彭育晚纳闷：谁呀？春寒料峭的，谁还到这山梁上来？挖坑的、培土的人都停下了手中的活计，好奇地看着那人一步挨一步靠近。

这人走得慢，好长时间才到山脚。待她仰头向山上张望，彭育晚才看清原来是铜锣湾的刘光珍奶奶。她拄着拐杖，弓着腰，背上耸着一个高高的篓子。从上往下看，就像一个大大的问号立在那。

彭育晚快步下到刘光珍奶奶跟前，关切地问："刘奶奶，雨下个没停，路溜滑溜滑的，你不在家好好待着，到这来干吗？"

刘光珍奶奶把篓子往上托了托，还想往上爬："支书，你们饿了吧？老婆子没用，帮不了什么忙，只能打点擂茶来给大家暖暖身子。"

彭育晚连忙拉住她："刘奶奶，太感谢您了，大伙儿正想着喝口热茶呢。"他把篓子从老人背上取下来。刘光珍奶奶的背原本就有点驼，还背着篓子走了这么长一段山路，真难为她了。

刘光珍奶奶小心翼翼从篓子里端出一只大陶壶，就像端着世上最珍贵的宝贝。

栽树的人早已风一样从山上下来了。刘光珍奶奶给每人盛了满满一碗，热腾腾，香喷喷。彭育晚迫不及待喝了一大口，擂茶下肚，胃瞬间就暖了，继而五脏六腑也暖了，跟着全身都暖了。还有比这更幸福的事吗？他细细品味着擂茶的香甜，温暖与力量在体内奔腾翻涌，这是付出最好的回报，一碗擂茶足够了。放下碗，众人返身上山，一时间，风声、雨声都听不见了，只有锄头刨在泥土上的钝响鼓点般落在彭育晚和村组干部的心上。

刘光珍奶奶经常给大家送擂茶，再远、再难走的路都送。

油溪桥村各个院落还有很多像她一样送来感动的老人。

年轻人奉献了，老人看在眼里，疼在心里，他们人老心不老，用自己的方式表达对年轻人的认可，对家乡发展尽一份心意，心和大家在一起。

油溪桥村边建设边保护生态，不因为建设而破坏。要美化绿化就得禁伐。

在村里超前的生态系统理念影响下，村干部群众形成共识，杜绝乱砍滥伐。村里不准砍树，村民建房，村里根据他们房屋大小把所需木材钱补给他们，让他们到外面买。集体建设所用的木材，村里也都从外购进。人们懂得保护生态，砍掉一棵树就补栽十棵。

曾经也发生过小插曲。夏某以前从事矿木生意，在各地收购矿木卖到煤矿。她在一个村民家买了些树，请人砍了回来。治安小组发现后，代表村里罚了她一千元。

她不服，找彭德友理论，说："树是我花钱买的，处罚没理由。"

彭德友说："你买的也叫乱砍滥伐，违反了《森林法》，林业局并没组织，谁批准你的？油溪桥村禁伐，谁砍树，罚谁。"

从此再也没人敢乱砍滥伐。

不论男女老少，每一位油溪桥村人都深知，村里的公共建设不发展，就谈不上个人发展。个人就如一棵孤零零的树，谁都眼睁睁盯着，迟早会被人砍走。如果这树长在郁郁葱葱的大森林里，就会得到更好的保护，和伙伴们共存。大家庭建设好了，小家庭自然也会好。要想养鱼，首先得看鱼塘有多大。假如拿个脸盆养，再怎么都养不大。大家共同努力把村里建设好，就是在修整鱼塘，修整好鱼塘后再放鱼，迟早能长大。如果村里没建设好的话，就是用脸盆在养鱼，即便放下去的鱼有一斤，也比不上放到塘里的一点"墨水"（刚孵化的鱼苗）。

二十三

根据上级安排，油溪桥村与晨光村合并。面对新的形势，彭育晚征求彭德友意见，思考村里下一步的发展，他意识到班子要呈梯队建设，得培养优秀的年轻人做后备人选，但哪些人合适？哪些人有能力在未来把前辈打下的基础夯实，带领村民继续往前走？

彭德友毫不犹豫地说："老村干部全部换掉，当然也包括我。"

"为什么？"彭育晚若有所思问。

彭德友说："油溪桥村的基础建设已得到很大程度改善，工作上了新的台阶，不再像以前只需人干体力活，现在需要的是有文化、懂科学、能创新的人。来油溪桥旅游、检查、学习的人越来越多，素质越来越高。我们负责接待工作的人必须会讲普通话，方言上语人家听不懂，讲得再好也没人听。办公室再怎么整洁，东西再怎么摆成一条线，也没用。你在外面到处讲课抓全盘，回到办公室还要一个字一个字写材料，比牛还累，我们看了心疼。我们这帮老村干部文化水平不高，思想僵化，步子跟不上时代，以前的干劲和激情消磨掉了，鞭子抽都赶不动。新农村的建设、发展，迫切需要补充新鲜血液。换年轻人上，有活力、有闯劲，更适合未来的发展。"

彭德友的话切合实际，说到彭育晚的心窝子里去了，油溪桥要想发展得更快更好，班子调整势在必行。可是，老班子都是跟着自己流过汗淌过血一路走来的生死兄弟，怎么能割舍掉他们？彭育晚闭目深思。少顷，他睁开双目，望了一眼身边任村主任助理不久的彭阳兵，金色的窄边镜框后发出熠熠光芒。

彭阳兵是个90后，人品好，对上孝敬，对下尊重。他年轻有为，跟人打交道融洽，大家都欣赏他。

他以前在外面工地上开挖机，年收入十二三万元。他丢掉那么好的收入不要，选择回家当村干部，得从家乡的变化说起。曾经的油溪桥村地处偏僻，几乎与外界隔绝，资源匮乏，大年三十晚上都要出去挑水喝，好多人在井边排队，连挑水都会吵架，谁看着心里都堵。现在多好，自来水家家到户，洗澡很方便，拧开水龙头，水射得肉痛。

彭阳兵看到彭育晚带着村干部一步一步把村里建设得这么好，心存敬慕。彭育晚也喜欢他，认为他是个好苗子，便找他谈话说："阳兵，在外打工不能打一辈子，你还年轻，要有为家乡干一番事业的决心。"

彭阳兵没有信心说："支书，我不行的，高中都没读完，文化低。"

彭育晚鼓励他说："人不能妄自菲薄，试都没试，你怎么知道自己不行。"在彭育晚的帮助下，他慢慢学习，扎实工作，努力完成村里布置的每一项任务。他最初任二组组长，后来担任综合治理组组长，再后来掌管全村的内务，负责全村工作安排、调度。

刚回来时，彭育晚手把手带他，教他怎么和群众打成一片，怎么开展工作，怎么向领导汇报。彭育晚跟他说："我喜欢吃完饭愿意洗碗的人，洗碗是小事，人都要愿意做小事。一个人如果不做小事，大事更不敢为。"

有一次，彭育晚和彭阳兵陪同、接待外地来参观的领导，走到半路，彭育晚接了个电话说："阳兵，我有点事，你陪着大家好好看看。"

彭阳兵一听蒙了，他才回来没多久，对路线不熟悉，怎么办呢？

彭育晚说："别怕，自己家乡，熟门熟路，放开胆子就是。"说完，他匆匆走了。彭阳兵只好硬着头皮打电话问，带着人满山转。这是彭阳兵第一次向上级领导汇报村里面的事情，是被逼上去的。

现在，彭阳兵已成长为油溪桥村干部中的主力。当村干部辛苦，接待任务重，工作量大，压力也越来越大。每年都忙到大年三十晚上才回家，家里人不知他图什么。

彭育晚在彭阳兵的心目中是个工作狂，吃饭、走路、聊天，只要脑子清醒，他都处在工作状态。

彭阳兵甚至不愿跟他一起吃饭。刚端上碗，他就不停安排：阳兵，办公室的资料你要去整理好；阳兵，县里的那个项目你要去跟进；阳兵……听得彭阳兵头都大了，神经绷得比钢丝还紧，哪还尝得出饭菜味道。

最要命的是半夜三更，他也不管你睡没睡，一个电话拨过来：阳兵，明天有外市的团队来参观学习，接待工作你安排好了吗？阳兵……有时一说就是一两个小时。躺在一旁的老婆恨不得一脚把彭阳兵踹到床下去。

彭育晚主要是想考察他的思想深度与政治立场。彭阳兵对他说："您在问我时已经有了自己的主意，并做好了相应的下一步工作部署，为什么还要跟我沟通并征求意见呢？"

彭育晚说："我没你想的那么自信，跟你交流是想在你这儿听听意见，佐证我想的是否对路，你又能否执行得了。"

没有什么比发展更重要。

通过摸底、考察，油溪桥村把彭民辉、康凌云选入了村班子。康凌云是大学生，会电脑，有写作才华，有工作能力。彭民辉系退伍军人，沉稳，有见识。彭民辉从部队回来一直在长沙干建筑工程，他的家乡情结很强烈，考虑成熟后，他义无反顾返乡加入了村班子。对于自己的选择，他不后悔。虽然在外面他每年轻轻松松能有十几万收入，在村里收入却很微薄，第一年他总共才拿了一千块工资，第二年，他接手文会工作，每月有八百四十块固定工资。他每天都很忙，但感觉充实、有意义。他是晨光片区人，那边的发展相对滞后，他希望尽能力改变家乡面貌。他低头做事，抬头做人，从来不介意别人的看法；他也不想半途而废，只要村里需要，他就要用力干好每一天。

油溪桥村支"两委"班子越来越年轻化，以前的平均年龄为五十多岁，现在的平均年龄在三十岁左右，入选的要么有技术，要么有致富能力。

　　彭德友已联系好长沙一个建筑工地，扎钢筋。工资两百多块钱一天，加班有三百多块钱一天。他准备第二天就走。彭德友绕着村里走了一圈，来到亲手种下的一片红叶松旁，红叶松已蹿了好高的个头，他怜爱地摩挲着树干，留恋、担忧、希冀，种种情愫涌上心头，千言万语汇成一句话，他在心底默默祝福油溪桥村在彭育晚的带领下就如这红叶松一样茁壮成长，生机勃勃。

　　第二天清早，彭阳兵上门了。

　　彭阳兵说："德友叔，你不能这样，支书需要你，他特意让我来做工作。你们俩一起长大，一同为油溪桥村打拼，你得继续支持他才行。"

　　彭德友说："阳兵，该你们年轻人上了，我们跟不上节奏，有苦难言。"

　　彭阳兵说："我们年轻归年轻，但没经验。你去村办公室看看接待工作，资料、矿泉水的摆放，还有卫生、收拾方面，比以前退步多了。"

　　彭德友说："我教过你们怎么摆，支书要求很高，资料也好，矿泉水也好，包括凳子，都要量准眼色摆得整整齐齐。你们稀里麻花，别人看了也不养眼。油溪桥村靠着工作严谨，一步一步严格要求才走到今天。你们可不能放任自己，降低要求啊。"

　　彭阳兵说："支书留你，于公于私你都得留下。你为村里付出那么多，你吃的苦，他心里都知道。"

　　彭德友说："当初我推荐你进班子，就是想你代替我，帮支书分担压力。"

　　彭德友放心不下，转而又问："阳兵，遇到难事了吗？你只管讲。若你们能搞定，我走得也放心；若有推进不了的工作需要我，我一定来。我时刻会关注村里的发展。"

彭阳兵说："村里的每一项工作都离不开你。"

想起彭育晚对自己的关心和信任，想起村里推进每一步工作历经的艰难曲折，彭德友满心惭愧，与晨光合并，村情更加复杂，真不应该在支书和村里最需要的时候当缩头乌龟，让人戳脊梁骨。于是，他断了外出打工的念头，一心一意辅佐彭育晚，继续为油溪桥村的发展冲锋陷阵。

油溪桥片区经过多年发展，各方面遥遥领先于别的村。村组干部一个钉子一个眼，分工明确，虽然有情绪、有烦恼，但没人真正甩过挑子。目标尚未实现，同志仍需努力。既然选择了，就不能退缩，始终不忘初心，直到干不动为止。油溪桥片区的村组干部团结一致养成了习惯，任何工作矛盾，力争不上交。因为彭育晚支书够累，压力够大，若一丁点事情、矛盾都要交他处理，他还能做别的？这么大一个摊子还怎么走下去？

晨光片落后，村情复杂，合并后村里的压力更大。

面对这种情况，彭德友愈加内疚。他暗暗坚定意志，不管遇到怎样的困难，他都要坚持下去。

二十四

世界上没有无缘无故的爱。

彭育晚得人心是他用优良的人品、扎实的做事风格换来的。

彭中来耳闻目睹并亲自参与村里的每一桩建设，深有体会，彭育晚真心实意为村民在做事。他认定彭育晚是能给油溪桥带来希望的人。

戴家排有人背后议论："支书口口声声说共同发展，谁不知他只是嘴上说得好听，姓得好不如住得好，他家所在的铜锣湾开发比我们快多了，也强多了。"

彭中来是直性子，心里藏不住话，听不得人胡说。他指着那人说："人活世上不要乱讲，要按事实讲。支书刚上任时，打算开发我们这边，组长和文会来开我们两个组的会，要开发电站上面湾湾里的几亩土，整整开了两夜会，你们讲句什么话？'这地方是我们的，你们哪个敢动！'有你这句话谁还敢来？"

那人被堵得哑口无言。

彭中来摇头苦笑："协商时你们不同意，别的地方开发好了，你们心理不平衡，又说偏心。这算怎么回事？"

油溪桥村张家院、吴家湾、铜锣湾，到彭中来家那里都有块"油溪桥村欢迎您"的大石头，全是他带头弄的。戴家排原本也有石头，在车路旁，那边的桥没修时，车都从这过。后来桥烂了，没过车了，石头也就没立了，也没刻字。彭中来找了挖机来竖好石头，竖好后不好到上面刻字，便拖了些时日。接着道路扩建，把石头摔坏了，索性没立了。戴家排也有人嚼舌根，说其他地方石头牌子都立了，戴家排牌子怎么不立？

彭中来说："这事不能怪支书，要怪就怪我。"

彭中来有什么讲什么，不喜欢搞歪歪斜斜的事，他尽一切能力为村里着想，维护村里权威。

村支两委肩上的担子还很重。彭育晚有些宏伟目标还没来得及实现。群众盼望也害怕失望。有人说："支书老说过几年会怎样，如果办不到，他就是油溪桥村的罪人。"

当面不说，背后敲烂锣的人，彭中来最是见不得，他梗着脖子没好气戗过去："不干事的是好人，干事的是罪人，那谁还干啊？"

那人吐吐舌头不作声了。

张仁望说："彭支书乐于助人，不记仇。漂流公司刚成立时，他任安全部经理，负责管理公司员工。有员工与他发生了争执，他处理得很好不说，几年后，还主动帮人家解决了危房问题。那时争取危房指标有难度，不容易。前任支书很传统，相对彭支书来说有些自私。他曾为一片巴掌大的竹林不惜和村民打官司。换作彭支书，他会毫不迟疑把竹林给人家。多大个事。"

彭育晚对村班子要求严格，要求大家有信念，有觉悟，有耐心、信心、恒心，敢向自己亮剑。他对自己更严，要求别人做到的，他自己先做到。彭育晚的治村理念、布局，着眼长远，思路清晰，大气、透明、扎实。

张仁望跟他共事以来，最服他的是他从不参与经济瓜葛。他大公无私，差旅费很少报，话费从来不报。以他为楷模，油溪桥村村委班子从不报电话费、摩托车油费。基本的交通费都有底线，比如去新化县城一个来回二十元。

张仁望说："彭育晚当油溪桥村的领头雁，是当之无愧的，是我们村的福分。作为班长，我们完全相信他会把油溪桥村带到光明正确的道路上去，因此，我们愿意听他的话，他指哪，我们就打哪。我们村干部只有一个信念，就是把村里的决定坚决贯彻到位。"

张仁望说到做到，村里面所有的各项建设，都有他的身影。彭育晚深受感动，村里有这样一员猛将开山辟路，更促使他奋勇向前。

在油溪桥村，百分之九十以上的村民支持彭育晚，有的甚至崇拜他。为什么彭育晚有这么大的魅力呢？

彭德友认为，不是群众把支书神化了。他上任后的所有建设，包括停车场，不但让村里有了收益，而且让村庄变得更漂亮了。村民心里充满获得感。当然，还是有极个别人对他不满。他也迎头而上，身正不怕影子斜。他是个敢于坚持的人。

彭育晚言必行，行必果。

他小时候就很有号召力，其他小孩子都愿意听他指挥。他长大后谦虚好学，喜欢向前辈请教，善于借用巧力。他担任村支书后，工作的最大特点是讲民主、讲原则、讲效率。村里各项工作推进和基础建设，他考虑成熟后，先在村干部会上跟大家讨论商量，大家认为可行才开始行动。遇到重大问题，他组织村民代表和一些有威望的老同志参与讨论，如果大家认为行得通，最后再召开群众大会，要求户主签字通过，形成决议，开始实行。一旦实行，就坚定不移，不折不扣。

彭育晚喜欢看手机。他看手机的目的是学习，好的新闻、政策、文章都会被转到村里相应需要这些文字的微信群。每当这时，大家就笑嘻嘻互相打趣："快来快来，支书又给我们'洗脑'了。"这种充满正能量的'洗脑'，是一种非常棒的教学方式，大家都很乐意接受。

在支书的影响下，油溪桥村村支两委班子善于学习别人，总结别人，制订经得起历史检验的方案和措施。村组干部靠传帮带，不但提高自身觉悟，还带动影响一个家一个片。他们不断探索和总结工作中存在的问题，坚持家乡是我们自己的理念，要求每个人都加强学习，提升各项素质。彭育晚为有这样的团队自豪，说如果把他们放到别的村去，都能当支书。

班子建设是村里的重点建设。彭育晚不定期找村干部们谈话，交流心得体会，掌握他们的思想动态，了解他们的所长所短，因时因地因人而用。

彭育晚说："我们有着共同的目标，班子成员并肩前进，总有一天能把家乡建设好。"

彭育晚敢想敢做，他的四字方针是"严、细、实、快"。他常对村干部说要有远大理想，眼观六路，耳听八方，不断创新，持之以恒。

彭育晚是位优秀的指挥员，实干家。

油溪桥的发展需要这样一位领头人。

二十五

　　如果你好奇，随便你什么时候来油溪桥村，都会看到很多戴红袖章的人，他们外貌朴实，或是正在低头清扫垃圾，或是正在工地劳动，他们是村里的共产党员、村干部。他们戴着红袖章上岗，成了油溪桥村一道亮丽的风景。任何苦事难事，党员、村组干部都冲在前面，村民在后面跟着。这可不是装模作样，在别的地方也许连个样子都难以做到，但在油溪桥村却已约定成俗，司空见惯。

　　区别就在这里。

　　戴红袖章上岗在油溪桥村叫作"亮身份、明责任，向我看齐"，起宣传、模范带头作用。院组干部戴院组干部的红袖章，党员戴党员的红袖章，预备党员戴预备党员的红袖章。彭育晚说："戴红袖章是为了彰显出和群众的不一样。"

　　劳动时，戴红袖章的总是先于他人上班，做好准备；下班时，人家先下班，戴红袖章的后下班，收拾东西，清理场地。这样才能激发人心，让人服气，从而带动群众的积极性。

　　这些说来简单，要真正做好，很有压力。实际工作中，戴红袖章的人得使出打铁般的力气往前冲，因为身后有无数双眼睛看着，并不是戴着好玩。你不多做，群众就跟着你玩，你坐他也跟着坐。有些人还会说，党员、干部都没干，我干什么啊？我们只跟着你们来的。

村民的话有真有假，但油溪桥村的村组干部和党员把这看作是一种鞭策。

不管村组干部干得再多再累再好，村里最多能一年给几千块钱，并且不是按月支付。他们没谁有一句抱怨，累死累活干，只为了村里的发展。

村看村，户看户，群众看干部。

在工作推动中，彭育晚注重发挥党员干部的示范引领作用。守规矩的事，党员干部遵守了，群众就自觉了；创新的事，党员干部先做了，群众就跟上了；筹资筹劳的事，党员干部完成了，群众就积极了；党员干部表率做好了，村里的各项工作群众就会支持了。彭育晚要求全体党员干部坚持做到"三到""三先"。"三到"，眼要看得到，嘴要说得到，手要做得到；"三先"，拆除乱搭乱建先从党员干部及亲友开始，义务筹工先由党员干部带头，落实处罚先从党员干部身上实行。

在油溪桥的各类建设工地上，天天可以看到支部委员张仁望戴着红袖章任劳任怨、埋头苦干的身影，他是油溪桥村工作的一根标杆。

张仁望说："我为做一名油溪桥村党员感到光荣。"

他年轻时在外面闯，有点小关系，可以谋个轻松点的工作，但公社不愿意开证明，不给盖章，所以被压下来了，几度灰心。后来想开了：没文化，在外面也不好混，斗不过人家。当农民单纯，放下"7"字拿起"1"字（"7"指锄头，"1"指扁担），一心一意在家种地。二十世纪九十年代，村里有些人抛荒去外面打工，他最多时曾承包过十多亩地。现在有些地方抛荒很严重，大片大片的田里只看得见草，长得比人还高，年轻人不在乎这点地，他很担心以后农田的耕种问题。

张仁望从组长做起，在村里干了二十年。家里的女人支持他，只要为公家的事业，她从不抱怨，早晨多早都会给他做好早餐，晚上会在家里做好饭等他回来。她是没读书的传统女子，家里的成分不好，是地主家的孩子，后来才摘掉了那个帽子。那时的经济来源就是田里、土里。柴米油盐酱醋茶，样样都要钱，小孩愈大，烦琐事情也愈多，两口子常为小事吵架。张仁望年轻时也曾去煤矿挑煤，四元钱一天；也曾去益阳给人打谷，四十五元一亩，如果天气不好，下大雨，睡一觉醒来全淹了……

酒饭朋友，钱米夫妻。好在那么苦的年代都熬过来了。看到现在油溪桥村的年轻夫妻，不用再吃这些苦，他很羡慕，也很欣慰。

张仁望说："现在社会进步很快，支书的思路很好，我们跟着他的步伐，很踏实。我们一拨村组干部与支书配合默契，是水与舟的真实体现。"

彭育晚交代的事，张仁望能够保质按量完成，可以达到他九成要求，算他比较认可的助手。有一天，新化县妇联三八妇女节来村里搞活动，要借十张桌子、二百套餐具，并要求九点钟之前完成。张仁望六点起床，集合人员，找好车，把要求到位的物资送到场地。这也算对个人执行力的考验。

正是有这样以身作则、一心为公的好党员干部，村民心中的小九九自然烟消云散。

彭德友当然也是戴红袖章一族。

他说："戴红袖章上班主要是激活队伍，明确责任，自己是什么？是干部就必须冲在前面，带动群众参与劳动，增加效益。"

油溪桥村的村组干部都愿意戴红袖章。为什么呢？他们认为，家乡的发展必须要突出村组干部的典型，这是一个政治理想，要发展就必须有人付出，自己不带头，支书心中的文明梦、健康梦、绿色梦、小康梦、幸福梦，就难以实现。支书的梦是所有油溪桥村人的梦。

戴红袖章上岗也是村组干部、党员对自己的一种激励督促。在项目建设和产业推进时，村里会用相机把劳动场面记录下来，再把照片发出去宣传。红袖章在照片上格外醒目，佩戴它的每一个人都在埋头苦干。因此大家戴红袖章，既有压力、阻力又有动力。群众的眼睛比玻璃弹珠还亮。压力只有身体知道，干不动了也得霸蛮往前面冲。必须去做，不做人家怎么跟？群众时刻在监督。

一天晚上十点多，瓢泼大雨。忙碌了一天的油溪桥村人想趁机好好休息。没想有辆大货车翻到隔壁村悬崖下去了。镇长书记打隔壁村的电话，让他们组织人马把人救上来，他们期期艾艾没人愿意去。镇里转而联系彭育晚，通报险情。彭育晚正在娄底学习，闻讯后马上打彭德友电话，说："德友，请火速组织人员进行施救。"彭德友接到彭育晚电话，已是深夜十二点，大雨吊线般落。他立即招呼刘振荣、彭玉华、彭改先三人，骑两辆摩托车，像出膛的子弹冒雨往出事地点赶。货车从十数米高的悬崖上栽进了河里，也不知车上有几人，是死是活。彭德友他们知道，早一秒钟把人救出来，就多一分生机。河水冰冷刺骨，寒风猎猎作响，雨下得更猛，他们顾不了这些，也顾不上衣服鞋袜，争先恐后"扑通扑通"往水里跳。他们戴在头上的矿灯如同利剑一般划破黑暗。驾驶室里有一男一女，已经奄奄一息，车内弥漫着浓烈的血腥气。彭德友他们小心翼翼用板子把人抬了出来。

彭德友边抬边叮嘱同伴："黑灯瞎火的，也不知他二人伤在哪，伤得有多重，我们手脚千万轻一点，别加重他俩的伤情。"

大家边小碎步走，边说："时间就是生命，我们得抓紧时间，把他俩救上去。"

他们不停地鼓励、安慰伤者："你们一定要坚持住，别睡着啊。千万别放弃，家里人都等着你们平安回家呢。"

也许是获救的喜悦给了伤者力量，他们眼里流露出对生的渴盼，断断续续告诉大家，他们是两口子，从汉寿来……又渐渐陷入昏迷。上岸后，彭德友几人火急火燎把他们送到县中医院，让人伤心的是，两人因伤势过重终归没有醒过来。

第二天，彭德友他们到出事地点看现场，不看不知道，一看吓一跳。从那么高、那么险的地方摔下去，哪还有活的可能，也亏了他们几个，不顾生死，拼了命救人。一个隔壁村的人说："当官的说得容易，打个电话来就让救人。不要命了？我们的命也是命，凭什么要舍出去？"

有人附和："要我们救人又舍不得花钱，要有钱，我就去救了。只有油溪桥的人是傻瓜。"说着翻着白眼睃下彭德友几个，扬长而去。

没钱就不救，关我什么事？他们的意思就是这样。彭德友他们心中不是滋味，真是好心思！救人命还要钱。都到那种时候了，还想着钱，良心去哪了？将心比心，换作自己的亲人在外面出事了，你们就不盼着别人帮帮他？彭德友一双新皮鞋，女儿花了四百多块钱给他买的，为了救人，被锐石刮开一条长长的口子。他说，只管救人去了，谁还顾得上鞋子。

人没救活，他们很遗憾也很心痛。死者亲人从新化县城把遇难者尸体拉回汉寿，来了十多辆车子。他们知道是油溪桥人施的救，从隔壁村进入油溪桥村地界，便一边放慢车速，一边不停地齐鸣喇叭。喇叭声音戚戚，场面悲壮，让人动容。他们这是在表达谢意，向善良的油溪桥村致敬。

二十六

合村之后，晨光片区个别村组干部因为各种原因对自己的工作动摇了，彭育晚反复做工作："我们要有胸怀有境界，不要动摇，不要让胳膊上的红袖章变得黯然无光，要有坚定的信念，克服一切困难把工作干下去。"

晨光片的村组干部面临很多困难，他们付出多，待遇低，而群众也不理解、支持，他们心里很委屈，导致工作被动，信念不坚定，奉献精神不强。油溪桥发展，咬定青山不放松，才有今天。如果大家都认为竖电杆、饮水工程很危险，不愿吃苦，随手放弃，不可能有今天的油溪桥。村里的工作一环套着一环，一环做好了，下一环才能圆满。没有人建设，家乡怎么发展？不可能上级领导围着村里转，因此，还得村干部来。

彭育晚希望大家经得起考验，在发展的大局面前，不要要情绪，不要讨价还价，否则定会前功尽弃。油溪桥村发展的步伐，谁都无法阻挡。如何正确处理个人矛盾和利益冲突，需要层次和境界。

油溪桥的村干部要成为全国村干部的榜样，一定要有宽广的胸襟和情怀。愿意成长的村干部会越来越优秀。阳清华初当组长时，很保守，但现在越干越状态好。他经过长时间、多方位的细致了解，被彭育晚、村里的所作所为折服了，所以愿意跟着好好干。如果彭育晚不值得信任，村里做得不对、不公平，他还会愿意吗？

彭育晚对晨光的村组干部说："谁干了什么，发挥了什么作用，我心里有数，群众心里也有数。你们不能把不想干了挂在嘴上，村里希望你们真心实意干事，一点困难都经受不起，那还能干什么？你们谁的压力有我大？我从头到尾都得想办法，我总是在想找谁去给村里要资金要项目，怎么才能要得到？如果我像你们一样，工作上你推我我推你，建设好油溪桥村要推到哪一年呢？跟我干，不苦不正常，苦才是正常；不累不正常，累才是正常。只要你真心实意为村里发展，群众都看得到。你们大可不必在乎别人怎么说，只要做的每件事对得起自己的良心就行。"

人走了，树还长在那。

村里有些小心眼的人故意在背后议论：晨光片是后娘养的，哪会有人真心疼？别想得太天真，油溪桥片才是人家亲生的。

他们巴不得这些话传到彭育晚耳中。

果然，彭育晚听到了。他理解群众的心情，但村里绝对不可能做这样的事。他断然说："村里如果存在待遇不公、用人不公，你们随时来找我。"

他向群众解释，晨光片区在村里很重要，文秘是晨光片区的，村委支委是晨光片区的，班子里年轻的核心人员都是晨光片区的。他正有意识地培养优秀的接班人。

他说："我对晨光的工作和晨光干部的关心力度，超过了其他地方。晨光片区开会，无论如何我都会来；晨光片区慰问，不管是落雪落雨，我都参加；晨光片区村干部提的工作，村里全力满足；晨光片区的工作推进，村里尽力支持，人力、物力、个人感情，都是全身心的投入。如果我们没有铁的措施，建设开展不了，会导致你们这片的发展跟不上，拖后腿。"

彭育晚告诉群众，不是村里不关心，和油溪桥片比起来，晨光片确实存在差距。实干才能兴邦，一个村同样如此。

彭育晚说："我们要意识到自己的能力和荣誉是否相匹配，我不断在努力都知道还有很大差距，你们也要寻找差距，把压力化为动力。要好好珍惜机遇，体现人生价值的机会不多。大家要活出个人样，让家人为你骄傲，纵然你走了，你的名字也会留在子孙后代心里。"

彭育晚说："在座各位一定要头脑清醒，不要只顾眼前的利益。我相信那些有能力、眼睛雪亮的人就会做出明智的选择。油溪桥村不能靠我个人天天担着锄头扁担干，而要靠大家一起共同努力，责无旁贷。难免有群众的觉悟不到位，我们就耐心地去启发、引导。"

油溪桥村的党员干部除了带头苦干，大都学会了做村民思想工作。彭玉华千方百计引导村民转变思想，教导他们靠勤劳致富打造家庭。他对村民说："致富靠自身，作为一个农户来讲，只能勤俭持家，勤劳苦干，如果懒懒散散，不按村里的思路来，落后的话怪不得村里，怪不得党员组长。"

彭玉华说戴红袖章是油溪桥村党员村组干部的招牌，意味着你的付出与行动必须比群众多得多。

彭玉华胸前还佩戴着党徽。油溪桥村二十九个党员，任何时候都戴着党徽。它时刻提醒党员要坚决按党的路线走，紧跟党的方针政策，尽到党员的职责，冲锋在前。

彭玉华从2008年当村干部到现在，说起油溪桥村的发展变化时他的眼睛都亮了。他像彭育晚一样，只要有利油溪桥村发展的事情，不管付出多大代价都愿意做。他说："村里的发展支书煞费苦心，我们只是紧跟他的思路，在群众面前带头。在他的规划和带领下，油溪桥的基础建设、居住环境一年比一年好，群众非常认可，没有一个人拒绝村里的发展。"

油溪桥村发展前景大好，每项工作的推进，村干部、党员组长都带头扎扎实实干，没一个偷懒，这让村民非常感动。

彭阳兵刚当村干部时，姐姐因为淋巴癌去世，母亲受到极大打击，偶尔听到别人对他有非议，说他乳臭未干，只会纸上谈兵。母亲听不得这些，替他不值，拉着他碎碎念："阳兵，这村干部有什么？你去外面好好找份工作，一年赚十万元不成问题，何苦做这招人恨的活呢？"母亲说着说着，眼泪长流。"好崽，别当了，算我求你了。你姐姐摆在堂屋里，还没上山呢，你就去开会。你那会有多重要啊？"

彭阳兵既然做了选择，就义无反顾，一心扑在村里的工作上。他思想上要求上进，积极向党组织靠拢。

这些戴红袖章的人把油溪桥村共产党员的先锋性、模范性，体现得淋漓尽致，他们都是油溪桥村当之无愧的英雄。

二十七

授人以鱼不如授人以渔。

成功不是一夜暴富，靠的是日积月累、点点滴滴！

油溪桥村脱贫攻坚一个也不少，谁都不掉队。

可是，村里既没上级领导挂点，又严重缺乏建设资金，如何才能发展经济，摆脱贫困？这是摆在彭育晚面前的一个大难题。

因为贫困，群众的眼睛一度都紧盯着低保，你想，我想，他想，大家都想要。低保指标与款项有限，在分配时难以全部顾及，便产生很多分歧。群众心里疑惑，家庭情况差不多，为什么他可以享受低保我却不能？基层干部的难处，在可供分配的资源与群众的需要量不平衡。彭育晚力求公正，总想做到同等对待群众。但在执行政策的过程中，难免触动某些人的个人利益，从而招致怨恨。

油溪桥村办公室门前有一个公示栏，上面公示贫困户资料：致贫原因、家庭状况、现有产业、帮扶人、联系电话；已脱贫的贫困户资料也有公示，包括脱贫项目及家庭信息。

一个外村人来油溪桥村兑牛，看到村里的扶贫公示栏，感慨万千。扶贫扶贫，他们村都是村干部扶了自家亲戚，那些人条件都很好，有的甚至开店、开豪车。

油溪桥村不一样。

他们民主评议，先由片组长报名单，摆到桌子上讨论，谁家条件不好，谁家更差，大家共同掂量，不能指定谁就是谁。村里任何事情都要集体决议通过，与会人员在会议记录上签字。

彭育兵是老实巴交的农民，没有什么经济来源，两个孩子正读书，家里生活困难。他见村里和他条件差不多的人都吃了低保，想着别人能，他应该也能，何况他还是支书的哥哥。

不料，彭育兵碰了一鼻子灰。

彭育晚说：“哥，吃低保这事，只要是我的弟兄，你就不要想，我要替条件更差的人考虑。”

彭育兵说：“他们没钱，我也没钱，过得艰难，国家政策也没说弟弟是支书，哥哥就不能吃低保吧？”

彭育晚说：“哥，你就死心吧。指标有限，谁让你是我哥呢？”

彭育兵怏怏离去。

她老婆不信邪，又找来了：“老晚，村里那么多人都得了好处，我们是你哥嫂，从没麻烦过你，你也让我们沾沾光，吃一回低保。"

彭育晚耐着性子向嫂子解释政策。嫂子缠着不肯罢休。彭育晚忍不住了:"在我手里,你们不可能吃上低保。人家能,唯独你们不能。你们是不是以为吃低保光荣?"他把嫂子骂了个狗血淋头。

嫂子见求他不着,跳起脚来指着他说:"亏你和彭育兵一母同胞,这点忙都不帮,真是无情无义。"

彭育晚的行为在村组干部心中竖了一道丰碑。

彭玉华姐夫的父亲是盲人,生活不能自理。姐夫在外打工,回来后责怪他说:"玉华,我爹那个样子,你连低保都没给他办一个。亏我们还是一家人。"

彭玉华说:"姐夫,你要理解我,这不是我想办就能办的事。村里有要求,你父亲有儿有女,不能享受,铜锣湾还有比他更困难的人。作为片落负责人和党员,我要保证最困难的人的温饱。"

姐夫满脸讥讽,说:"这话你哄三岁毛毛呢,谁知道你们怎么干的?说的比唱的还好听。"

彭玉华说:"姐夫,不管你信不信,村里没做过亏心事。"

不管彭玉华怎么解释,姐夫油盐不进,和他吵了起来。彭玉华没有妥协。他说:"我公事公办,没捞一分私利,你若不服,再召开院落户主会,大家来评,如果你比别人差,就优先考虑你;如果别人比你差,我必须先扶持困难户。"

因为这事,姐夫恨上了彭玉华,几年都不理他。彭玉华从来没后悔。人心分自私和无私,心底无私天地宽。作为党的干部,要想工作不脱节，就得带好头，从自己做起，不让别人讲闲话。

他说："如果我自私，把待遇都给亲戚，工作就干不下去，群众的眼睛睁得大着呢。"

为改善低收入家庭生产生活条件，彭育晚在村里成立困难救助基金会，采取集体组织、全体参与的方式，把原有的废弃山塘开发成钓鱼山庄，作为村级福利事业，由村委实行统一管理、帮助销售，让弱势群体自行喂养，按比例分配利润。截至目前，钓鱼山庄为全村弱势群体，每年创造福利四万余元。

彭育晚拉近村组干部与群众的距离，提高村级保障水平。村里想群众之所想，急群众之所急，群众有问题，支部是依靠，群众放心跟着支部干。

团结就是力量。

彭育晚就像一块磁铁，以扎实为民的坚韧和人格魅力，把党员、村组干部、群众紧紧吸附在身边，形成一个强大的磁场，大众一心送穷神，谋发展。

油溪桥村采取资源共享、互帮互助的抱团发展模式，锐意进取，开拓脱贫攻坚新路径，八年累计为贫困群体发放救助金四十二万余元。

张孟兰患精神病，老公嗜酒如命，年纪轻轻就丧了命，女儿又远嫁安化。她不但没有劳动能力，连日常起居都成问题。在乡下，嫁出去的女儿泼出去的水，女儿很少回家。村委担下了照顾她的重担，指定由苏开初负责帮扶。苏开初定期送粮送米，保障她的温饱。

彭某是尿毒症患者。父亲在碎石场的一次爆破中意外身亡，母亲在其十八岁后改嫁至油溪桥村彭佑来家。家庭条件异常困难。彭某十九岁时，双肾坏死致肾衰，病情十分危急，换肾手术需数十万元。彭育晚当场捐款两千元，村干部纷纷解囊相助，并带头"写本子"四处化缘。村干部们两人一组，分成八组，白天工作，晚上揣着本子去周边各个村为他募捐，挨家挨户写本子到半夜三更，甚至通宵。村干部脚上都磨出了血泡，十里八乡连安化的村庄都写满了，筹了七八万块钱，那些钱，一块五块十块的，花花绿绿，摊在桌子上满满一桌子。彭育晚则找朋友、战友、上级，为他筹措善款。他的朋友们慷慨得很，出手都是几千，有的甚至上万。大家的情意，油溪桥村人代彭某埋藏在心底，村里共为他筹款十九万八千元。这一壮举义举在娄底市史无前例。

彭育晚还发动村里为先天性心脏病患者张婷社会募捐四万八千二百元，通过手术挽回她年仅两岁的小生命。

这是时代呼唤的一种民风。基层工作要注意方法，用真心感化群众。

油溪桥村每位村干部都有自己的帮扶对象。彭阳兵的帮扶对象是彭志华。彭志华是一个胃出血的大病户，带着个孩子，老婆常年在外打工。村里说要给予物资帮助。彭阳兵心想，物资只能解决他暂时的困难，要想长远有保障，必须发展产业。彭阳兵了解到他家有三亩五分旱地，三亩水田，他决定帮扶彭志华发展产业，得到可持续发展。

晨光片的彭早初是彭育晚结对帮扶的对象。快开学了，彭育晚像往常一样来到他家。彭早初有三个孩子，三个书包压得他喘不过气来。他想，实在没办法了，只好让孩子辍学，谁让他们遇上个没用的爹。这事被彭育晚知道了，他找到彭早初说："老彭，孩子不读书将来哪有出路？你不能让他们以后还像你一样，箩大的字不识几个吧？"

彭早初缩着脖子说："支书，我家的情况，你也看到了，的确供不起，不如早点出去打工。"

彭育晚说："孩子还小，我们做父母的要替他们的未来着想，以后才不后悔。"

彭早初吞吞吐吐地说："道理我懂。怪只怪他们命不好，生在我们这样的人家。"

彭育晚打断他："别说这种丧气话，你困难，但不要忘了还有村里，还有我。"说着，他从兜里掏出早就准备好的信封交给彭早初，"以后，孩子们的学费就交给我了，放心，我保证不耽误他们的学习。"

捧着信封，彭早初一脸感激，躲在角落里的孩子们脸上也露出了久违的笑容。

如何打赢脱贫攻坚这场硬仗？彭育晚有自己的观点：靠赞助，给钱不是办法，最关键的是要努力培育造血功能。

二十八

文二莲回来了。

彭育晚以为她回心转意，高兴得很，感觉压在身上的一块巨石终于被搬开。事情却不是他想的那样。

彭育晚兴冲冲往家赶，他有很多话要和文二莲说，他要带着她在村里转转，让她好好感受家乡的变化。

没等他的气喘匀，文二莲递了张纸过来。彭育晚一看，傻了眼：这是一纸离婚协议。

彭育晚举着离婚协议，问："老婆，这是什么意思？"

文二莲反问："什么意思？上面写得一清二楚，你不会看吗？"

彭育晚三下两下把纸撕得粉碎："莫名其妙！我不同意。"

文二莲扬起脸，两道清泪流了出来："不同意？那你为什么要这么对我们？你看看，这些年我们过得家还像家吗？你是在虐待我们！你是个大骗子！"

彭育晚说："老婆，别这样。我们再坚持一段时间，会好起来的。"

"好？"文二莲浑身直战抖，"只要你一天是油溪桥的支书，日子就一天不会好。我不想再傻乎乎熬下去。每天我都在求菩萨保佑，你干不下去或是又生病回南宁了。可一这么想，我又恨死自己，怎么能那么狠心咒你？"

看着文二莲的样子，彭育晚心里涩涩的，他拉过她，想要替她擦干泪水。

文二莲用力甩开他的手："你想清楚，不回南宁我们就去民政局。"

彭育晚心乱如麻，转身摔门走出家，他想静一静。

见他没有半分让步的迹象，文二莲气极，放声大哭。哭着哭着，她"嘭嘭"拉开书柜门，翻出彭育晚那些笔记本，"刺啦"撕开了。她边撕边歇斯底地嚷："让你当支书！让你当支书！"没撕几页，文二莲的手便软了，没力气再撕。她把笔记本拢到门口，点燃了打火机。

二十来个笔记本，烧了很长一段时间。看着往上蹿的火苗，文二莲慢慢冷静下来。这堆火要么烧断她和彭育晚之间的感情，要么烧掉彭育晚和油溪桥的联系。无论是哪种，文二莲都不后悔，不害怕，她只想要个明确的结果，不想整天神经兮兮活着，她实在受不了了。

彭育晚得知消息，已经晚了，等待他的是一堆灰烬。多年的心血被文二莲付之一炬，彭育晚心痛如刀割。他咬着牙握着拳对文二莲说："你怎么能这样？"

"烧都烧了，想怎样，你看着办。"文二莲双目圆睁，昂头迎向他。

彭育晚的拳头攥得都快出水了，但他竭力控制自己，拳头若挥出，这家就真散了。最后，拳头重重落在桌子上，惊得上面的水杯蹦得高高的。他一字一句说："这事到此为止。你也累了，在家好生休息。我去办公室住。"说完，他头也没回地走了。

文二莲并没罢休。她瞒着他，先后去找了镇里、县妇联，甚至县长。她曾以为条件这么艰苦，彭育晚坚持不了多久，干个一年半载会回南宁，没想他打起了持久战。她再也无法容忍。

县长把彭育晚叫到办公室，拍了拍他的肩膀，深表理解地说："育晚，对一个基层干部来说，工作重要，家人同样重要。我命令你，停下手头所有的工作，好好和小文沟通，我再请妇联的同志做做她的工作。"

从县长办公室出来，彭育晚的心揪成了一团乱麻，他没想到文二莲会这么铁了心，出这样的狠招。他一直想着再给自己点时间，带村里走上正轨后，就陪她和孩子们去外面走走，儿子在一篇作文里可怜巴巴地写道"我最大的心愿是爸爸能带我出去旅游"，看到那段话，他的鼻子都酸了，他欠他们太多。他也没工夫去想他们是怎么过来的。现在想想，他太自私了。文二莲的个性他知道，要强、执拗，但不会无理取闹，她提出离婚，肯定是坚持不下去了。如果不想分开，唯一的办法只有跟她回南宁。可是，村里眼看着日新月异，他对工作也越来越自信，越来越有感觉，他怎么能半路扔下大家？怎么能放弃自己的理想？彭育晚头痛欲裂。给村里的建设垫钱他从没挣扎过，但他现在面对的是事业与家庭两个不同的选择。

县妇联主任找文二莲谈话。她亲切地说："小文，离婚二字可不能轻易说出口。"

文二莲说："我想了很久才决定的。"

妇联主任说："你就没替孩子们想想？你们离了，你能再找，彭育晚也找得到，可孩子怎么办？最受苦的是孩子呀。"

说起孩子，文二莲的眼睛湿润了："离了婚我也要带着孩子，他不可能管孩子，我不能让孩子成为流浪儿。"

妇联主任说："同为女人，我很理解你的感受，可你替彭育晚想想，他一个男人独自在家，饭没人做，衣服也没人洗，多难！可他还是带着乡亲们把油溪桥村建设得这么好，多好的同志！你应该为有这样的老公自豪。"妇联主任笑了笑，接着说："你不知道有多少女人羡慕你啊。"

彭育晚苦，文二莲何尝不知晓。他在油溪桥，她担心他吃不好，担心他的身体吃不消，她的心也跟着他回了。可是，她的苦谁探问过？他可曾担心过她？她的答案是没有，从来没有过。因为他心里装的人太多，装的事太多。她只有把心变硬，才能解脱。

"羡慕？让给她们好了。"文二莲气鼓鼓说，"他太不负责任了。他回来之前，我们刚投了几十万把店子重新装修，他说要把生意做大做好，让我们过上好日子。他的承诺去哪了？"讲到伤心处，文二莲哽咽了。往事一幕幕浮上她眼前，她潸然泪下。

几年前，她怀了二胎，这孩子来得可真不是时候，她已经忙得顾此失彼，孩子一来，让人更抓狂，她不敢奢望彭育晚。她想要去打掉他，却又狠不下心，她的子宫能孕育他，是多大的缘分。孩子在她的小腹里一天一天成长，她看着他在她的肚皮下翻滚、踢腾，欢喜而又幽怨。她多想彭育晚能陪在身边，把耳朵贴在她的肚皮上，温情地听他的心跳。然而，这件平常的小事，在他们之间却是无比奢侈的渴盼，那些寂静而又孤独的夜晚，彭育晚在油溪桥，在忙离她和孩子很远的事。

每次产检，对她都是种煎熬。别的孕妇，都由老公陪着，像保护大熊猫一样呵护着。只有她，形单影只，拖着沉甸甸的肚子，笨重地在妇产科的走廊上游荡。她不光羡慕甚至还有些嫉妒那些孕妇，她们脸上的笑多么幸福和甜蜜，不像她，满满的都是苦涩。

好不容易挨到孩子要生了，文二莲望眼欲穿，以为彭育晚会给她一个惊喜。她发现自己太天真了。彭育晚一直忙，忙得没有时间回南宁。直到孩子出生三天之后，他才赶到医院。在医院待了一天，他又急急忙忙走了，说村里事多，离不开他。看着他离去的背影，泪水从她眼眶喷涌而出，随之而来的还有深切的怨恨。

讲到这，文二莲泪如雨下。这些事一直堵在她胸口，她无法释怀。

妇联主任递给她一张纸巾，伸出手在她背上轻抚了几下，怜惜地说："小文，女人真不容易。"

文二莲擦干眼泪，不好意思地说："主任，让你见笑了。这些话我从没对人说过，我也以为永远不会对人说出来。没想到，说出来，人都轻松不少。"

妇联主任说："有什么事说出来好，闷在心里会生病的。"

文二莲扬扬头说："我要照顾孩子，要管店子，还要担心他，我都不知道自己过的是什么日子，到头来，什么都没干好，店子也亏死了，我不能再这么下去。"

152

妇联主任说："我有个主意，你把店子承包出去，回来帮彭育晚，他需要你。"

文二莲说："为什么要我回来，他就不能回南宁？孩子在那边，环境、教育都比家里好。人家都只想出去，我们好不容易走出农村，在外面安定下来，我不想回来。"

妇联主任说："他做的事很有意义，只是付出得太多，你要支持他。多年以后，回过头看，你才不会后悔。"

文二莲低头不说话了。

彭育晚来接文二莲。纠结与痛苦过后，他已经想好，他不能辜负自己的理想和信念，但也不能剥夺文二莲追求幸福的权利，应该还给她自由，让她过想过的生活。他说："我陪你去村里走走，看看家乡如今的变化，也去听听大家是怎么说的，你再做决定，无论你怎么选择，我都尊重你。"

文二莲跟着彭育晚回了村。

回来几天了，文二莲的眼里只有"离婚"二字，周遭的一切她都置若罔闻。直到此刻，她才发现油溪桥已不是原来的油溪桥，她以为自己走错了地方，一拧开水龙头就"哗哗"流淌的自来水；城里一样明亮的路灯；硬化后干净整洁的道路……一切都是那么陌生却又熟悉、亲近。一路上，不断有乡亲笑吟吟地和她打招呼："二莲，回来了？回来好。"彭育晚兴致勃勃地带着她沿着水管来到庄稼地，他说："这些基础建设还只是一小步，我要带着家乡人民家家户户富起来，我要让每一个乡亲去外面都能骄傲地说自己是油溪桥村人。"他望住文二莲，满怀希冀地说："回来吧。家业家业，有家才有业，我们的根在这，走到哪，都是油溪桥人。你们回来了，我们就再也不分开。"

文二莲被震撼了，村里巨大的变化都源于眼前这个男人，她的男人。她受的委屈在他的成绩面前，什么都不算。她没说话，默默靠上他的肩头。

二十九

检验一个村支书称不称职，能带领村民把钱袋子鼓起来，才是硬标准。村民要富，关键还是发展产业。彭育晚绞尽脑汁寻思能在这块土地上茁壮成长的种养产业。

他说："贫困就像一只猛兽，一口一口蚕食我们的家园，我们一定要拔掉它的獠牙，坚决把它摁倒在地。"

彭德友说："支书，打败贫困是我们祖祖辈辈的夙愿啊。我们跟你打。"

油溪桥村自然生态环境好，以前还有很多娃娃鱼，三十多斤一条，那时人们不懂保护它们，用牵鱼器捡了回来在地上拖着走，因为它身上有一层浆，手摸了后洗不脱。可惜1997年修完电站以后就没有了。

这么好的生态环境不利用起来太可惜。

彭育晚望着村中央的几丘稻田出神。半晌，他说："我们底子薄，经不起大的折腾，稻田家家有，也家家在种，我们在田里套着养鱼，肯定能增加收入，而又不会加大农户的压力。"

张仁望说："稻田鱼以前我们也养过，但那时没有经济意识，只是养着自家解馋。如果成规模的话，确实是条好门路，打理起来也有经验。"

彭育晚说："那就说定了。不过，咱村的田都是干田，得把田埂都硬化才不会漏水，水漏了还怎么养鱼？"

彭德友以为自己听错了，反问道："硬化田埂？用水泥、沙子硬化？"

彭育晚肯定地回答："对。由村里发放水泥沙子，村民各自出工把自家的田埂硬化。田埂硬化还能节约劳动力。你们想想，以前村里的田埂年年要组织人花几天时间来镦固，还不一定装得水，一下暴雨，田埂就被冲垮了。"

彭育晚掰着手指头给村组干部算细账，田埂硬化后，每亩田一年能节约三个工，又能保证水不流失、不垮塌，是划算的买卖。

但是沙子贵，村里没成本买，只能下到油溪河里捞。到河里去得修路，修路就要占群众的田。有些群众不乐意："既然要养稻田鱼，田都被占了，我拿什么养鱼？"经过多方权衡，村里决定从彭阳兵家屋底下开始。

母亲问彭阳兵："阳兵，听说村里要从我们家的田修条路到河里去挖沙子？"

彭阳兵说："是啊，修路是好事，我们要大力支持。"

最后，他家的山和田占了整条路百分之六十的面积。村里见他家损失太大，提出给些补偿。他母亲回绝了。她说："我家条件还行，补个几百千把块钱给我们，也起不了多少作用，不如用到要用的地方去。"

就这样，村里组织人力把沙子挖出来，再出些水泥，硬化好条条田埂。

田埂硬化好后，大伙又聚到一起商量鱼苗从哪里来，村里的水田一下子多出那么多，买鱼苗是一笔大投入。村民们精打细算惯了，要让他们自己掏钱买鱼苗，只怕没几人愿意，他们都怕打水漂。

彭育晚依次在他们几个头上敲了一手指头说："一个个都是榆木脑袋。也不想想，我们有个天然的鱼卵采集场，还用担心没鱼苗？"

大家恍然大悟："从油溪河里采鱼卵到田里孵化，集中饲养一段时间，再将成长后的鱼苗免费发放给全村的养殖户？"

彭育晚兴奋地击掌说："对！这样群众还用担心成本吗，还怕有风险吗？我们让他们零成本零风险，喂大了全是他自己的，还怕没人养吗？"

他们从山上砍来一捆捆杉树枝，浸到油溪河里。过一两晚，杉树枝上便沾满了密密麻麻的鱼卵，把它们起出拢到一堆，盖上稻草保温两三天之后，鱼卵里的鱼子孵化成熟，杉树枝上好像有无数黑色的小眼睛在眨。他们赶忙把杉树枝转移到早已蓄好水的养鱼田里，用不了多久，乌泱泱的鱼苗就破卵而出了。

大自然真是神奇啊！它总是给予人们无私的馈赠。

就这样，每户村民都免费分到了鱼苗，几个月后，他们的田里将稻穗壮鱼儿肥。

村里每丘稻田中都砌好小水池，那是鱼躲避夏日高温和天敌鸟啄的场所，更能提升收获捕捉稻田鱼的效率，提高养鱼的产量。稻田养鱼只要用心打理，一亩田能产百把斤。有的村民稻田养鱼二亩田，一年能卖到几千块钱。稻谷也有收益，双层受益。养鱼不能打农药，既不影响稻谷，也没有虫。生态环境好了，稻谷没施化肥，产量虽不高，一亩只产五百斤，以前一亩能产一千二百斤，但价钱噌噌往上长，翻了三倍，能卖到六块钱一斤。腊嫂就尝到了这美滋滋的味道。那天，有人一口气买了她家五百斤稻谷，她左手紧紧攥着到手的红票子，右手食指伸到唇边，轻啐一口唾沫到指尖，跷着手指头专心数起钞票。钞票新崭崭，"刺啦"作响，她生怕数错，又一张一张拧开，数了一遍，嘴巴都笑歪了。

与此同时，彭育光在自家的田里尝试养甲鱼。

彭育光捞鱼摸虾是一把好手，禁渔前喜欢在河里打鱼。村里有些水沟里有野生甲鱼，一天他在水沟旁挖土，挖出了甲鱼蛋。他想，甲鱼在市场上卖得可贵了，养甲鱼应该是不错的致富门路。他决定利用这些天然资源先行尝试，当初村里并未有补助。

彭育光捉了几只野生甲鱼回来，后来又在外面买了些指甲那么大的甲鱼苗，丢在田里，养着。的确赚了些钱，比打工轻松多了。尝到甜头后，他对彭育晚建议："老晚，不瞒你说，养甲鱼比养稻田鱼赚钱多了，村里应该发展甲鱼养殖。现在条件好，田埂都硬化、抬高了，甲鱼逃跑不了。"

彭育晚很感兴趣："哥，你的想法太好了，自己赚了钱，不忘乡亲们。你在前面探好路了，他们一定会乐意跟上来。那就说定了，以后技术上的事你可不能藏私，得多指导乡亲们。"

彭育光抢白道："瞧你说的，我要想藏私，会说出来吗？"

彭育晚说："那甲鱼养殖我就交给你了。"

彭育光"嘿嘿"笑了："放心吧。"

彭育晚派人在汉寿低价购入小的甲鱼苗，交给彭育光在村中的甲鱼池集中喂养一年。因为甲鱼苗好比刚出生的婴儿，只能交给母亲带，彭育光懂技术，就是它们的母亲。一年后，甲鱼苗都活了，彭育光长吁了一口气。

养大的甲鱼苗一只只发放给了全村的养殖户。甲鱼并不是村民想就能养。养殖户先得向村里提出申请并做好准备工作，村里再派技术管理组的组长验收场地，检查田埂高度是否合格，防逃跑措施做得好不好，提供甲鱼晒太阳的石棉瓦立好没有。各种设施达到标准之后村里才会发放甲鱼苗。

通过这一举措，村里只花近万元就解决了全村所有甲鱼养殖户所需成本，既降低了养殖户前期成本的投入，又规避了甲鱼养殖前期的技术风险，大大增强了农户的创业兴趣和信心。现在油溪桥村建立了甲鱼养殖、稻田养鱼基地五百六十余亩。

甲鱼养殖的顺利发展，禁渔、禁农药很重要，如果不禁农药，残留农药顺水流到甲鱼田，会把甲鱼都毒死。

彭育光非常了解甲鱼的习性。它们食肉，他在市场上捡了死鱼仔、鱼内脏，丢进鱼池，它们一下就吃掉了，他从不喂饲料之类的东西。甲鱼的生长速度不快。母的一年只能长三两，因为要下蛋，下蛋后营养跟不上导致生长缓慢。公的一年能长六两左右，一直长到四五斤，大的还能有七八斤。

养甲鱼比种稻谷划算得多。种稻谷要育种，要犁铧，要插秧，插完要打农药化肥，收成又不高，只够盘嘴巴。

养甲鱼省事。村里的饮水灌溉工程把水龙头装到了田埂上，拧开就有水，有水就能养甲鱼。彭育光所有的田，共六七亩，都用来养甲鱼。

彭育光养的甲鱼名声在外。很多人慕名前来家里买，他的甲鱼卖得最多。卖到外面去的甲鱼一百六十块钱一斤，价钱高，人家要求也多，常指明要三年、五年以上。

甲鱼三年以上才能产卵，一年产一次。他在家里建了孵化场，供母甲鱼产卵自己孵。到了产卵季，窝里麻摆摆的都是蛋。

村里计划，以合适的价钱收购他的甲鱼苗，再发给村里其他养殖户，让群众来养殖，降低成本，才几块钱一只，自供自给，不用再去安化买苗子。

彭阳兵家里也养了一百多只甲鱼，他采取活食喂养，喂活食的甲鱼，肉质细嫩鲜美。年幼时投喂油渣子、猪肺、鸡肠子之类的食物，大些后便放些月月鲫、田螺、虾米之类的东西到田里。月月鲫每月产卵，繁殖快，如果不靠甲鱼去控制鲫鱼数量，那丘田里，其他鱼不长了，成了鲫鱼的天下。稻田养鱼的农户都很痛恨鲫鱼。甲鱼是鲫鱼的克星，两者形成天然的食物链。

春天，是捉甲鱼最好的时候，因为甲鱼都动起来了。

冬天，甲鱼钻进泥巴冬眠。田里冰冻了，平时一丘偌大的田，只放了两三百只苗子，怎么捉得到？结冰正好。只要看看田里哪块冰上有圆洞，就是甲鱼，那是它的呼吸孔。冷，它跑不动，躲在泥巴下。从那里摸下去，肯定有一只。

天气暖和的时候，它们爬出来晒太阳，只要到石棉瓦周边的泥巴里去摸，一摸一个准。被人摸住后它会往前钻，所以要抓它的屁股。还有人喜欢钓甲鱼，用小的鲤鱼和鲫鱼做饵。钓上来的甲鱼四脚乱划，憨态十足，比钓鱼好玩多了。

甲鱼的身体是阴性的，阳光长期暴晒能让它的雄皮越来越厚，像人晒太阳补钙一样，胶原蛋白含量越多，营养价值越高。

自然界是弱肉强食的世界，甲鱼是田里的皇帝。

彭阳兵趴在田埂上，兴致盎然地观察甲鱼捕食。一只甲鱼悄悄躲在田埂旁，一动不动，就像一坨烂泥巴。一条鲢鱼在田里悠然自得，游来游去，根本没把那坨"泥巴"放在眼里，竟游到了甲鱼身旁。可怜的它不知道危险降临。甲鱼一改平时的笨拙，敏捷地抻长脖子，"哧"地一下扑上去死死咬住鲢鱼。它简直是条狡猾的蛇，守株待兔。

甲鱼生命力强，在湖南境内，大多地方都能适应。

养甲鱼是油溪桥村脱贫致富的重大举措，彭育晚在村里开展摸甲鱼比赛。活动结束后，甲鱼放在外面忘了收，被冻得硬邦邦，大家懊恼极了，以为它们都被冻死了。第二天太阳出来一晒，甲鱼们竟又懒洋洋地探出了头。那缩头缩脑的模样，把大家逗得乐不可支。

三十

油溪桥村生态越来越好，吸引了不少鸟儿，连美丽的白鹭也回来了。白鹭脚长，水再深都能站着纹丝不动，鱼一游过来，它长喙一探便啄食了。它专吃田里的鱼，很厉害。稻田养鱼的农户惨了。为维持生态平衡，保护野生动物，村里不准打白鹭，连山里的山药都不能采掘。

但鸟奈何不了甲鱼。就算被鸟儿叼住，它也吃不下，甲鱼有壳，不比鱼。

甲鱼比鱼好养，只要有水就干不死，但要给它提供从水里爬到旱地产卵的地方。

彭育晚看到了养甲鱼的优势，比起稻田养鱼，安全性、价格都要好。他又做好规划，准备把晨光片区所有的田变成甲鱼养殖区。

甲鱼贵，利润高，养甲鱼当然好。村里的养殖户暗自盘算，一亩田就算只放两百只苗子，每只一年长六两，一亩就是一百二十斤甲鱼，一百元一斤，就是一万二千元。乖乖！三百只甲鱼苗子长一年呢？多长几年呢？

彭玉华也养了甲鱼。他已陆续投入两万元成本，他的甲鱼养在塘里，很难捉到，所以卖得不多。他估摸着，应该都四斤一只了，得想办法捉出来才行。

他说："去外打工，就算每月能赚七八千元，也落不下好多钱，最多能剩两三千块，不如到家里赚四千块钱。外面工资再高，干一天只一天，开支又大。家里不一样，养殖基地都是自己的土地，永远干下去都没问题。"

彭某家有四亩多田，稻田鱼和甲鱼混养，没养甲鱼时养田鱼，他是很勤快的人。

彭某养甲鱼，说每亩能达三万块钱，稻田养鱼每亩也能达两三千块钱，比种稻谷划算多了。

村里还有不少人养了一两亩甲鱼。彭天保、彭育丰、彭丙该、彭初先……都已产生效益，收入最起码能有两三万块钱。

大家对稻田养鱼、甲鱼养殖成瘾了。养殖户们常在一起交流心得，每天一早起来就到养殖基地去看，观察甲鱼的动态，看看有没有死亡的，有没有跑出去的，有没有被偷，大家的心思都在产业上。

放在以前，如果只有某一个人有产业，眼睁睁被人偷可能都没人和你说，大家幸灾乐祸看把戏。现在人人有产业，个个有责任。一有可疑陌生人进村，就有人打电话举报。有一天晚上，彭阳兵先后接到三个农户的电话："阳兵，有陌生人进村了，打着电光到处瞅。"彭阳兵立刻带着综合治理组赶到现场，原来是捉蛤蟆的。村里蛤蟆也禁止捉。万一捉蛤蟆时，甲鱼在那歇凉歇蒙了，容易被顺手牵羊。综合治理组经常巡逻到三点，曾经抓住一个在村里偷苗子的人，对那人进行了处罚。

彭育晚建议每家养殖户的甲鱼都在脚上打卡贴标签，从一号编到三百号，规范化管理，防止造假。如果出现重复号子，就是假的；如果多个号子，也是假的。他要求三年以上的甲鱼才能上市，喂养周期长，利润又高，难保有人利令智昏，从外面购进饲料喂养的甲鱼，以劣充好，影响全村的产业声誉。

油溪河里禁渔人人都知道，但还是有人不信邪，常和油溪桥村综合治理组执法人员面对面发生冲突。有一回，小闹山彭某到河里打鱼，彭德友发现后，上前制止。

彭某说："这河是大家的，又不是谁的个人财产。"

彭德友和张仁望一起把他的打鱼机没收了。他上前抢："我是当兵的。"

彭德友说："既是当兵的，更应当遵守规矩，油溪桥村一草一木都受到保护，难道你不懂？这河里漂流公司放了鱼又放了王八，打个比方，温塘的煤矿你可以随随便便去挖吗？"

说得彭某无言以对，老老实实放了手。

彭育晚的亲姑姑住在重庆，难得回来一次，想尝尝家乡的味道。邻居阳某帮她到河里打鱼，被捉了。姑姑打他电话求情："晚吉，人家打鱼给我吃，你就看我的面子，放了他吧。"

他说："姑姑，村里规定不许到河里打鱼，不能因为您是我姑姑就改变。既然犯了，就要执行规定，没收打鱼机。"

姑姑无奈，悻悻地挂了电话。

没过几天，彭育晚的堂哥哥彭某，晚上在德山排的田里给姑姑打泥鳅，又被治安组捉了现行。彭阳兵上去没收他的打鱼机。彭某边嚷边抓住彭阳兵衣领："你管得着吗？这是我自家的田。"彭阳兵说："村里规定，晚上不准任何打鱼机到田里去，不管是自家的还是别人家的。你违反规定，我就要管。”两人推搡起来。

当天晚上彭育晚打电话给彭某，他严厉地说：“不要以为你是我弟兄，就可以无法无天。村里决定没收你的打鱼机，再罚款二百元。你竟然还对阳兵动手，简直是嚣张至极！必须向阳兵赔礼道歉。”

他又给姑姑打电话，把事情告诉她。他说：“姑姑，你马上把他叫到村部来，向阳兵道歉。如果阳兵能原谅他，我就原谅他，如果阳兵不能原谅他，那就对不起了。”

姑姑自责不已，为了她一张嘴，害了阳某，又害了彭某，还让彭育晚不好做人。她立刻陪着彭某来了，真诚地向彭育晚、彭阳兵表达了歉意。

这事被苏良杰撞上了。

苏良杰是彭育晚的发小，在外面做工程。他经常回村里和彭育晚聚会，谈天说地。

他说：“老晚，要你才做得出来。”

彭育晚说：“毛主席为了革命，牺牲六位亲人，我这算什么。在我心中，我是支书，弟兄姊妹如果和别人闹矛盾，即使官司打赢了都是输的。”

他话锋一转：“你这个大能人，不要光顾着赚钱，回来吧，来参加村里火热的建设。人嘛，总要舍弃一些东西，才能得到更多。回家乡发展，会有很多意想不到的收获。”

苏良杰说：“我迟早要回来的，但现在手头上的事情不可能一刀砍得断，需要时间，正在进行的工程要有始有终才行，得给别人一个交代。"

彭育晚说："我代表村里随时欢迎你回来，为村里的发展建设多多加油。"

央视曾报道过《村庄里的中国——油溪桥村》，国家政策的英明在这里看到了真实生动的一面，村一级该怎么做，党员该怎么做，村民形成爱国爱村爱家的凝聚力、向心力、团结力，因地制宜，共同发展，发挥集体的智慧和力量保护生态，十九大的精神句句在这里都可以达到落实。

油溪桥村与新时代紧密联系在一起。

三十一

养殖稻田鱼、甲鱼只利用了村里的水田，油溪桥村更多的是山地，俗话说靠山吃山，如果能把村里的每一块山地都开发出来，那会创造多大的财富啊。彭育晚想，一定要在山上面做文章，发展种植业。

在县农业局的一个会议上，他认识了青风农资有限公司的柳总。柳总的公司专门供应苗木。两个人坐在一起闲谈，谈到经果林。彭育晚听了很感兴趣，正对路。他立马回村和村组干部、党员、村民代表多次商讨，决定进行产业转型，开发经果林。

油溪桥山上除了玉米、红薯之类，还有人在山上种了板栗树。推广经果林，得把板栗树砍掉，他们找到彭育晚："支书，这板栗树每年都结不少果子，也能卖点钱，砍掉种别的，多可惜啊。我能不能晚几年再种果树？"

彭育晚知道有这种想法的不止一个，他得断了他们的念头。他说："村里规划经果林产业要整体连续发展，成片成规模推进，不可能因为某一个人而停滞。如果你们不种，可能就赶不上村里发展的步伐，我们不想看到你们几年后因为没种经果林而后悔。"

可是，群众一窝蜂都瞄准产量高、效益好的桃树。这怎么行呢？如果只搞一山一品，全是桃子，以后怎么卖得出去？必须一山多品。

彭育晚带着村干部一家一家做工作，又请专家来检测土壤，科学规划哪一片适宜栽什么品种。

听说要种经果林，彭育光早早就把家里荒山的灌木砍了，只等着栽树苗。张自荣找来说："我爹告诉我，你砍的这片山是我家的。"

彭育光觉得莫名其妙："你说是你家的就是你家的吗？这是林改分给我们家的。林改时，你们怎么不说？那林改不白改了？"

张自荣说："那时我爹没记起来。"

彭育晚几弟兄的山并没分家，这山他也有份。他对彭育光说："哥，这山就算是我们的，也只能给他。为什么呢？如果我们不给，群众就会说你用支书的帽子欺负人家，不管怎样，我们都要不得，不如给他更好。"

彭育光扔掉锄头，气炸了："我菟眼子都打好了，他倒好，白捡便宜。"

彭育晚说:"邻里之间互相帮助,人家会感激你的宽容。"

这事在村里一传开,群众都说彭育晚是个公道的人,宁可自己吃亏,也不让别人受委屈。

村里的荒山相继垦好了,大家都翘首盼着果树苗回来,节气不等人啊。彭育晚盘算着,村里没有能力全额付清苗木采购款,只能分期付。他和柳总衔接,故意装作怀疑说:"不晓得你们的苗木是真的还是假的,我不能一次性把款都付给你。"

柳总问:"你打算怎么付呢?"

彭育晚说:"你得保证成活率,保证苗木是真的,到第二年移活了呢,我付你百分之二十,到第三年,树挂果了,再付百分之三十,到第五年,晓得这树货真价实,品种对了,付清剩下百分之五十。"彭育晚把这叫"二三五模式"。

他知道,到了第五年,有了效益,也就不差钱了。这法子好。资金的困难解决了,钱没付完,人家经常来指导,技术有保障。总有别村的人说种经果林没钱,没技术,真该试试"二三五模式"。我拿了苗子,还有百分之八十的钱没付,他肯定得指导我,技术问题就把人家牵制了。

"二三五模式"比有扶贫单位驻村还好。扶贫单位只能给村里一个电光,"二三五模式"却和村里生死相依,将苗木供货商与农户利益捆绑,既保证苗木质量和高效管护,又建立了市场。

就这样,彭育晚坚持经果林多样化,确保差异性,低产高值。村里种植了无公害的水蜜桃、世纪红柑橘、猕猴桃、奈李、柚子、枇杷等二千二百余亩。

赠人玫瑰，手有余香。供货商给油溪桥村行了方便，也会得到一些意想不到的好处。油溪桥村被外界认可的程度和宣传力度，让它成了一个优秀的广告平台。种藕的蒋总，来村里推广莲藕时，正好碰上中央电视台在采访报道，他跟着一起上了央视新闻。这多么难得，是花再多的钱也办不到的事。央视新闻说他是政府从永州请来的指导专家，提供苗木，他的名声传遍了全国，甚至世界。蒋总把自己上中央电视台的镜头做成PPT，人家看了，立马对他另眼相待。为了表示感谢，他经常送些好东西给油溪桥村，金色的南瓜，百香果，样样送，还有几百株紫薇。这是油溪桥村收获的另一种效益，不用花钱，人家都愿意帮着做事，因为可以互相成就。

一天，村里的微信群突然出现一段话：也不知油溪桥村有什么好，那么多人来看来玩。还不就那样，几棵树，几座土包子山而已，别的地方有的是。

这种浑话，严重伤害了油溪桥村人的感情，大家当然不同意，群起而反击：你还是油溪桥村人吗？你的眼睛长哪去了？这些年你在干什么？大家都很气愤，他轻巧一句话竟然想把油溪桥村十余年的努力拼搏全部抹杀。

不能否认，在公众舆论中，各种声音都会存在。不少人认为，村干部多是狐假虎威的料，只会抠鼻屎。有些地方连村干部都不信任村支书，甚至有仇恨心理，认为支书很虚伪，拿着鸡毛当令箭，只会压人。人心都有阴暗面，支书干得好、过得好都会有人眼红。他就算累干了血，总有人不领情，以为是苋菜汤。

彭育晚不在乎这些，只想把产业推行得更合理。他规划接力棒模式发展产业，既不影响收成，让市场左右不了发展，又能把风险降到最低。村里的产业不能只一种，得多个品种，才能防止单种效益好其他人大量跟进，产品过剩造成冲击，做好随时能新陈代谢的准备。农村产业结构调整，务必灵活机动，符合市场、自然和发展规律。

经果林要想实实在在有收获，必须有专人具体负责实施管理，谁是最合适的人选呢？彭玉华平时喜欢莳弄花果树木，做事认真扎实，是经果产业组组长的不二人选。经果林每一棵苗木都从彭玉华手上发出，他很严格，每位果农打了多少蔸眼，都会核对清楚。

彭玉华发现，不少村民虽然种了经果林，却长期不在家，任果木自生自灭。这哪成呢？村里在经济、土质和地理位置不乐观的情况下，举全村之力统一开发经果林是为了大家能过上好日子。

彭玉华不想辜负村里的心意。他对铜锣湾片的果农说："你们在外打工赚钱是实事，但要想长远发展离不开家乡，家乡好才是真正的好，打工只是眼前利益。"

不少在外的村民犯愁说："我们也想有两全其美的办法，不荒废家里的经果林。"他们试探彭玉华，"不然，承包给你帮我们打理？反正你种一片是种，多种几片也是种。"

彭玉华认真地想了想，他们说的是个法子，苗木没人管护，怎么成活结果？于是，他们达成协议，在他们外出的这一段时间，彭玉华每年交三百元一亩，暂为代管，有无收成都由彭玉华承担。

彭玉华把专家请到现场，教村组干部剪枝，大家学会后天天到山里给种植户义务剪枝。给桃树剪枝，要用剪刀。彭玉华为了给村里省钱，只买了些十来块钱一把的，买回来却不好使，必须用很大力气，大家的手全打出水泡，到后来皮都掉了，也没谁喊痛，喊要休息，照样做。

村里规定经果林严禁使用农药和化学除草剂草甘膦。因为彭育晚在村里宣讲过多次，现在癌症频发，跟食物农药残留有很大关系。油溪桥人不能害自己，更不能害别人。

彭玉华经常带着片落负责人，深入林间地头。既监督农户的管护情况，又密切监测病虫害的侵害动态。一旦发现病害便赶快咨询专家该使用哪种环保药物治疗，一户普及给另一户。每年冬天，村里免费发放材料，村民自觉给果树树干涂抹石灰水，这既杀虫又保温。果树每一次杀虫、打药、除草都规定好时间，彭玉华常去检查，不合格的重新来过。

每天不去经果林转转，彭玉华便浑身不自在。转着转着，他转到了村民彭某家的桃林里。彭某弯着腰在桃树下忙碌。彭玉华走过去想和他聊聊给果树施肥的技巧。听见林子里的窸窣声，彭某转过身，一见是彭玉华，慌忙扔掉手中的东西，快步迎上前说："玉华，你来得正好，那边有棵桃树长虫了，你给我看看，该怎么治？"他神色张皇，声音也不对劲，彭玉华觉得蹊跷，推开他，把地上的袋子捡起来。竟然是草甘膦!

彭玉华恨不得把手中的袋子扔到彭某脸上，说："村里三令五申，你以为是说着玩的吗？"

彭某低着头说："林子里的草长得又快又密，我只一双手，拔不过来。"

彭玉华斥责道:"你糊涂。今天拔不完,还有明天啊。现在正是桃树开花的时节,每天那么多游客来我们村里赏花,林子有不少野生的胡蔥叶,游客都喜欢顺手扯野胡蔥回家吃,你在土里施除草剂,出了问题怎么办?你负得起责吗?"

彭某慌了神:"我没想到这个。玉华,那该怎么办啊?"

彭玉华说:"还等什么?快把沾了除草剂的胡蔥叶全部清掉,绝对保证游客的安全。不然,将来你的果子卖不出去,别找村里。"

彭某喏喏应了。彭玉华又说:"你明知故犯,罚款五百元,并录入档案袋。"

云蒸霞蔚的桃花谢了,桃树挂果了。

大家却傻了眼。那些桃子干瘦坚硬,咬都咬不动,少有肉质,桃子不像桃子。村里一片哗然,意见纷纷。彭育晚很着急,难道是苗木出了问题?莫不是好心办了坏事?他赶忙把柳总请来参加全村户主大会,大家一起面对,查找问题症结,对症下药。

会上,有个村民脸红脖子粗,憋着劲拍得桌子山响,大声质问道:"我们村民响应村里号召,大力种植桃树,却是这样一个结果,真是让大家灰心,老百姓有个疑问,是不是因为果木商与村里相关人员沆瀣一气,坑害农户?请站出来给村民一个说法!"

很多群众愤怒地跟着嚷:"你们安的什么心?用这种劣质树苗欺骗群众。"

整个会场七嘴八舌,乱成一锅糨糊。此情此景,彭育晚知道群众什么想法都会有。他立即站起来说道："同志们，大家伙安静，既然出了问题，我们就要正视，不能回避，大家齐心协力想办法解决，正好柳总在，有句话我要讲清楚，我和别的村干部，烟都没抽过柳总一根。"

柳总如坐针毡，脑门上汗都冒出来了，讷讷地说："我也不知道是什么原因，在别的地方没出现过这种情况。至于苗木我保证绝对不会有假，可能是水土气候方面的影响吧。"

有个村民更是怒火冲天，指着彭玉华的鼻子，扯着喉咙骂："你抓的什么狗屁技术，害我们浪费时间，耽误大家收成。"

彭玉华有苦难言，他确实是按学习的技术一丝不苟传授给大家的，怎么会这样呢？他委屈极了。彭育晚说："出现这种情况，谁都不想，现在不是指责抱怨的时候，重要的是我们要把原因找出来，商量下一步怎么办。"

一个村民脱口而出："怎么办？砍掉算了。"

彭育晚征询柳总意见，柳总说："我从来不质疑我的苗木，请你相信我。"

彭育晚说："现在说砍太早了，这些树苗在别的地方都好好的，我建议再观察一年，大家一定要和技术人员配合好，把管护跟上去。"

村民说："明年还这样呢？"

彭育晚斩钉截铁说："那我就和柳总砸锅卖铁赔偿你们的损失。"

话虽出了口，彭育晚心中也没底，来年能不能有转机，毕竟是个未知数。他是凭着对柳总的信任表这个态的。柳总是县里果木方面的专家、权威，卖假苗木，那是砸自己的招牌，相信他不会干这种损人害己的傻事。何况还有一部分苗木款没付清。散会后，他让彭德友把每棵桃树花费的大致成本做了评估，如果来年仍然如此，他得兑现承诺。

柳总面对愤怒的群众，不知怎么收场。他甚至担心有人会打他、围攻他。没想彭育晚三招两式就把局势控制住了，没往糟糕的方向发展。柳总很佩服彭育晚的坚决果断，收放自如。

彭育晚一方面责成柳总根据实际问题，与农户面对面加强技术指导；一方面组织村民去外地参观，学习引进别人的先进经验。后来发现，桃子种植不理想，一是油溪桥村荒山野岭的地力不足，施肥没到位；二是村民不懂得科学间果。

三十二

苍天不负苦心人。

第二年春天，阳光明媚，山肥了，水肥了，油溪桥的桃花又盛开了。辛勤的蜜蜂在桃花丛中飞来飞去。果子结满枝头。

彭育晚看着一山一山的桃树，结满沉甸甸的桃子，丰收带来的喜悦无与伦比。他敏锐感到了接踵而来的销售困局，提前着手妥善规范销售渠道，争取卖个好价钱。村里开通网购，设计有创意的统一包装。

彭育晚对村民承诺。村民家的农产品，只要达到验收标准，不管付出什么代价，村里都要收购。

彭育晚有什么底气收购村民的农产品呢？

他凭的是游客。村里如今天天游客络绎不绝，不论哪种果子出产了，都拿给游客免费品尝，哪个季节出什么就摆什么，游客吃得满意，吃得放心，还会带回家和亲戚朋友分享。这是最省事的一条销售渠道。

丰收应是人人盼望的事，彭某却忧心忡忡。他是个驼背，丧失劳动能力，老婆患癌症在家，一个儿子因意外早就身亡，剩下一个也因车祸导致瘫痪，仅有儿媳在村里做事。儿媳身高不足一米五，没有七十斤，她微薄的工资是家里唯一的经济来源。他家种植桃树十多亩，果子大丰收，却没有劳动力采摘，日子久了桃子就会烂在山里。看着满山红扑扑的桃子，彭某又愁又急。他想去村里寻求帮助，又畏缩不前。一想起上回在桃林施草甘膦，被村里狠狠剋了一顿，他就懊悔，村里还会管自己吗？

彭育晚早就替他想到了。

天才蒙蒙亮，他便带着村干部到了彭某的桃林里。他们来给他摘桃子。为了不损害桃子的品相，大家都用剪刀把桃子连蒂一齐剪下来，一时间，桃林里只听见"咔嚓咔嚓"的声音，还有清晨鸟儿清脆的鸣叫。彭某简直不敢相信，自己何德何能，支书竟然亲自来帮忙摘桃子？他反反复复说着："辛苦你们了，辛苦你们了。"

桃子长有微细的茸毛，人一挨，浑身上下便会痒得极其难受。彭某怕彭育晚吃亏，连忙从筐底翻出一双帆布手套递给他。不一会儿，彭育晚便嫌戴着手套太笨拙，速度太慢，索性脱掉手套，挽起袖子，专心干起来。红彤彤的桃子像小灯笼一般挂在彭育晚眼前，他内心无限欢喜。就是这些小灯笼，将给彭某一家带来光明和希望，他怎能让它们有半点闪失？

太阳渐渐跳到桃林上方，汗水从彭育晚头顶冒出，沿着他的脖颈一瓣一瓣往下淌，他的前胸湿了，后背湿了，他就像站在淋浴喷头的花洒下，美美地洗着汗水澡，只觉酣畅淋漓。汗水顺着眼皮流进眼睛，盐分渍得眼睛生疼，他扯过衬衣下摆，在脸上一抹，手又伸向下一个桃子。

几天之后，彭某家水灵灵的桃子一个个安安稳稳地躺在了他家的堂屋里，彭某攥着彭育晚的手摇了又摇，说："支书，我以前犯错，你大人不记小人过，带着大家帮我把桃子都摘了回来，你是我家的大救星咧。"

彭育晚说："人嘛，难免犯错，该罚的要罚，但遇到困难，村里同样要全力帮助，一码归一码。这些不用放在心上，村干部每年多筹十个义务工，就是用来替大家解决困难的。"

彭育晚既要忙着给大家收桃子，又要联系销路，家里更是难以看到他的影子。回家后的文二莲慢慢理解了丈夫，开始支持他的工作，她把家里料理得井井有条。她想：老公只有一副肩膀，需要有人给他分担，我在外面做了这么多年生意，经验和眼界都不比村里人差，我要帮帮他，让他轻松点。于是，她自告奋勇向彭育晚提出去外面卖桃子。彭育晚求之不得。

文二莲顶着七月的太阳在新化城里穿梭，商场、超市、农贸市场、批发市场，和人讨价还价，说得唇干舌燥。为村里的桃子签合同，找销路。在她的努力下，不光彭某家一万多斤桃子卖得一干二净，还帮村里建立了几个固定的零售点。

彭育科家的桃子已卖了五千块钱，还有不少在树上没摘，他又高兴又后悔。桃子好卖不过，四五块钱一斤，当年要多种几亩桃树该多好！如果种玉米，能有这么多收入吗？一百斤玉米只能卖八十块钱，桃子再怎么样都是每百斤三百块钱。

收获虽然巨大，彭育晚仍觉稍许遗憾。有些村民在果木管护中图省事，没有及时疏果；也有些是看着满树的果子，舍不得疏，好好的果子，长大了都是钱，干吗要硬生生摘掉呢？按科学标准来讲，每个桃子要有十五到二十厘米间距，一棵树，原本只能结五十个果子，却结了一两百个，导致果子个子不理想，原计划六个桃子有四斤。如果好好疏果，桃子会比没疏的大三分之二，又没虫子，水分充足，质量好，耐保鲜，价格高。一碗饭，两个人吃肯定吃不饱，桃子也一样。不过，同时尝到甜头和苦头的村民，明年将更有经验和积极性。

彭某家种的桃树多，面积大，结的果子也多，最大的有七两一个。起初卖得不大好，他很着急，满腹牢骚说：“桃子如果卖不出去，我就挑到镇里去，把镇政府的门堵住。”

他的话像重锤，字字敲在彭育晚和村干部心上，酸甜苦辣，全然不是滋味。他的意思傻瓜都明白。村里要大家种桃子却卖不出去，我就是要向镇里和上级反映。这是一种变相的信访。

彭育晚安慰村组干部们说：“群众希望村里不但要帮着讨老婆还要包着养崽，不如意时，难免有人埋怨。我们要有思想准备，不图他们报答，但求不被怨就好。我们要顽强挺住，让时间和结果来证明。只有做好受委屈、担责任的准备，才能干好工作。优秀的基层工作者，一定要把自己变成傻瓜，做傻事，做别人不愿意做的事才会做成事。"

人，其实最大的敌人是自己。应该始终像要求别人一样要求自己，一刻都别放松。彭育晚从不想在停滞中倒下，要倒也要倒在行进中。他说："我不能为了保全自己而让群众等着挨饿、等死。创造、改变历史需要担当，需要有人敢于奉献，需要有人敢于开拓创新。"

村民走不动时，油溪桥村背了他们一程又一程。现在他们能走了，不该再依赖，该自己下背走了。村里承诺，三块钱一斤收购所有桃子，村干部的放到最后。有些村民担心果子丰收卖不出，抢先把青果送来，也不管果子熟没熟，卖不卖得出去。为了不浪费，村里兑现承诺，全收下。

但这种苗头必须狠狠刹住。

彭育晚召集果农开会，他犀利的眼神不客气地扫着人群："种经果林时，你们怀疑苗木是假的，讲那么多胀气话，村里什么都没吱声；现在结果子了，村里统一收购，愿意帮大家把果子都卖出去，你们却不等果子成熟，青的就往村里送。这样的果子卖给你，你吃不？你们说说，村里要怎么做才能让你们满意？"

村干部也向果农解释，青的可以在树上多挂几天，不要一窝蜂上，给村里争取时间，缓解销售压力。

彭育晚放缓语气接着说："你们不要担心，村里说话算数，一定会把大家的果子收起来，不会让它们烂。就算烂，也不会烂在你们家里，要烂在村里。"

果农吃了定心丸，第二天，就没人再送青果了。

最初的那批青果，村里送到批发市场，每斤只卖了两块，倒贴不少。

好在，每天来村里摘桃子的人山人海。还有不少学习团队，走到山里听说桃子绿色无公害，施的有机肥，谁不买几斤走？

彭阳兵动用了所有的朋友关系。他给一朋友寄了批桃子，在路上因碰撞损坏了。虽然没有直接责任，彭阳兵不好意思，诚信最重要。他私人补偿了四十斤莲子给朋友。四十斤莲子就是四百块钱。后来朋友又亲自来摘桃子，还带着朋友。他们在山里越摘越有味，六台车，摘了四五百斤。

彭玉华也种了几亩桃子，他管护得好，按技术要求疏了果，他家的桃子大的有六两五一个。为了不给村里增添销售困难，他在村里只卖了一百多斤，其余都由朋友和外甥给销到梅城去了。

他还种了世纪红柑橘，漫山一大片，橘子熟了时，山上一片红艳艳、喜洋洋，看着人都醉了。有人摘了吃，直说甜。

彭玉华算了笔保守账，他的经果林、稻田养鱼、甲鱼，年毛收入已达十万元。

彭玉华全身心投入经果林的发展，如今所有的努力都有了答案，他很自豪。他希望每个村民都能像自己一样喜爱种经果林，人人都能富起来。一个人富不是好汉，带大家富才是能手。

油溪桥村每棵桃树的收入平均达到了八十块钱，高的甚至达一百多块钱。彭育晚又烧了一把火，群众自己销售桃子的村里将给予相应奖励，产业年收入上了一定数目的农户也要给奖励，每个人心里都甜滋滋的。

张仁望种了一亩七八分土的桃树，一百多棵，他家的自留土、荒山上还种满了枣子、世纪红柑橘、柚子。他一年三百六十五天忙村里的事，家里的一摊都甩给老婆了。看着桃树苗壮成长，他打心眼里喜爱，便给桃树施了一千多块钱肥料，老婆埋怨道："平时难得见到你的影子，花起钱来倒积极，到时只怕连肥料钱都卖不出，看不把你的裤兜底亏烂。"没想桃子卖了七八千块钱。

张仁望打趣她："要不是我舍得本钱，你能卖那么多钱？"

老婆眉开眼笑："就你能，你是大能人。"

张仁望得意地说："那是。经果林比种玉米、红薯划算得多，那些年年要种，这个容易多了，除除草，一年施两三次肥，你就只管摘果子了。"

还有人种着几十亩奈李，开花时气温低，影响了产量，但收入也有十多万。

油溪桥村的经果产业盘活了"沉睡"的荒山资源，产生了效益。由于规划科学，方法得当，村里所有引进的品种全部按计划出产。油溪桥村现在是游客源源不断，水果供不应求。

油溪桥村的产业为什么能发展？一个重要的原因是党员干部认真学习种养殖业的技术，成为种养能手，种好试验田，自个探了地雷后，再让群众跟着来，把安全、风险揽在村组干部身上，把利益、发展的保险摊到老百姓身上去。党员干部先探路，再教给群众，解决了政府不能让每个农民都掌握农业技术的难题。

彭玉华说："我们村在支书的带领下，每一项建设都要先规划，拿出规划来再开展，不是乱七八糟随意上的。"

彭玉华比彭育晚小四岁，两个人思想常能保持惊人一致。

彭育晚心直，从来不为私，彭玉华也是。他一直按彭育晚的思想要求自己。他想，村里有这么一个好支书，他要尽最大努力，做好每一桩事。支书很辛苦，不但在村里要带头，还要去外面协调各种关系争取资金。留在家里的人要有好心态，为村里做能做的事，不讲超额完成任务，分配的必须完成并达到理想效果。彭玉华表达出一个普通村干部最质朴的声音。

三十三

彭育晚把村干部们都叫到铜锣湾荒凉的天石岭上。

他指点着周围说："你们瞧，这里宽敞空阔，我们在这建个上档次的农庄，集吃饭、休闲于一体，游客来了也好有个落脚的地方。"

大家瞪大眼看着彭育晚，看他是不是哪根神经搭错了。天石岭到处是石头荒草，偏僻冷清，在鬼打死人的地方建农庄，谁来啊？可彭育晚一本正经，全无开玩笑的意思。于是，大家又想起天石岭刚刚开通的公路，猛然醒悟，原来把公路通到这是要建农庄。

彭德友问："支书，建农庄，怎么不到山下找个好位置？"

彭育晚说："山下虽有山下的优势，但如果选址房屋多，以后的扩展势必受局限；在荒山野岭，农庄发展起来后有余地向周边辐射、扩大。"

细细思量后，大家找不出反驳的理由，只是跟着彭育晚俯瞰山下的家园，只觉满眼葱绿，心旷神怡。

"既然说定了，你们就得带头入股筹资，把农庄一鼓作气搞起来。"彭育晚一句话把大家从遐思中拉了回来，"基层工作，我们不光要把精力放前面，资金与风险也要放在前面。这样才能带动群众的积极性，人人都想借鸡生蛋，他们要蛋，我们要舍得鸡，给得起鸡。"

彭德友说："我们好说，群众那怎么发动？"

"这好办。他们的土地、劳动力都可入股，有钱的也可拿钱入股，只要人人参与解决，大问题就可化整为零。"

彭德友心里仍没底："也不知他们干不干。"

"你告诉他们，就说我说的，农庄绝不会亏本，亏了我负责赔偿！"彭育晚的话掷地有声。

有他这句话撑腰，油溪桥村又打了一次漂亮的胜仗。全村人出力的出力，出钱的出钱，大气的农庄在天石岭上建立起来了。

彭育晚每天都要到工地上转几趟，敲敲那堵墙，拍拍这扇窗，眼里全是希冀，以后，群众家的土特产都可以拿到这来消化掉。

花小钱办大事是油溪桥村的优良传统。彭育晚很精明，谁都别想从他手里多赚一分钱。他从来不买贵东西，货比三家，还价再还价，买的东西都质优价廉。店家都摇头，他比女人还厉害。建设农庄的空心地板砖在新化县城要九块钱一块，他跑到广州六块钱一块买回来，花最便宜的工价请师傅安装。很多建材他都自行设计，就地取材，能省则省，精打细算。如果换在别的地方，没有两百万元，农庄建不起来，他们却只花了六十来万。

大红的灯笼高高挂上了农庄的前廊，农庄一派温馨典雅，成了天石岭上靓丽的风景。彭育晚又着手把屋后的空地整理成一畦畦菜地，种上时令蔬菜，辣椒茄子，白菜萝卜，碧绿生脆，任谁一看，都会爱上它们。

农庄运营后，油溪桥村终于做到孵化、喂养、销售一条龙。村里产生种子，自个种养，再拿到农庄给游客吃，自产自销，直接变成了钱，生米煮熟饭一样简单自然。彭育晚苦心培植的产业链终于产生效益，村民扬眉吐气，说话声音都大了。最初他说要让荒山变农庄，村民不信，现在大家都佩服他的远见。

彭育晚极力鼓励村民找原生态的东西要效益，引导他们利用自然资源发展产业，维护利益。这既开发利用了原始的东西，又节省了前期成本的投入。

比如养殖户养的甲鱼，完全不用愁销路。来村里旅游的人多，到农庄要求吃甲鱼的也多，无论来多少人，随时可以到田里捉，要多少捉多少，不用到外面买，很方便。游客来农庄吃了野生喂养的无公害甲鱼，品尝到了鲜美的味道，又忍不住买些回去。

天石岭上以前只能靠天水，即便种上作物，也没收成，现在却变成油溪桥村最好的地方。毛主席说人定胜天，只要有决心，任何事都做得到。不管个人还是集体，有目标，有行动，迟早一天会有意想不到的收获。

油溪桥村的各产业，销路得到保证，四两拨千斤，所有人都进入了村里发展的大好平台。村里很多岗位需要人手，只要不在乎工资多少，对村里满怀情感，认真把村里的工作当成事业去做，谁都不会失业，也不用到外地去。邻近村庄不少人想来油溪桥打工，就算搞卫生也愿意。

彭育晚为农庄的经营操碎了心，经常为大家鼓劲。他说："油溪桥的发展前景不可限量，你们要把产业做大做强，利用村委提供的平台，把握机会，开发新的菜品，挖掘土产类原生态食材，做出农庄里的'乡下味'。"

村里并没做广告，农庄已赚七十万，投入的六十万本钱回笼了。

管理出效益。

彭育晚要求农庄的厨师、服务员、管理人员不断地向标准景区学习，时刻把客人当上帝，充分注重个人形象，统一服装，礼貌谈吐，热情大方，共同以周全细致的礼仪形态出现在游客面前。

彭育晚精致追求细节到了严苛的地步。他非常注意捕捉外界细微的变化，一朵花落了都会发现；他要求农庄房间里挂灯的高矮、距离一致，人一走，桌凳随时归位。这样，游客看了会很震撼，氛围气场都不一样，信任和欣赏便不知不觉产生了，不用拉不用喊，这些就能吸引他们来了再来。

农庄的管理很规范，很科学。彭育晚说："过于自信是种自负，自负容易摔跟头，因此，只有给自己不断挑刺，带着问题找问题，才能做得更好。"农庄是服务型产业，对游客消费意见的回访很重要，他和农庄工作人员经常主动走近游客，虚心地询问，农庄的菜肴味道好不好，价格高不高，请他们指出不足之处，然后加以改善。

彭育晚参照农庄模式成立了游客接待中心，三家公司，四个合作社，以三位一体来拉动农户种养产业的自产自销，想法增加农业产业的附加值，实现立体开发、抱团发展。

这些单位的筹建，需要大量的管理人员，彭育晚动员文二莲加入进来。文二莲左右为难。男主外，女主内。她回来，只想着管好家照顾好彭育晚就行。加入他的团队，肯定会像他一样忙得足不点地，家里怎么办？孩子们怎么办？可是，不去的话，彭育晚会更累，能帮他分担一点是一点，哪怕是一片鸡毛大小的事，他也能稍稍喘口气吧？于是，她打起精神投入到了公司的筹备当中。各种申报资料、农庄的业务、财务都落到了她头上。

三十四

宣传也是生产力。

彭育晚对未来规划很明确，走特色旅游兴村之路，他结合自身发展建设需要，把服务标准定高，依靠网络的广告宣传效应，利用微信平台，把村里的动态信息及时推出去，打动和吸引外界。他们的每一个文字、每一张图片都很真诚。

油溪桥村的独特魅力吸引了越来越多的人前来参观学习，农庄的食客也多了，为了更好地满足游客的饮食要求，彭育晚随时都在反思，寻求改良。农庄保证游客吃到最新鲜的食材，平时储备食材并不多，人一多，就会出现供应不够现象，为确保供应，彭育晚指定苏开初专人负责食材采购。同时，严格把关食材质量。可食材质量问题让人防不胜防。

一名游客指着桌上的红薯粉向彭育晚投诉："这不知什么味？"

他当着游客的面毫不迟疑夹了根红薯粉放入嘴中。果然，红薯粉有股说不出的怪味。他连连向游客道歉，吩咐厨房撤掉红薯粉，给游客另上一道特色土菜。

彭育晚防微杜渐，特意就此事召开"事故"分析会。菜品是农庄的命脉，万不能心存侥幸，这种事情如果多出现几次，就会砸了农庄的招牌。厨师们说："顾客不可能无理取闹，来农庄找碴儿，以后，我们每炒一道菜，都先确认味道鲜美、无异常，再端上餐桌。"

彭育晚说："对。只有这样，才能把损失降到最低。"

农庄的厨师多从外地招聘而来，喜欢往食材里加入大量调味料，连炒青菜都要放一大勺味精，破坏了菜品的原汁原味。彭育晚要求他们尽快扭转习惯，融入油溪桥村本地的家常口味中来，力争让每一道菜都能留住本真的味道。尽量照顾客人的不同口味，清淡、浓重合理搭配，满足他们的需求。农庄一定要打造出自己的特色品牌，底气十足对外界宣传"吃在油溪桥"。

厨师的厨艺是农庄经营的关键。

有天彭育晚在农庄点了道黄鳝，尝了后他赶紧往厨房跑，查问是谁做的，因为吃不下。这道菜出自厨师的手，竟还不如他炒的。彭育晚说："农庄不是普通的快餐店，人家都是冲着'油溪桥'几个字来的，我们不能在吃上让人失望。"

彭育晚成了专业的"尝味师"。只要有机会，他每道菜都会亲自品尝，味道不行的话，马上反馈给服务员，服务员再及时查到厨师，同一道菜反复出现问题，这道菜就应交给别的厨师。

彭育晚说："查问题必须点对点，对准人，查出原因，管理服务来不得半点儿戏。农庄已运营这么久，一名厨师连一道菜都出不了就是他该走的时候了。谁该上到第一线，谁该到第二线，你们要心里有数，不要让好厨师在二线切菜，不好的却在一线锻炼，农庄经不起锻炼，不是厨师练厨艺的地方，学徒只能炒员工餐，必须保证质量。"

随着对村里环境的适应了解，厨师们每时每刻都在提高对自身的要求，技术、口味越来越好，他们没有止步不前，更没因为忙不过来而敷衍了事。

农庄也有不少服务员，大都没经过专业培训，彭育晚又成了他们的"培训师"。

只要没出门，每天中午彭育晚必定守在农庄。

几桌客人同时拥了过来，大呼小叫，服务员一瞧便乱了阵脚，这个搬凳子那个摆桌子，乱成一团。彭育晚喝住大家，底气十足地说："慌什么？越慌越乱。又没人拿刀架在你们脖子上，不过多来些客人而已。两个人一组，一人负责点菜，一人负责倒茶水。"

听他这么一说，大家冷静下来，迅速找好搭档，有条不紊地忙起来。她们给客人送上花生、瓜子、豆子、茶水等餐前小点心后，又匆匆跑到厨房帮忙。今天有三桌客人点了黄焖鸡，鸡得现杀，焖也需要时间，让客人等太久的话，人家能满意吗？下次还来吗？

上菜了。

小李端着盘子就走。彭育晚拦住她："我平时怎么说的？你的手应该保持什么姿势？看看，大拇指都伸到盘里去了，客人见了还敢吃这菜吗？"

小李一看，马上明白了，她悄悄把手掌伸展平直，托住盘子底部，大拇指扣在盘沿下，羞赧地说："支书，我一急就忘了你教的东西。"

彭育晚对她也对别的服务员说："再急都不能忘了规矩，这些细微处能体现我们的服务质量。"他又对她们做了敲门的手势："记住，进包厢时要敲门，这是对客人的尊重。推门要轻，避免手忙脚乱撞人摔盘。"

小李吐吐舌头，扮了鬼脸说："我保证进去后灵活选择上菜位置，你说了，客人来消费，除了吃好，还要让他们享受到好的服务，让他们感觉到想要的感觉。"

另几人也快人快语："支书，别担心，我们都记着咧。"话音未落，她们人已轻快地到了包间里。

农庄还有股东，他们是农庄发展的第一责任人，理应投入更多的操劳。

彭育晚对股东们说："没有游客是我的责任，游客来了不满意以后再不来是你们的责任。"

冷水江的一个团队预约来参观，他们以前来过，点名要到农庄吃饭。彭育晚马上意识到这意味着农庄某些方面做得不如人意。农庄应该采取措施避免问题再次出现，损害大好的发展形势。他提醒股东们多观察琢磨，用心做好管理，注意农庄配套设施的维护，门坏了及时修好，水龙头不出水了立刻找出原因，随时处理垃圾……什么都是摸索出来的，没有人天生就是专家。

客人终于都走了，彭育晚找来起子、小电钻、锤子，在包间的门上鼓捣起来。原来，天气热了，山上风大，穿堂而过时凉爽清新，比起空调，客人更喜自然风。当初装修时，显然没想到这个，门后和墙上没有装吸扣，风一吹，门便被阖上了。客人只好搬了凳子挡在门口。这既不方便又不美观。彭育晚眼里揉不下沙子，装好吸扣，客人随时可以吹上来自山野的清风。

农庄的工作有它的特殊性。游客来多了吓死人，不来游客急死人，来与不来，农庄的日子都挨人。大家都提前做好准备，在可操作范围内合理调配，今天忙不要紧，明天要打有准备之仗，做到忙而不乱，有条有理。

农庄建好后，苏良杰回来得更勤了。

他对彭育晚说："你带着乡亲们为村里干了这么多，以前对我触动最深的是农网改造，改变了我对村里、对你的看法。如今你又在天石岭建农庄，让我很惊讶，很震惊。"

彭育晚说："当时我也不敢去外面讲，哪敢想会像如今这样，怕只是一个空谈梦想而已。但认定了的事情一定要干下去，天天不停歇地干，没人来的荒山僻壤变得这般热闹。现在看来，农庄的发展前景、升值空间非常阔大。"

苏良杰说："只有想不到，没有做不到，你的脑袋不知是什么做的，老想得出稀奇古怪的事。油溪桥群众搭着你致富了，村

188

里变得这么好，大家对你心服口服。以前别人问我是哪的，我只说是吉庆镇的；现在我出去，常很骄傲地告诉别人，我是吉庆镇油溪桥村的。"

彭育晚说："你这么能干，也只想出去买房，人人都这样，村里还怎么发展？那样我们的价值还不如一个残疾人，因为他哪都去不了，只能守护着这片土地。家乡的资源可持续发展，我们用自己的能力保护它，开发它，价值就体现了。这也是你的家乡，你把技术带回来，就是最大的财富。"

苏良杰没接彭育晚的腔，自顾自感叹说："在这样的时代，村干部拿着少得可怜的回报，利益没有保障，你们却无怨无悔。全村不打牌，不放炮，义务筹工，绿化生态保护，不捕鱼，不打猎……村一级组织能高度认识，并且推进下去，简直不可思议。"

彭育晚是个非常讲诚信的人。油溪桥村十余年发展，村干部的钱可以不付，但群众和建设项目上的钱一分都不欠，彭育晚常说卖血都要付清。彭育晚宁可自己吃亏，绝对不让别人吃亏，别人都愿意跟他做事，很多人不要钱都跟着他干。诚信可以创造财富。油溪桥村没钱也能搞建设，靠的就是这些。

农庄经营几个月后，该给员工发工资了，账上却没多少钱，资金都没回笼，文二莲管着农庄的财务，她急死了：三万多的工资，从哪出啊？

彭育晚正忙着，他也不管文二莲受不受得了，说："这事归你管，别问我。没钱你不会去借？亲戚朋友那么多，还愁借不到几万块钱？"最后，他竟然冒出一句："借不到的话，你去跳楼算了。"

这话噎得文二莲差点喘不上气:"哪有这种人,当初接受这任务,只是为了帮你,没想到却被你赖上了,还出口伤人。"

不去借怎么办?欠了几个月工资,再不发,厨师都不干了,农庄就停了。她只好厚着脸皮,回娘家找弟弟借了些钱把工资付清。

农庄盈利后,彭育晚把赚得的利润都按比例分给股东们。文二莲说他:"他们又没操多少心,全是你一个人顶着,你又没得工资,分红倒一分没落下他们。如果亏了呢?他们会给你垫吗?老公,你思想真是太好了。"

彭育晚说:"我思想不好,大家还怎么能看到希望?"

彭育晚的奋斗目标,是使全体村民富起来,有实体经济,不再返贫。农庄就是实体经济,是产业,大家一步一步来,量力而行。彭育晚的字典里没有"退"字,农庄不管有多大的压力,他都会顶上去。因为农庄正常运行不只产生效益,还关系到村里的配套服务质量。每个人都应有信心,有主人翁意识,积极主动参与到农庄的发展中来,不能袖手旁观。

彭育晚经历了太多,个中艰辛,唯有他知。有困难,只要一起上,没有解决不了的问题。

三十五

要想做好"吃在油溪桥"的文章，就要让游客吃得比别的地方好，比别的地方有特色。村民只要想做实事，村里大力支持。甚至连腌菜的坛子，彭育晚都给大家买了回来。村民家的土特产，全部销给农庄。他只有一点要求：绝对不能弄虚作假。

彭育晚对村民说："我们发展产业是为了带领大家脱贫，不可能直接给你们钱，除了慰问金，村里条件再好都不会给。若想真正脱贫，我们只能靠自己，努力把家乡的每一寸黄土都变成黄金，创造的收入可以解决养老、就医、孩子就读问题，这是未来的三大保障。"

大多群众都赞成用实干扶贫，如果直接给钱，一万两万都会用光，又是老样子。但偏偏也有人，只盼上面有现成的掉，吃低保、分扶贫资金，他们认为是国家该他们的，靠住了国家这座大山，不做事也不用愁吃的，过得不会比别人差。他们不想付出，又想过得舒服。好日子从哪来？

村里的变化证明，不光个人要奋斗，一个地方若想变得更好需要大家共同奋斗。油溪桥村终于实现了家家户户有产业的美好愿景，实现了村人均收入和村集体经济发展双赢的局面。

彭育晚说："大家千万别再让山和土荒下去，一年都不能耽误。因为游客会越来越多。村里收什么，你们就种什么，游客到你那摘哪些你就种哪些，不要你想吃玉米就种玉米，想吃南瓜就种南瓜。游客才是上帝。我希望大家一鼓作气，不光脱贫，还要奔小康。你们不要怀疑，村里有能力在关键时刻帮助大家。只要你们配合村里的需要发展产业，村里就帮得有意义，万一失败，村里也会承担责任。"

在脱贫攻坚过程中，村干部发现不少自力更生精神强、产业成效好的群众，把他们纳入村里的奖补范围，重点予以奖励。奖励他们为村里发展千方百计出主意、提供信息、带头行动、给脱贫攻坚做贡献。

管区书记谢征华和油溪桥村的贫困户面对面开了脱穷致富奔小康的研讨会，也是村里引思路、谋发展，真抓实干全体脱穷帮扶会。他说："脱穷的标准其实只要人均支配年收入有三千零二十六块钱，还有两不愁，三保障。不愁吃不愁穿，有住房保障、教育保障、医疗保障。在座谁家人均可支配年收入没三千多块钱？也没谁愁吃愁穿，住房、教育、医疗也都有保障，所以说是基本上脱了穷。村里给你们打了好基础，经果林目前经济效益大家都看见了，村里已是3A景区，又在申报4A级景区，如果成功，游客增多，经果产业会有更加明显的效益。"

谢征华对村民们谆谆教导："彭育晚支书见得多，你们要跟着他的思路走，自然会走上致富小康大道。"

贫困户康初先接过话说："现在吃也有，危房也改造了，村里的道路交通搞得再好不过，这日子真是享福。"

康初先圈养了鸡，种了田，养了一亩稻田鱼。稻田鱼每年能产二百多斤，多是亲戚朋友买了去。至于鱼的价格，卖二十元一斤的有，十八的也有，十五的也有。他大儿子是残疾人，没有劳动能力，小儿子一直在外，农忙时节，村干部都主动帮他把稻谷收回家。他大儿子有社会保障，他自己每个月也领取国家补贴的养老保险金。因为是银行卡，他不会使用，村干部常帮他代领。

他还喂了甲鱼，栽了桃树。

康初先说："搭帮政府，搭帮村里，日子越过越有希望。"

老人回想从前，村里还有人到路过的货车上抢卸粮食，那是被逼得没办法了，没得吃，饿肚子。现在，彭育晚带着一帮后生努力向前，油溪桥什么都好起来了。

这个历经沧桑的老人感叹："如今的日子让人真想活到一百岁。"

说着说着，老人对在外打工流浪的小儿子生起无尽的牵挂，希望他能早日成家，生下一男半女。那样的话，他走得也安心了。他听说小儿子在长沙谈了对象，很高兴，把借给别人的几千块钱都要了回来，想年底帮他办婚事，没想儿子的女朋友后来又吹了。

彭育晚满怀信心对老人说："油溪桥村会越变越好，越变越美，用不了多久，外面的姑娘会抢着嫁到我们这来。你放心，油溪桥村的男人包括你的儿子个个都能娶上漂亮老婆。"

村民彭育志家生活极度困难。为了能帮家里分担重负，他中专毕业的大女儿外出打工，全家都为孩子的懂事欣慰。谁知，女儿离家之后，音讯全无。家人急得团团转，三年里多次外出寻找，彭育晚也发动所有村民利用老乡群、在外务工群、经商或读书的家乡人多方打听，杳无结果。时过两年，有知情人报警，女孩身陷衡阳雁峰区某传销组织，已失去人身自由多时。彭育晚立即与彭民辉，跟随吉庆镇派出所干警赶往衡阳，在当地干警的全力配合下，成功解救女孩和其他二十余人。女儿回家，彭育志一家喜极而泣。

彭育志的父亲彭某说，村里这么尽心，支书尽他最大的能力帮着自己把孙女找回来，如果换作他人，哪怕花再大的代价，就算耗掉所有家产都找不回孙女。他非常感激，对彭育晚说："支书，我没有别的东西表达感谢和情意，只有一条喂了十八年的老黄牛，我把它送给村里。"

村里怎么会收呢？

彭育晚听后立即制止。他动情地说："把孩子解救出来，只是做了我们应该做的，我们永远是乡亲们坚强的后盾。"

他接着自信有力地说："油溪桥村脱贫攻坚必须走群众路线！人民群众的诉求就是我们要解决的问题。我们不但要保障大家的衣食冷暖，更要在精神上让大家劳有所得、居有所安、养有所乐！乡亲们有安全感、有幸福感，是我们最大的心愿。"

彭育晚脸上写满庄严，那是从他心底喷薄而出的深切情怀，油溪桥再也不是过去的油溪桥。对此，他无限憧憬，坚信不疑。

三十六

节约就是发展，文明乡风就是生产力。

发展没节约不如不发展，实干才能梦想成真。

好支书带出好班子，好班子带出好群众，好群众带出好风气。如今的油溪桥村，看不到一场牌局，见不到一缕硝烟，踩不到一点垃圾，爱护环境等村规民约在全县开了先河，形成了油溪桥村文明节俭的新乡风。

为山九仞，非一日之功。为了树立这些良好的新风气，彭育晚不知绕着村里走了多少路，踏过多少人家的门槛，开过多少会，他不厌其烦地做群众思想工作，动之以情、晓之以理。

油溪桥村第六次修订村规民约时发动群众实行酒席从简，力求做到婚事新办，丧事简办，其他事争取不办。村民间礼金往来不得超过八十元，亲属可适当放宽。

修订第七次村规民约时村里明确，婚事可以在农庄办，五桌以内，每桌三百元，不要群众出一分钱，由村里埋单。有人提出建议，五桌太少，有的人家亲戚多。彭育晚也采纳了他们的意见，放开到十桌，但五桌以上、十桌以内，由村民自己买单；超过十桌的，罚五百元一桌。从施行的那天起到现在，没有一个村民被罚。放在以前大操大办的话，每场酒席得有四五十桌。

　　酒席从简，彭育晚先从自己做起。他家的新房建好了，依乡间习俗，进新屋要热热闹闹过火，亲戚朋友都要来庆祝，以后的日子就会红火吉祥。彭育晚和文二莲商量："老婆，我们喜事新办，安安静静进新屋，你可别有意见。"

　　文二莲举着拳头在他背上连捶几下："你把我看成什么人了？酒席从简，我会拖你的后腿吗？"新房子建好了，宽敞舒适，比南宁的家还让人舒服亲切，文二莲知道这才是她真正的家，她高兴都来不及。

　　进新屋那天，很多人去给他们道贺，不管是村组干部还是村民打的礼金，文二莲都谢绝了，没收一分钱红包。她热情招待每一位村民，桌子上摆满了糖果、瓜子及热气腾腾的茶水。

　　彭育晚握住大家的手，喜不自禁地说："你们来了，比什么都好，证明我这支书当得还不赖，我高兴得很。"

　　他们送出去的礼金其实很多，村里的红白喜事，以前他们一般都是二百、四百地随礼，自己却一次酒席也不摆。

　　油溪桥村照顾人之常情，以前放宽政策，从六十岁开始，整十的寿酒可以办。彭中来母亲八十大寿时，他和家人商量："母亲八十岁，按理该给她老人家好好操办操办，但村里的规定要自觉遵守，我不想有人在背地里笑话我们没觉悟。"

　　办酒只是图名声，主家其实应酬很累，如果菜品做得不好，还会招来乡亲们评头论足，凭空添堵。彭中来全家举双手同意他的决定。老母亲拍着巴掌，咧着缺牙的豁嘴说："这个我赞成，落得清净自在。"

　　他们便在农庄办了五桌酒席，没收乡亲们一分钱礼金。

张家院院长张仁敬嫁女儿，主动只在农庄办了五桌酒。

晨光片区的阳浩章，一位普通群众，他九十岁寿酒，只在农庄办了四桌。虽已高龄，但头脑清醒，精神矍铄。他说："我家亲戚多，自己出去过不少红包，说实话，遵守村规民约肯定吃亏。但村干部头带得好，为了村里的发展，我愿意按村规民约来。"

也有群众在传统习俗面前摇摆不定。

晨光片区的康余生，和彭育晚是老表，从小被过继给叔父。叔父故了后，他原本同意按村里的规定，只做一天一夜道场。后来又变卦，想请彭育晚批准多打一天醮。彭育晚不予理睬，他的电话一个都不接。无奈，康余生只好找上了门。

彭育晚也不管老表不老表，说："既然你要违反丧事简办的规定，那就记到档案袋里，我更不会来参加追悼会。"村里有不成文的规矩，不管谁去世，村组干部都要上孝家吊唁。

最终，康余生还是只给叔父做了一天一夜道场。

光说不练是废话，默默行动有改变一切的魔力。

彭育晚就酒席从简再次召开专门会议，进行研究，布置。

他说："目前，全国上下都在推行酒席从简，没人领导、没人督管、没有发展机会的其他村子都能做好，而油溪桥村如果在形势大好的情况下还有人闹着玩，那拿什么和人家比？我们的脸往哪搁？因此，油溪桥村只能严，不能松。"

彭育晚的话引起了众人的思考。阳春华说："如果有人要摆酒，我绝对不允许，一定阻拦。"

彭育晚说："我们正是大张旗鼓发展的时候，很多人来学习，我们有些什么值得人家学习？酒席从简只需转变观念就能做到，又不需流汗流血，这点都做不到，我们怎么向组织、向后代交代？各位村组干部要告诫那些吊儿郎当的人，自己掂量一下。我们未来发展的路子在哪里？唯有比别人做得更好。你们的眼光不要像老鼠一般短浅。"

彭育晚强硬表态，摆酒席超标的，村里会毫不客气地登记到档案里，用好章子，用好权。他让担心得罪人、不敢管事的村组干部放心，村里是他们坚强的后盾，该管的会管，会和歪风邪气斗争到底。村干部在工作中勇敢担当，不要听人说一句谬论，就畏葸不前，不敢干了。只要心怀公正，在斗争中不断提升自我，真理会越辩越明。一定要把好的思路、观念灌输给村民。

彭育晚说："任何过招我都不怕，我会坚持下去。这么好的发展机会，我们夜以继日，命都拼上了，有些人却视而不见，我们要下定决心，不能让他们破坏我们的发展。同志们，真正的做好是多办实事，希望大家不要打自己的耳光。"

"我当支书，丑事做得太少了，威风耍得太少了，心思太好了，现在我要严格要求。我到哪去都底气十足，我讲到做到，对自己从严要求。我家办喜事，讲不摆酒就不摆酒，没通知任何人。我对苍天问心无愧。"

彭育晚说："同志们，那些不遵守村规甚至刁蛮的人，他们故意没事找事，挖眼寻蛇打，唯恐天下不乱。你们能松弛吗？要抓住道理狠狠整。这么好的机会经不起任何闪失。人家来参观学习，油溪桥村的形象和工作会一传十，十传百，这些都是宣传，用钱买不到，这是对油溪桥多大的肯定！我们能够掉以轻心吗？能够放纵不管吗？谁要摆酒，你们坐到他屋里去，告诉他，这是要受处罚的。各片落都要盯死，莫装聋子做哑巴。打击不良现象，大家要齐心。你们大可放心，油溪桥村的思路、信心明确了，各级领导认可了，社会认可了，对个别挑衅闹事的刁民决不姑息养奸。"

彭育晚说："你们说说，村里现在还有人敢开麻将馆吗？所以不管怎样，都要坚持我们应有的高度。一个家庭孩子健康成长，心灵阳光，父母的教育、影响非常大。我们就是油溪桥村的家长，用十年二十年的时间，检验我也检验大家，谁是真正尽责尽职。想想我们到六七十岁时，会得到什么样的评价？我希望在座的各位不要蒙在鼓里，要做一个明白人。"

彭阳兵说："阳某那一户，本来蛮刁，但经我们上门沟通，他们同意只做一天道场。我们和好多户都是亲戚，在允许的范围内简单表达心意就行。村组干部和党员要高度统一意见，自己绝对不办酒。需要落实的事，一件件来。我们是在维护村民利益，不是故意刁难他们。"

康凌云小心问："其他村的亲戚摆酒也不能去吗？我公公在安化，昨天生日。"

彭阳兵说："其他村的不管，那是两码事，只说我们村。只要坚持原则，大家都能说通。油溪桥村只制约性地办婚事和丧事，其他都不办。"

彭育晚说："如果有人比村规民约做得更好，要奖励，奖五千、一万都可以。为了进一步规范管理，我建议村里成立专门的红白喜事理事会。"

大家一致赞成。把在村里有影响、有说服力的老同志选进理事会，实行酒席从简，油溪桥村共节约开支一百五十万余元。进行宣传，监督，收到事半功倍的效果。

三十七

油溪桥村在发展，但在思想观念、文明程度方面还相对落后。有的村民没出过门，是井底之蛙，虽然有村规民约，但他们也只是因为被要求而遵守，有些人并没有真正出自内心尊重和敬畏。为了把群众身上的陋根彻底铲除，把外界先进的文明介绍进来，让大家看到自身不足，彭育晚专门请来新化籍浙江工商大学退休教授、梅山大讲坛创办人王国安先生，给村民讲课。

王教授在美国、加拿大、韩国、澳大利亚、新西兰工作、讲学过，在日本做过客座研究员，会讲一口流利的英语，知晓海洋文明，深谙陆地文明。他退休后，开设梅山大讲坛，全身心投入到改变家乡、为家乡智力扶贫的活动中。他用国际视角洞察梅山，将家乡的美丽传播给外界，引进外界先进文明教化乡亲。他辗转新化各地，从自然环境和社会人文等方面进行实地调研。他像个医生，常应邀给一些发展遇到瓶颈的企业出诊，从战略上把脉开处方。

一下车，王教授就让彭育晚陪他到村里四处走走。彭育晚一边走一边向王教授介绍村里禁炮、禁赌、保持卫生、酒席从简等基本情况。王教授听了大感兴趣："育晚，照我在家乡别的地方看到的来说，你们做得很好，很难得。"

彭育晚谦虚地说："哪里。王教授，从前，油溪桥村很闭塞，不少村民都是一根筋，我非常担心有人犯糊涂，破坏这些来之不易的成果。因此，务必请您引导大家跳出自以为是的怪圈，我们还很脆弱，经不起半点闪失。"

王教授指着路边几座坟堆说："育晚，你们村有特色，但也有不小的弊端。"

彭育晚明白王教授说的是什么。他说："的确。我们实际面积只有七平方公里左右。人，都有生老病死，按老传统都要一块地安葬，世代传下去的话，村里会只见坟墓，不见风景。"

王教授说："换位思考。如果你是游客，愿意去一个满是坟墓的地方旅游吗？虽然你们风景不错，但我想，游客一走到山中间，心情恐怕会变糟糕，那么多座坟，他们来看什么？说句不好听的话，毛骨悚然的感觉都会有啊。"

彭育晚说："王教授，您说得对。对我们来讲，都习以为常，坟就像是村里的另一些固有人家，没什么可畏惧。但对观光旅游的人来说，感觉不一样，人家一看就怕，不敢来了。"

王教授说："赶快推行殡葬改革。如果不改革，现在花几百万、几千万甚至更多的钱打造景区景点，最后都会毁在这片坟墓里。你们所有的前期建设、付出汗水都会归于零，没任何意义。"

彭育晚说："殡葬改革太挑战传统了，只怕群众一时半会接受不了。拜托您在课上多讲讲。"

听说王国安教授来油溪桥村讲课，村民们早早来了，台下静悄悄，全是黑压压的脑袋，大家宛如久旱的禾苗，焦渴地期盼着王教授带来的甘霖。

王教授首先赞扬了油溪桥村取得的成绩。村民听得心里美滋滋的。随后，王教授话锋一转说："油溪桥村要想成为一个受世人尊重的村落，成为全国旅游胜地，还有很长的路要走，你们必须养成文明的习惯。"

有人问："什么才是文明的习惯？"

王教授说："简单地说，文明就是律己、敬人的一种行为规范，是表现对他人尊重和理解的过程和手段。文明不仅是个人素质、道德的体现，也是社会公德的体现，更是一个地方的脸面，所以我们要讲文明，用礼仪展现油溪桥村的精神风貌。"

有人说："王教授，我们都是粗人，您说的这些大道理我们不懂。不如您说说什么是不文明的行为，我们也好心里有数，争取不再乱犯。"

王教授说："我在新化调研好长一段时间了，很多地方的不文明习惯层出不穷，让人心痛不已。我把它们列出来大家听听，有则改之，无则加勉。"

他一口气罗列出一大堆他遇到的不文明习惯：村落的家禽家畜不圈养，垃圾随意倾倒屋前屋后；物品乱堆乱摆乱放，旧对联、破灯笼不伦不类，窗子上乱挂东西，彩旗不像彩旗，幕布不像幕布，烂袜子、烂鞋子、烂裤子乱丢；村民肆意在河里淘沙，溪河百孔千疮，河水浑浊肮脏；民宅建设没有规划，路修到哪里民宅建到哪里；房屋外墙涂得五颜六色，多用与环境和梅山文化极不协调的欧式罗马柱；祠堂、寺庙到处是鞭炮纸屑和垃圾；各旅游区交通混乱，商贩哄抬物价宰游客；不懂得尊重外国游客，见了老外不经同意强拉拍照；不会说普通话，更不会讲英文……

村民——比照，自豪和惭愧像两个精灵，不断地撩拨着他们的神经。王教授举的真是照妖镜啊，让坏习惯无处遁形。有些坏习惯，曾在他们身上顽固地生存了很久很久。蓦然回首，他们惊喜地发现，在支书的宣讲和村规民约的约束下，他们早已改正，正一步步迈向文明。不过，还有些是他们有意无意回避的。比如说普通话。大家文化都不高，说得洋不洋，土不土，怪让人害臊。看来得改。以后说不准还会来外国人，还得学英语咧。

彭德友说："七月半时，王教授住在新化宾馆，县城里到处放鞭炮烧纸钱祭祀先人，遍地浓烟，王教授一宿没睡。"

有村民憨厚地说："以后王教授回家乡就住我们油溪桥村，保证一夜睡到大天光。"

大家哈哈大笑。

坐在人群里的彭育晚说："大家可不能骄傲自满。根据王教授所讲，我们的村规民约还不够完善，还有很多事情需要我们去做。请大家继续认真听。"

王教授呼吁大家从小事做起，从自己做起，诚实守信，开会准时，不在公共场所吸烟、乱扔烟蒂，不给领导送礼行贿，垃圾不出户、不落桌、细分类，不污染河流与池塘，确保政府下拨的每笔项目资金实实在在落地……

大家纷纷点头说是。有心直口快的人挠着脑袋检讨："支书，没听王教授的课前，我有时挺烦你和村里多事，听他一讲，才知你们真是费尽了心血。"

彭育晚高兴地说："伙计，你有这个认识，证明你进步了，我们的心血就没白费。"

彭育晚帮着王教授向村民展示了他从日本、美国、韩国、加拿大、澳大利亚和新西兰等十多个发达国家收集来的精美图片，让他们了解先进发达国家的生态文明。看着图片，油溪桥村人大为震撼，和人家相比，油溪桥村还存在着很大的差距。

三十八

通过沟通互动，会场气氛益发活跃。

王教授顺势谈起殡葬改革。

他说："我们这有些人，人还没有去世就建一块大墓地，铺上水泥、石头，实在浪费土地；还有些人家不管有钱没钱，老人去世，都要花费五六万，有时候老人去世时辰不好，在家里摆一周，哭哭喊喊，鞭炮轰轰烈烈，敲锣打鼓，花钱买罪受。如果老人在世时，用这钱改善他们的生活、医疗条件，让他们活得更舒适，更幸福，更有尊严，不是更好吗？经济落后并不可怕，观念落后、思想落后、文化落后更可怕，这会导致永远贫困！在丧葬方面，周恩来总理早已给我们做出了榜样，他的骨灰撒往江河和大海。人来自于这片黄土地，我们应该回归到这块黄土地去，不给后人添麻烦。中国是一个人多地少的国家，我们的耕地面积只有全世界的百分之七，但是我们要养活全世界百分之二十的人口，因此殡葬改革势在必行。"

听到这，台下一阵交头接耳。有人问："王教授，我们村实行丧事从简，算是殡葬改革吗？"

王教授回答："当然。这只是其中一环，但最后的落脚点并没改变。"

王教授的话好像划过夜空的陨石，在大家心头砸出了巨大的坑。会场反倒安静了。过了好一会儿，才有人说："这是大事，我们也不敢保证接不接受得了。"他们迟疑着把探究的目光投向了彭育晚，仿佛在等着他拿主意。

彭育晚立刻说："为了发展，为了子孙后代长远的利益，我们必须想尽办法，坚决杜绝乱挖乱葬。"他号召大家要像禁炮一样，从自个做起，从家人做起，从身边的亲朋好友做起，更新观念，不管困难多大，把殡葬改革坚决推行下去。

只要一说起是为了子孙后代，油溪桥人的情结马上就会无限升华，议论声大了起来。彭德友不假思索说："支书和王教授说得对，我赞成，也会为殡葬改革贡献自己的力量。"

彭阳兵说："我也赞成，只要有需要，我保证不怕事，不畏难。"

彭玉华、张仁望、彭民辉等村组干部都表示赞同。在他们的带动下，村民们一致通过了这项决议。

王教授很震惊，他没想到小小的油溪桥村，村民思想认识能达到这样的高度，村支部的执行力这么强。

在讲座中，王教授特别强调，油溪桥山清水秀，处处是风景，走产业、旅游兴村的路子是完全正确的。在发展的过程中，不能急功近利，要有更高、更严、更大的目标。

油溪桥村应该保持自己的土气，创造条件申报田园综合体，为争创国家4A级景区打好基础。王教授说："我们再洋，洋不过北京，洋不过上海，洋不过杭州，洋不过法国，洋不过罗马，我们要让国内外的游客到这里来，住土房，听土歌，吃土菜，喝土酒，看土戏，干土活，越土越好，一土到底，彰显我们梅山文化的地域特色。"

想到未来的美好前景，村民们都很兴奋，很多人一支接一支地抽着烟，会场里烟雾缭绕，王教授被刺激得一阵一阵咳嗽。咳嗽停止后，他告诉群众，在公众场所吸烟更是一种恶劣的行径，会造成他人被动吸烟，影响他人健康。闻言，吸烟的群众悄悄掐灭了手中的烟头。王教授说："要想出众，就得抢先。你们应该在湘中腹地率先禁烟，打造无烟景区。人，永远是最根本的因素，如果人的素养低下，再美的风景也没有灵魂。"

王教授指出油溪桥是一个美丽的村姑，如果不学会刷牙，不学会洗脸，不学会化妆，无法走向世界，也无法让世界来拥抱。村里应加强信息化建设，打造智慧景区。土鸡蛋、稻田鱼、甲鱼、蔬菜、水果进入市场销售时要有包装，包装上要提供产品产地和生产农户的信息。只有这样，才能将产品变成商品，变成品牌，提高产品附加值，才能增产增收，才能尽快实现"笑迎满堂天下客，乡富民安幸福村"的目标，让外出打工的村民返乡，早日实现没有留守儿童和留守老人，早日实现乡村振兴、全面建成小康社会。

王教授的话真是一场及时雨，驱散了笼罩在彭育晚眼前的雾霾，工作有了方向，心也踏实了。他再次感受到了体内澎湃的力量与昂扬的斗志。

当王教授把在澳大利亚拍的和野生动物和谐相处的一组照片给大家看时，彭育晚深有感触地跟村民讲起发生在村里的一件事：前几天有人捕了只野山羊，把它拴在门前的树桩上，他霍霍地磨刀。野山羊惊恐地睁着大眼睛，怎么也挣不脱身上的绳索。它悲切地低声"咩咩"哀求，想有人来救自己。彭育晚正好经过，野山羊直勾勾望着他，他的心战抖了，野山羊是二级保护动物，他命令那人把它放生。那人噘嘴说："支书，您就别费心了，就算我把它放了，可能它过几天后又会成为别人的盘中餐。"他说："每个人保证自己做好，大家就都做好了。"那人听了用刀把绳子割断，野山羊蹦跳着跑进了山林。

那人是谁啊？村民们都在揣测，狐疑地彼此打量。

彭育晚笑而不语。他觉得没有必要指名道姓。没想到捕羊的村民在众目睽睽当中蹭地站了起来："男子汉大丈夫，有错就改。那天，支书教育了我。今天，王教授的讲课让我对家乡的生态问题又有了深刻的认识，我在此倡议，山上的一草一木、一鸟一兽都是大自然的馈赠，我们要全力保护，不能伤害。"

讲座结束后，王教授饶有兴致地欣赏油溪村的山山水水，在茶马古道旁遇见一棵古松，遒劲、挺拔，彭阳兵讲述了这棵古松的沧桑。王教授抚摸着松树说："这就是文明，文明是对每一个生命的尊重，我们要尽快把古树挂牌保护起来，挖掘整理它身上的历史典故。"

彭育晚聘请王国安教授为油溪桥村实施乡村振兴战略顾问、荣誉村民，王教授欣然应允。

后来，王教授再次来油溪桥村，看到村容村貌比以前更整洁更文明，非常高兴，当即挥毫寄语："宝剑锋从磨砺出，梅花香自苦寒来。相比三年前，旧貌换新颜。早日奔小康，脱贫苦攻坚。"

为了让王教授播下的文明种子在油溪桥村民的心里生根发芽，彭育晚积极倡导"我改变、我美丽、我快乐"的生态文明理念，在村里开展创建星级文明户、文明生态村、文明信用村、文明小康村等形式多样的活动，移风易俗，杜绝封建迷信，抵制"黄赌毒"，把"治贫"与"治懒、治脏、治赌、治愚"结合起来，制订完善积极向上、科学文明的乡规民俗，教育引导群众，自觉投身到脱贫致富的火热战斗中来。加大内生动力培育力度，改变"靠着墙根晒太阳，等着别人送小康""要懒懒到底，政府来兜底"的局面。

凭着油溪桥村物质文明和精神文明建设的突出表现和自力更生、奋发有为、敢闯敢干的团队精神，彭育晚入选中组部人才数据库，应邀在北京市委党校二分校，在边疆民族地区村党支部书记培训班上就"怎样当好村党支部书记"现身说法。他把文明请进村，落地生根，又把文明的种子送出去，光照四方。

他操着新化腔的普通话，在台上把自己多年的工作方法、经验、感受一一介绍给同行，他讲得生动有趣，就像一位睿智的老师，对学生倾囊相授。与会同行受益匪浅，纷纷夸他素质高，经验丰富，是懂农业、爱农村、爱农民的"三农"工作人才。

没有他对这片土地真挚、深沉的感情，哪能换来家乡日新月异的改变？

三十九

彭育晚对家乡的感情默默地影响着油溪桥村的每一位党员。

油溪桥古桥端头有一块石壁，彭育晚想找人在上面刻上"油溪桥"三个大字，这是油溪桥村的象征，他想要油溪桥村的每一个人记住这三个字，记住自己的家乡。

彭中来主动请缨："支书，你要信得过我，就让我来。"

彭育晚郑重地把凿刀交到他手中："老哥，拜托你了。"

烈日炎炎，彭中来站在临时搭的架子上，一手抡锤，一手握凿，在石壁上一凿一凿地雕刻，身上的汗如豆子一般往下淌，每一凿下去，石头上便扬起无数灰尘，蒙住眼睛、吸入口鼻，嗓子眼干涩火辣，咳得他上气不接下气。灰尘和汗水混在一起变成泥，他简直成了一个泥菩萨。这些，他都一声不吭承受着。家里人见了受不了，他家条件并不差，哪还用得着吃这种苦？儿子求他："爹，别去刻了，身体吃不消啊。你让支书请别人来刻。"

"请人？说得轻巧。那得花多少钱。我是党员，应该为村里多做事，答应了的事一定要完成。"他用行动彰显着一个共产党员的精神和力量。

彭中来给"油溪桥"三字上最后一遍油漆时，彭育晚把全村党员召集到石壁前。黑漆漆的大字衬在红彤彤的底子上，让人过目难忘。彭育晚说："同志们，彭中来这些日子的辛苦你们都目睹了，这就是党性的一种担当。我们都高举右手宣过誓，愿意为党和人民牺牲一切。村里需要我们付出，但远没到付出生命的地步。我们都是油溪桥的子民，是先进分子，我们有责任让'油溪桥'三个字永不褪色。"

"支书，彭中来同志的精神值得我们学习，我们也会像他一样，只要村里需要，绝对铆足劲往前冲。"

彭中来站在架子上，谦逊地直摆手："我可没什么好学的，这是应该的。"说完，他用力地抹上了最后一笔，像他的誓言一样沉稳、厚重。

彭育晚说："党支部是油溪桥村的灵魂，是村民的主心骨。要不断扩大队伍补充新鲜血液，村里才能更好发展。"

彭德友说："村里有很多优秀的年轻人，把他们发展进来力量就强大了。"

"对。但我们既要当好引路人，又要严格把关，别让沽名钓誉的人加入组织。"

彭中来说："当然。入党意味着吃苦奉献，律己为公，没有人能浑水摸鱼。"

"如果让不合格的人入了党，会造成误导，缺失公平公正。一名党员就是一个标杆，必须工作努力，做事公道，懂得礼节，家风也好。群众才能以此对事物做出判断、学习，才能形成良好的风气。"

彭阳兵是彭育晚发展的预备党员。

彭阳兵特别注重礼节礼貌，思想上积极要求上进。彭育晚希望村里不讲礼貌的年轻人都向他看齐。彭阳兵牢牢记着彭育晚对自己的教诲：真正当好预备党员，不光要个人思想好，还要有号召力、组织力，要有社会担当，有责任意识，不只谋职，还要谋责。他也严格按这些要求自己。

彭育晚说："这就是风气的引导。一个村风气不行，支书逃不掉责任。党员队伍你是怎么把关的？把不好党员关，别人以谁为榜样？风气怎么出来？村里要树立好的典范，作为精神、旗帜、榜样来供人学习。村支书对入党导向的正确与否，对一个村的发展至关重要，一定要严防死守。"

党建引领乡村振兴，党员争挑重担，是带动民风好转的关键。为了抓好党建，彭育晚把有知识有文化的退休干部请来。他恳切地对他们说："请大家来，目的只有一个，请你们把一生怎样工作、怎样为人总结成精华，传授给党员，变成他们的精神财富。"老同志们不负所望，把毕生积累的经验全倒腾出来，党员们听了，逐一对照工作中遇到的问题，竟都迎刃而解。几堂课下来，既尊重了长辈，又学到了他们的知识，一举两得，何乐而不为？

彭育晚说："要想发展，必须借鉴别人的经验。"他又把一些成功人士、企业老总请来给党员做励志报告。他对党员们说："你们不要光盯着人家创造的财富，而要学习他们是怎么办企业的，思考村里怎么才能规范管理，怎么才能带领村民致富。"听完课后，大家恍然大悟，油溪桥人要懂得公共管理，把群众当员工，把农户当股东才能建好家乡。

要想跟上新时代、新要求，就得有新思路、新科学，就要和年轻人谈到一起去。彭育晚又把在校大学生请回来给党员上课，大家一起畅谈理想；还把团员和党员聚到一起，互相交流，产生互补，怎样才能把工作干得更好？

学了就得派上用场。彭育晚对党员们说："党员不是天生的布尔什维克，党性要在不断的学习和参与党内活动中逐步增强。你们要时刻记得自己的身份，不光是党员，还是村里的宣传员、侦探员、消防员。"

党员们身兼数职，乐此不疲。

村里的每项规划一出台，党员们会把所有的关系都利用起来，第一时间把村里的思路告诉群众，面对面说服，做好宣传。

各项建设有利也有弊，有时好事没把控好可能变成坏事。党员们随时掌握群众的心态，权衡利弊，做好侦探。一个村就是一个社会，人多口杂。矛盾和问题层出不穷，很正常。他们及时告诉村里对症下药，就像中医把脉治病，及时发现矛盾处理矛盾，油溪桥村无一人上访。

某些建设难免会伤害群众利益，村组干部不一定能面面俱到，说服清楚。这就轮到党员发挥作用了，他们把村里的难处向所有乡亲解释："为了给我们做事，村里很不容易，我们一定要包容、理解，保持良好心态。"

油溪桥村的每个党员都能找准自己的定位。既然做不了飞机大炮，写不了文章，就别把锄头扁担丢掉。大家自发思考，我能干什么？入党为什么？入党做什么？他们明白，一个普通党员的定位就是在基层做好表率，树立标杆。他们吃苦耐劳、勇于奋进、敢于担当，并带领着全村村民从依赖、庸惰向不等不靠、自力更生转变，逐步实现自纠、自律。

时间飞逝，转眼到了党的生日。生日意味着新的开始，彭育晚比什么时候都清醒，村里党员们做了很多，但或多或少也有不足，比如有些党员自由散漫，爱当好好先生。如何才能让大家更好地认清自己，克服缺点呢？彭育晚在七一这天召开了党员民主生活会，开展批评与自我批评。大家围坐一团，畅所欲言。

彭育晚首先发言。他说："这次活动，旨在自我反省，我们要毫不留情把自己思想上的瑕疵挑出来，进一步纯洁我们的队伍。"他喝了口茶，又说，"你们都知道，前不久村里因为我姑姑，连续没收两台打鱼机，这事表面上看和我没关系，仔细想想，我逃不掉责任。如果我早点把村里的情况向姑姑做好介绍，还会发生这事吗？在此，我向大家检讨，对亲人的宣讲教育不够。以后，如果我家还有亲戚犯错，大家连我一并处罚。"

听到这里，张仁望停下写写画画的笔，十指交叉搁在笔记本上，还没说话，他的脸兀自先红了。他总是做得多说得少。他说："我吧，是根木头，支书指一方才知打一方，不会主动发现问题解决问题，缺少创新精神。以后，我会多向大家学习。"

他们开了头，酿出气氛，大家跟着自我解剖、自我审视，一个接一个积极发言。会议室里辣味十足，人人额上沁出汗来。

四十

除了加强党员队伍的管理，彭育晚还非常注重建立并完善特有的相关党建制度，让他们公开承诺、分工指导、结对帮扶等，多措并举。通过几年的努力与实践，党组织队伍得到健全，分布合理，整体功能得到加强，党组织的凝聚力、创造力和战斗力明显提高，先后获得了"全市先进基层党组织"和"党组织教育实践示范基地"等荣誉称号。

彭育晚把党员工作落实情况、做出贡献情况、奖惩情况永久记入个人档案，鞭策全体党员牢记身份、做好表率。每个季度召开党员会，评议党员优、好、良、差四个等级。并向党员提出勤思、勤学、勤为，开展争当合格党员活动。对党员捐资捐工情况进行及时公示，确保每名党员每年带头筹集义务工十天以上。

村里在党员干部中建立"有事请找我"责任担当机制，实行党员服务联户制。彭育晚说："我们要为群众解心结，解忧愁，解难题，真正做到帮扶记心上，带动在地头。做在群众看得到、摸得着的地方。"

油溪桥村的党员干部把弱势群体的生产当作自己的生产，带领群众主动帮扶他们。比如修枝、杀虫、施肥，特别是残疾人、五保户及丧失劳动能力的人，大家尽职尽责，时时、处处关怀群众，始终把他们放在心上，和他们打成一片，让他们感受到政府和党的温暖。

年底，又到了一年一度的考核时节。会议室里的村组干部、党员组长都正襟危坐，看着面前的测评表。测评表上列有出勤、公益事业捐献情况、业务素质、完成任务情况、群众满意度调查等考核细则。

彭育晚坐在台上说："老规矩，无记名填表打分，村支两委给党员组长测评，党员组长给村支两委测评，确保公正、民主。你们下笔前要好好思量思量，你们的笔决定着某些同志的去留。因为排名最后一位、工作存在明显不足的村组干部，会依程序罢免，不合格的党员则会严格落实处置措施。"

填完表后，彭德友禁不住对彭玉华说："支书这招真高。一招就让我们知道，干与不干不一样，干多干少不一样，干好干坏不一样。让我们争先创优、你追我赶，凭分数定夺我们的奉献和价值大小。"

彭玉华说："我们的心思都一样。谁都不想比别人少一分，只想多一分，谁都输不起尊严、面子。"

凤凰在前面跑，麻雀就永远不掉队。彭育晚把党建比喻成凤凰，把油溪桥村比喻成麻雀。如今党的政策好，为贫困山村脱贫提供了大力支持，群众的底气和信心更足了，找到了感觉，找对了路子，也尝到了甜头。

彭育晚说："我们要尽力发挥基层组织的作用和责任，有多少发挥多少，一代二代十代人坚持努力。人在，精神在；人不在，精神也必须在。油溪桥村会真正成为有信仰、有信念的村庄。"

彭育晚让彭阳兵把最近村里的工作资料找来检查。良久，他皱着眉头问："这些记录还都停留在半年前，这半年村里干的工作、取得的成绩都不见了。怎么去回溯思路轨迹，给研究新情况新问题提供参照？"

彭阳兵低声回答："最近太忙，没来得及整理。"

彭育晚批评道："忙不是理由，爱给自己辩解的人难以成功。"

他又对村组干部们说："村里各种文字资料要不断及时更新，你们每位都要有做出完整资料的能力，要做到字迹整洁，要用心留意把相关数据、工作方法、新的体验，新取得的各种成绩认真补充进去，不要出现断层。"

彭阳兵很抱歉："支书，我会尽快把资料补齐的。"

彭育晚说："阳兵，你们年轻，有文化，我对你们的要求和希望更高，你们不要只图完成任务，要时刻寻找自身不足，有意识地提高材料写作的质量，组合、学习、归纳、总结，站在老村干部们苦干出来的基础上往前走。"

彭民辉起身说："这事我也有责任，疏忽了。"

彭育晚说："事情发生了，光检讨是没用的。而要不怕苦不怕累，主动、创造性地去工作，要利用好时间，切忌磨洋工，接受了任务就要负责到底，别把村里的建设当成试验田，不能损伤全村群众的切身利益和发展机遇。油溪桥村失败不起，只能往前走，绝对不能倒退。我们不要过于相信自己的智慧，很多人比我们聪明，唯有我们更扎实、更精细、更坚持，才有可能走在别人前面。这是我们必须把握的东西。"

他意识到有些部门人手确实不够，便指示彭阳兵："阳兵，需要用人的地方可以网上招聘，加强管理人才的引进，保证各项工作的正常运转。"

彭育晚的注意力又转到整理和完善党建资料上。油溪桥村经常开展大型实践活动和生产建设，村组干部和党员都拼了命冲在前线，不是假把式。这种精神要代代相传，成为子孙后代的遵循。

他说："党建资料，我们要高标准、高要求，全力打造属于自己的亮点和特色。真人真事真图片，一目了然，不虚夸也不遮掩，本色透明，用事实说话。"

彭民辉说："支书，我们的党建资料分建设项目记录村组干部的劳动。每一项建设都留下了珍贵的图片资料，村组干部的身影无处不在。一年三百六十五天，大家天天都在干实事，我们也没忽略任何一个细节，每天都有新照片：抽水送东西，发展产业时守挖机定点，院落建设时移树……"

彭育晚说："对，就得这样。党建资料是活的不是死的，我们要完整呈现，通过大家的共同努力，取得了什么成绩，一二三摆出来，红蓝绿归纳起来，有点有面有结果。"彭育晚又说："你们年轻人思维活跃，要想想怎么才能走在时代的前面，试试把文字资料转为语音解读，这样传播的速度和范围会更快更广，更让别人易于接受理解。"

彭民辉是村里的党建专干。他说："支书，我的知识不够，能力不足，很遗憾不能更好地把党员们的伟大宣传出去。"

彭育晚说："民辉，你要记住，无论什么时候都不要看轻自己，要始终相信自己能比别人做得更好。"

油溪桥村的干部群众都很珍惜如今的发展机会，他们说这是有史以来唯一的、最大的、最好的机会。不少在吉庆、新化创业的人都跑回村里参与建设，他们看重这些带来的社会价值。

四十一

油溪桥村的党建资料融入了彭育晚很多心血，也得到了上级的肯定，被呈送省相关部门研读。他用心创建了一个模式，细致写出意见和提纲，用思路引导村组干部根据提纲深挖。他说："我们的党建工作不搞好，是最大的损失。"为了培养村组干部，他让他们先整理出初稿，再手把手教他们修改。

油溪桥村办公室的桌上摆满了各种党建资料、心得体会、纠纷调解、档案袋、会议记录……小山一样，规范有序。偶有毛躁的人把它们弄乱了，彭育晚一定会喝住他："假如你去看对象，裤子都没提清，人家看得上你吗？党建内容再好，形象不好，大打折扣。我们需要务实的人，不然，怎么带动别人？"对方听了，老老实实把资料整理整齐。

新化县委宣传部的领导在一个公众号上说油溪桥的各项工作都已常态化，连会议室都是。的确，彭育晚用部队的风格要求会议的组织者。会议室里资料、凳子、矿泉水都要摆得整整齐齐，横一根线，竖也要一根线，窗帘的绑带都要高低一样。会议室里条理清楚，仿佛部队的着装，很整齐很规范。

彭阳兵说："支书，你成功就在先把工作做实，然后认真总结、反思，再在反思中前进。会议室里摆的资料上都记载着村里的一段经历。你是一个学者型支书。"

在彭阳兵心中，彭育晚是偶像，他脑子活，无论什么工作，随便出个点子都能引起很大的动静。

彭育晚思维缜密，十几年如一日，他总是提前把相关产业、建设项目的材料准备好，他要打有把握的仗，需要时随时都能调出材料。他注重材料质量，增一个字、减一个字都会反复斟酌，但求更好。他随时随地琢磨发展思路，谋划对策，研究问题，解决问题。

文二莲真真切切地感受到了彭育晚的辛苦。她看在眼里，疼在心里。这天，难得他天黑之前进了家门，文二莲给他泡了杯热茶，端详着他，心疼地说："村里的工作重要，身体也重要。身体是革命的本钱，你夜夜只睡两三个小时，会累垮的。"

彭育晚拥住文二莲，说："你在家我就充满了力量。当村干部谁不累，谁不熬夜？搂着老婆、合着眼皮，成绩怎么出来？"

文二莲将将他白了一大半的头发说："再这么下去，你很快就会变成糟老头了。"

彭育晚笑着说："只要村里的建设能达到我的理想，头发全白了我也愿意，值得。"文二莲不再多说什么，只是嘱咐他早点休息。

油溪桥村越来越美，不少外单位来此开展户外活动。这对村里是个考验。村里在网上购买了文娱活动互动器材，根据器材使用说明组织培训、演练，为融入活动做好准备，增加乐趣和氛围。

彭德友说："我们无论在什么岗位都能快速进入角色，不会人在心不在，我们不光能干粗活，还能用心干好细活，不断提高工作效率和标准，为适应发展需要随时对工作加码加压。"

油溪桥有不成文的规定，村组干部处理纠纷矛盾后，必须留下文字记录。彭育晚说："白纸黑字才有凭有据，让人无法辩驳。"

彭德友有段时间开展工作时偷懒了。他手头事情多，想着都是小矛盾，处理好就行，还做什么文字记录？

彭育晚抽空检查他的工作记录："德友，群众觉悟越来越高了？你没处理几桩矛盾啊。"

彭德友辩解说："支书，调处的矛盾太多了，哪有那么多时间记录。"

彭育晚合上本子谆谆告诫："不做记录，人家怎么知道矛盾处理了？有人看见你处理了？你处理得规范吗？当事人签字认可了吗？若干年后，有人要来查询相关资料怎么办？"

一番话说得彭德友意识到自己只图一时省事，竟留下了隐患。他说："支书，我以后一定听你的，做好翔实记录。"

彭育晚说："除开记录，还要不怕麻烦。矛盾摆在那，不能只顾绕过去，而要主动去了解，在矛盾没有激化前、没有产生问题前全部化解掉。"

彭德友说："支书，你别说，我见过有些村的干部，遇到麻烦，拍拍屁股就走，这种态度，怎么能化解矛盾？”

彭育晚说：“所以啊，我们不能这样。矛盾没化解，坚决不放手。”

油溪桥的村组干部养成了自觉承担连带责任的习惯，动用一切关系，促进村里各项工作落实完善。彭阳兵的一个亲戚，在外务工，由于要配合计划生育工作，在他的影响下，她请人代班赶了回来。放在以前，这种事情没人理睬。

村里做得好，地气接得好，村民才愿意跟随。

油溪桥村有一个很特别的现象，就是会多。他们两天一小会，三天一大会，累计竟开了一千多次会议。开会目的就是集大家智慧，集体决议解决工作当中发现的问题，统一思想，提高工作效率。

彭育晚说：“有人抱怨我们会议多，可是假如不开会，工作谁去干？出了问题不赶快整改，造成的损失怎么弥补？水泥地粉刷不好，不赶快召开会议的话，生态破坏了，材料也浪费了。发现问题我们及时开会研究解决方案，防止坏影响继续扩散。我们的会可能是偏多，但实际工作中，大家需要更多引导。”

以前召开会议，没谁愿意来，因为村民不信任，反正搞不出什么名堂。这种现象在基层常有，有的村只好发放一定数额的开会补助，其实就是拿钱买人开会。彭育晚上任后全取消了。以前村里通知七点钟开会，八点能到齐就很不错了，稀稀拉拉。开半个小时的会，等一个小时还到不齐。现在不同了，说什么时候到就什么时候到，跟学生上课一样，规矩，严肃。他规定开会迟到五分钟，罚款二十元，开会时请假罚款五十元，缺席罚款二百元。

村干部们都理解彭育晚。如果村里开会，今天村长没来，明天支书没来，后天党员不来，再后天组长不来，那还怎么开？

彭玉华说："有些人对会议多有意见，我倒觉得没什么，开会就像大家平时坐在一起交流沟通，一个人考虑问题肯定不如多个人，三个臭皮匠，顶一个诸葛亮。"

彭阳兵平时未缺席过会议，有次他因去医院看望患淋巴癌晚期的姐姐不能参加会议，回来后主动交了罚款。

他说："有规矩就得遵守，苛刻的要求能够提升自己。维护班组制度，让村委班组成为一块铁板，我心甘情愿。"

彭德友岳母去世时遇到上级在村里发放树苗，错过开会，这么重大的活动缺席了，他老实上交了二百元罚款。

他说："在支书面前，千万别因私人感情想特殊，也别找任何理由，否则，只有挨骂的分。"

彭育晚还规定，党员大会，在本县境内的党员必须参加。党员的思想和群众的不应在同一层次上。如果连会议都不愿意参加，或者索要会费，那叫什么党员？党员的觉悟去哪了？

彭育晚坚持每次会议都有记录，包括会议时间、地点、主题、参加人员、决定等内容，与会人员签字方可散会。油溪桥村的会议记录比有些镇的还完整，即使是三分钟会议，也清楚记录。因为有文字就有凭据，不仅查找方便，还能规避风险。

油溪桥村村组干部奉献很多，常因跟不上彭育晚的步伐挨过他不少骂。彭德友说："支书是急性子、直肠子，谁的工作没做好，他就骂，越亲近的人，训得越多。但谁都不计较他，知道他的个性，没歪心、没私心，工作上谁都不认，但在生活上却处处想着大家。"

彭阳兵说："德友叔，挨骂也有好处，我们的能力提升了不少档次，积极性和思想觉悟大幅度提高，自己吃多大亏、受多大苦都没关系。"

世上自私狭隘的人多，容不得别人比自己好。甚至村支书眼红村干部、村民的都万千，更别说普通群众的素质。油溪桥村不管是村干部还是村民，宽容豁达，真诚地相互帮衬扶持，只为了村里每个人都能过上好日子。

彭育晚说："我们的精神、做法不是由个人树起来的，也不是个人积累的，而是全村智慧的结晶，从上至下人人心里认可。"

四十二

油溪桥村是油溪河漂流的起点所在地，有桥文化区、江南小三峡、啪水岩石臼群、水稻种植试验基地、井水稻田鱼基地、美女十八变、迎水砚、茶马古道等二十二处农业、地质、自然生态环境和资源景观，具有科学、美学和生态旅游价值。

油溪桥村游客接待中心建在古油溪桥旁边。古油溪桥是一条石拱桥，建于乾隆年间（1748年），由民间捐建而成。桥都是石板铺就。桥两端各有一对石狮子，龇牙咧嘴。桥栏顶上的一条蜈蚣，栩栩如生。桥中间的石板上有一个八卦图，如在纸上画的一样清晰。相传油溪桥的修建有神仙参与，白天一百人做工，叮叮当当凿石头，吃饭时却只有九十九人，每天都是如此。及至完工，最后一块楔石，怎么整都不合适，这个不吃饭的人送来一块石头，放进去，竟然天衣无缝，如天然的一样。于是，大家说他是个神仙。神仙之说有点玄，但油溪桥地方不乏富有前瞻性并且执着的人倒是真的，他早就预见到桥竣工时需要这样一块石头，他就是为打造这块石头而来。这个故事，让人觉得油溪桥是一个充满灵性的地方，每个人来到世上都有他的责任担当。

油溪桥这种民间众筹捐建民风传承至今，一直激励着油溪桥村人捐工兴建村级公共服务设施，恩泽后人。

彭育晚着手将村里山头田间的小路修建成游步道，打造美丽乡村。游步道是乡村旅游的一分子，也是美化乡村的重要一笔。他带着村干部就地取材去河里采集鹅卵石，又从城里捡来大理石加工厂废弃的石材。有了材料，再把村民召集起来，人人动手，义务出工出力。

荷花园观景台游步道建设，村妇联主任阳瑞珍负责戴家排片落工作。村里安排任务时，她正在医院做子宫肌瘤手术。为了不影响工程进度，伤口还没完全愈合，她便提前出院，拖着病弱的身体投入到游步道建设当中，还把当教师的老公也拽了进来。她早早赶到工地，挑沙子，和水泥，压根没把自己当成病人。

旁边的老公心疼得一把夺过她身上的担子，压低声音求她："我喊你做爷，重活我来，你去休息休息。"

阳瑞珍放下担子，拿手掌揩掉额头的汗水，轻声呵呵笑起来："哪用这么娇贵，我好着咧。"

细心的人发现她的下嘴唇上留着一排清晰的牙齿印，脸色白得就像没熟的西瓜瓤。戴家排群众思想原本比较落后，平时义务筹工难，她的行动深深打动了村民，他们再无人说三怨四，天天跟着阳瑞珍在工地上挥汗如雨，提前完成了荷花园四公里的游步道建设。

每到"接天莲叶无穷碧，映日荷花别样红"的时节，游客们便可踏上游步道欣赏荷花中通外直、不蔓不枝的风姿，品味出淤泥而不染、濯清涟而不妖的神韵。

油溪桥村义务筹工共建游步道二十二公里，观景台八座。条条游步道都蜿蜒到了田园景点，并用竹篱笆装扮，长蛇一样在山岭间穿行，远远地迤逦而来，又迤逦而去，幽远雅致。游客走在上面，心旷神怡。每隔一段距离，游步道两旁都立着一块朴拙的木牌，上面写着一些短小精悍、充满力量的油溪桥专有格言——"别人有自然资源开发旅游，我们就靠人为努力来打造旅游，因为我们也想过上好日子，我们相信人定胜天""我们不怕离家，就怕子孙离村"……这些语录是油溪桥村人在艰苦的奋斗中领悟和总结出来的，它们独一无二，不光带给游客触动，也时刻在鞭策油溪桥人努力前进，积极向上。

彭玉华心细，负责游步道两边竹篱笆的施工和材料管理。他随时跟两个篾匠师傅沟通，不合格的地方及时整改。至于开支，他连一颗螺丝都算得清清楚楚。

大螺丝五块钱一斤，扎好全村的竹篱笆需要五千多块钱的螺丝。竹篱笆还需刷清漆，一组清漆一千多块，全刷一遍得花一万多块钱。还有工人工资。加起来可不是小数目，必须夹紧指头缝，一颗螺丝一个眼。

他和师傅把螺丝当面点清。彭玉华说："篱笆修好后我来点柱子，好多柱子用好多螺丝，丢了的话你要承担责任。"

治村如治家的理念同样种在彭玉华心中。材料管理上东漏一点，西也漏一点，开支就大了，这里那里都管紧，没漏洞的话，细水就能长流。

篾匠师傅问："我中午放到这，人家拿走了怎么办？"

彭玉华说："那是你的事，因为我把它们交给你了。"

人工他管得更严。

篾匠师傅问他："老玉，得做到几点？"

彭玉华说："现在合村了，我们村里规矩很严，早晨八点你得到，晚上要干到六点。"

彭玉华做事力求问心无愧。材料的价格他货比三家，哪家优惠选哪家，绝不因照顾亲戚生意而损害公家利益。竹篱笆的清漆需要量较大，他建议村里在网上找销售平台，争取以最低价格拿到最好品牌，从而控制费用。

油溪桥村正在建设烽火台、茶亭子、盐茶官道。这牵涉到一些个人私山的问题，彭育晚要求各院组继续发扬舍小家顾大家的精神，还要充分尊重民意，要有底气、有信心、有决心，在推进建设的同时更要融入群众。

村民的觉悟越来越高。村里在河边的建设需动用苏继鹏家的田土，苏继鹏的儿子和儿媳态度非常好，说村里要怎样就怎样。

彭育晚听了很感动："年轻人看得高，想得远，能够和村里行动靠到一起，心连心，步调一致，这是油溪桥村未来的希望。"有这么贴心的群众，村里用什么回报大家呢？彭育晚觉得唯有竭尽全力推进项目，以更快的速度让群众得到实惠。

四十三

全村旅游路线的蓝图已清晰地铺排在彭育晚心中，他设想只要戴家排烽火台、狗栏沟茶马古道得到恢复，建好瞭望台，就能形成一条环游油溪桥村的线路，他有信心把村里打造成具有旅游文化优势的综合型村庄。

各个景点，彭育晚都请来专家设计、修复，追寻历史，挖掘文化，形成旅游文化品牌。让外面的人回来后，踏上去就能找到前人足迹，感受家乡的精神、归属。

未来是美好的。

这些离不开全体村民的努力。油溪桥村继续传承土地不征收的传统，但也在计划里留出了相应的资金，用以奖代补的形式发放给有突出贡献的村民。

村里的游步道最初由三组带头，他们从老乡政府后面修到山里，有千多米。那时大家都缺钱，组里把共用了多少工，换算成工钱，再平均摊到每个户，做了工夫的按田土受益的面积来算，做够了的就不要出钱，没做够的就得筹钱。

组长是两头受气的活，太苛刻，群众怨；没干好，村里批。

彭中来在给凉亭里的石桌安脚。石桌脚是大理石的，又滑又沉，他抱着它慢慢在地上一圈一圈挪到指定位置。彭育晚来了。他时不时来检查他们的工程进度和质量。他蹲下身子帮着彭中来砌好桌腿，在桌腿肚上拍了拍："伙计，活干得还不错，但我还是得罚你的钱。"

彭中来抬眼困惑地瞧着他："支书，我哪没做好？"

彭育晚指着远处那些凌乱的建筑垃圾说："你看看。"

彭中来明白了："支书，我脑子里光想着快点把游步道建好，没顾上它们了。"

彭育晚说："伙计，丁是丁，卯是卯，你是组长，这二百元罚款落在你头上了。"

彭中来苦笑笑，想辩解，又把话咽了回去，在支书眼里什么理由都不是理由。组员们看不过，帮着组长说起情来："支书，垃圾我们马上清理，请你别罚组长钱了。他只顾给村里做工，一年才一千块钱工资，一罚就是二百元，到头怕也落不下什么。"

彭育晚说："我也不想罚他。但事实摆在这，如果不罚，你们就会有第二次，别的组难免也会学样。"

彭中来制止住同伴们："别说了，我认罚。"

油溪桥村的组长，收入才那么一点点，仍得做工才有饭吃。二十世纪六七十年代，一家会有三四个孩子，现在虽说少了，大多是两个，但并不比以前轻松。光读书的费用，从小学到大学，就得花二十万以上。

村里生两个儿子的家庭现在很累。别的不说，成家时得每人有房住，一栋房要三四十万，两栋没有一百万做不到。这一百万怎么才能赚到手？出去打工吗？说实话，出去打工，能吃亏、会省的人还能剩点钱回家；大部分人吃光用光，干几年都是原样。

最好的办法是建设好家乡，家乡好了、美了、富了，自然会吸引女孩到油溪桥来，还用担心讨婆娘吗？

每个油溪桥人都明白这个道理，为了明天，他们憋着劲建设家乡。

村里义务修建行车道，哗啦啦拥来几十个人等着派工。

彭德友很为难："活不多，你们来这么多人没用，留几个人就行，其余的回去休息吧。"大家都争先恐后："德友，让我留下，我力气大。"有人甚至急得哭起来："给村里出力是光荣的事，怎么能回家呢？回家了，事就比别人做得少，任务还怎么完成？"彭德友头大了，只好说："行行行，都留下，都留下。"大伙听了，愁云一扫而光。

彭阳兵担任建设二组组长修建游步道时，请了个老师傅做技术指导。老师傅很有经验。经过一个又陡又有高壕的地段时，彭阳兵向他建议："师傅，是不是往里面移一点点？这样就能给外面留出空间，以便修建防护栏。"

老师傅脾气很大，冲他嚷："你懂什么？以为是吃菹？只晓得咧开嘴巴提要求，你干吧，我不干了。"老师傅想，自己过的桥比彭阳兵走的路还多，一个毛头小子凭什么吆喝他？

他要走，彭阳兵犯了愁，他一走这路还怎么修呢？他慌忙阻拦："您不能走啊，没您的指导，我怎么干？"

老师傅竟真的不管不顾，拂袖而去。彭阳兵没办法，只得硬着头皮上。当天工作结束后，彭育晚来二组开会，问他："阳兵，技术员走了，当前的工作有难度不？"

彭阳兵说："没办法，工程不能停。我们去找个泥水匠好了。"

第二天，他果真找了个年轻的泥水匠来，工程反倒比以前快了很多。年轻人毕竟行事利索。

戴家排的路因为涨水垮掉了一段，要重建。彭中来组织村民出工。村民李某当时在外打工，他老婆去了。他回家后，认为道路基脚垮掉，是彭中来贪污材料所致，加上平时筹工中他对彭中来积存不少怨气，便喝了点酒，持着刀具怒冲冲找彭中来。

村里人第一时间把他拦下。

冷静下来后，李某有点懊恼："我喝了酒，手上还持刀，确实让人误会，真是犯浑。"

彭中来说："我在没人愿意任组长的情况下担任组长。由于身体不好，工作做得极为欠缺。你威胁要一刀做了我，我既没和你起高腔，也没和你对干，并不是怕你，而是我没做亏心事，不怕鬼敲门。"

他转过身子对来调解的张仁望提出辞职："我已不适合担任组长，请村里另选合适的人。"

张仁望说："具体情况我清楚了。"张仁望当面批评李某："手持刀具，言行确实极过分，有问题有看法可以摆到桌面上说清楚，人人像你一样，那还不乱套了？你必须向彭中来道歉。今天不幸中的大幸是没造成任何伤害。"他劝慰彭中来继续工作，没人担任组长行不通。

彭中来说："别的要求没有，道歉也不需要。我合理合法操作，并无任何贪污。我身体不好，又不得人心，所以请村委另请高人。如李某愿意担任组长，我支持他的工作。"

彭育晚来了。

他说："三组越建越好，可是托了彭中来的努力，他把一些矛盾捂了盖了。但油溪桥就这么大，哪些村民进步，哪些村民有情绪，我心里都有数。大家都在同一个村庄，就要和气为首。彭中来贪污一事，纯属造谣，村里的建设都记录在案，有据可查，根本不可能贪污。他德高望重，是我发展的党员，为组里服务多年，你们要有感恩之心。"

他对李某说："你听别人讲这话要长点脑子多想想。彭中来是组长，代表村委会，威胁他就是威胁组织，也是威胁政府。你持刀砍人能解决问题吗？村里如果和你一样，把你扭送至派出所，告你行凶未遂，你还有好果子吃吗？可你是油溪桥村的一员，我们不会这么做。"

彭育晚让李某把这些话传达给戴家排所有村民，做人要自尊自爱，不要跟组织作对，不要无事生非，配合村里开展工作是他们的义务与责任。

李某持刀行为恶劣，影响极坏。村委责成他好好反省，三天之内写好检讨书交与村组织，给予全村通报批评，并记入档案袋，录入黑名单。

彭育晚要求李某，检讨书要言辞恳切，发自内心的真诚，要交给彭中来过目。

他安慰彭中来说："哪个山上没枯木？你是共产党员，别与他们计较，村里多数群众尊敬你，别有负面情绪，继续担任组长，带着大家好好干吧。"

彭中来是个非常讲原则的人。

村里发展产业种莲子，群众观念还没转变，有人当着彭育晚的面就说："支书，我家的水田原本就不多，靠它种点稻谷盘着家里几张嘴，你硬要我腾出田种莲子，万一它只开花不结籽呢？岂不会两头落空？到时我们全家吃什么？"一石激起千层浪，村民们七嘴八舌地把担忧都倒了出来。

彭育晚说："村里让大家种莲子，就是想提高农业产值，怎么会害你们？"

"我们不是这个意思，从来没种过，担心莲子种有假。"

"你们大可放心，莲子种我们都是从可靠渠道引进的。这样吧，如果它真不结莲子，村里负全责，愿意种的，每户补助三百元一亩。"彭育晚的话就像钢珠掉在地上，掷地有声。

藕种下了田，彭中来忙着给大家核对面积。有位妇女气呼呼地找来了："你怎么只给我算六分的莲子田？明明我家种了八分田。"

彭中来说："不是我帮你面积少算了，是你自己报的。有八分地只报六分，那报六分就只能算六分。开会时你男人在外打工没回来，你说等你男人回来再落实，我也依了你，怎么能怪我呢？"

这女人争进不争出。村里最初推广种荷花时，她担心藕种要钱，便少报了面积。听说有补贴，要钱的时候面积就多了。哪有这样的事？彭中来坚决按她报的面积核算，一分一厘都没得多。人得讲道理，得对自己的行为负责，以后做事才有样。

　　当了两届组长后，彭中来病了，股骨头坏死。他在漂流公司任生产部长时，专门管水手，虽然是管理人员，但游客一多，水手缺乏时也得亲自上阵划船。常年泡在水里，身体就差了，股骨头坏死导致髋关节疼痛难忍。到长沙检查，医生要他换骨头，医疗费用要三十多万。他拒绝了，又不是癌，换什么换？虽然现在的医疗水平高，毕竟不是自己身上的东西，装上去万一有点什么不更麻烦？他想来想去，反正已经五六十岁的人，干不动什么了，就不换了。端谁的碗服谁管。彭中来不想成为大家的拖累。于是，他辞掉组长职务，但仍做力所能及的事。他有底线，做不到的绝对不浑水摸鱼。

四十四

　　沿着一串串脚印，未来的模样在油溪桥村人眼前渐渐清晰可辨。幸福美好的生活将带着阳光般的温暖降临在村庄的每个角落。

　　彭育晚深知孩子才是油溪桥真正的未来，他有责任保障他们的身心健康成长，关注他们的生活、安全。

　　彭育晚发现，每到放学时节，村路上的小朋友三五成群，捧着包装简劣的辣条啃得"噗噗"吐口水，还有些手里有五花八门的饮料。每见一次，他都会上前说他们："小朋友，这是垃圾食品，快别吃了。"孩子们谁都舍不得扔下手中的零食。这怎么行噢！这些零食里满满都是防腐剂、色素等各类添加剂，吃了容易上火，引发疾病。

彭育晚到校园里看望孩子们。他发现村里虽已禁用塑料餐具，学生对它们的危害认知度却不高，很多人在学校喝水都用一次性杯子。

这些看似都是小问题，但和孩子的健康息息相关。彭育晚丝毫没有怠慢，他把孩子们的家长组织拢来："孩子小，不懂。你们要告诉他们哪些东西能吃哪些不能吃，要教他们注意食品质量，检查是否过期。"

由于不少孩子父母忙于生计，外出打工，不少孩子都是隔代监管。有些老人觉得彭育晚有点小题大做："我们吃糠都长大了。"

彭育晚说："大叔，糠倒还是原生态的东西，只是味道不好，对身体并没有害处；现在那些零食，就怕加的是化学物质，对人体的伤害大了。"

有人心存侥幸："才吃一两回，没事的。"

彭育晚说："自制力要从小培养，有些事做了一回就会有第二回。"

有家长提出："支书，还有个隐患。学校离村里几公里，我们村又在省道旁边，交通繁忙，孩子们无论搭车或步行都存在很大的风险。每天我们都很担心。"

彭育晚："你们是孩子的监护人，监护监护，顾名思义就是监管保护，一定要向他们灌输交通安全意识，让他们学会自我保护。"

门外吵吵嚷嚷，夹杂着孩子的哭泣和大人的呵斥声。彭育晚正要起身去看个究竟。门被重重推开，有人拖着一个男孩闯了进来，那人嘴里骂骂咧咧："你不要命，气死我了。"

男孩十四五岁，稚气未脱的脸上挂着泪痕，又有丝不以为然。他用力想甩开男人抓着自己的手："爸，那地方水不深，再说，我刚下水就被你发现了。"

男人气咻咻打了他一巴掌说："你还说谎，谁知你泡多久了？好的不学，扯谎卖乖倒张口就来，看我不打死你……"男人说着举手又要打孩子。

彭育晚一把拉住他："什么事，好好说，打能把人往好里打吗？"

男人一屁股坐下："支书，我管不了他，你帮我管管他，要打要骂，随你。"

男孩见到彭育晚，抽抽噎噎起来："支书，太阳把我身上的汗都晒干了，我就想到河里沾点水，真的，我只想沾一点点水，我爸看见了就揍人。"

彭育晚照他脑门狠拍一掌："我看见了也揍！我怎么说的，你不记得了？"男孩支吾着："记得，十六岁以下不许私自下河游泳。"

"你多大了？"

"十四岁半。"男孩振振有词，"可你们小时候就学会游泳了呀，干吗不许我们学？"

彭育晚又敲了他一下："还挺有理啊！我们那时都有大人陪着，你呢？"

男孩不作声了。彭育晚问："下回还犯吗？"

他轻声回答："不了。"

彭育晚转而对家长说："重要的事情我再多说几遍！十六岁以下的孩子不许私自下河游泳，不许骑摩托车，一经发现，我就追究你们做家长的责任，你们不要掉以轻心，有些事不怕一万，就怕万一，落到头上就是灾难，所以一定要从源头杜绝。"

有家长说："支书，这都是生活上的问题，我们看紧点就行，他们的学习才真让人恼火，我家孩子玩游戏，看电视，不爱学习。还说'读书不过也是赚钱，没读书的人照样赚钱，读了书的给没读书的打工的多得是'。他不写作业、逃课，我自己也没读多少书，奈他不何。"

彭育晚说："哪来这样的歪理？你们告诉他们，未来是科技的天下，没有知识寸步难行，就算在家里种地也要有农业科技知识。还有，你们要引导他们养成爱劳动的好习惯，让他们学习家务，主动做自己能做的、该做的事情。"

家长们散去了，彭育晚的心依旧没从孩子们身上收回来。他起草了《关爱未成年人工作实施方案》，督促村里建立健全未成年人关爱机制，成立关爱委员会，指定彭民辉负总责，康凌云和彭友新直接参与该项工作。

彭育晚对他们说："我们要对留守儿童欠缺父母关爱的情况进行心理辅导，并为他们配备相应的党员村干部着力帮扶。"

他组织全村的孩子、家长及村组干部在村活动中心举办"努力学习，健康成长"主题教育活动。彭民辉做了"还心灵净土，让阳光明媚"专题讲话，着重谈了手机游戏导致的危害：成绩直线下降，厌学；网上色情信息多，腐蚀心灵；导致身体虚弱，精力失常；影响视力，继而影响以后就业。

学生代表彭晶进行了演讲，谈了沉溺电子产品对学习的影响。

孩子们和家长听了后，频频点头。家长代表说："手机瘾的危害我们也知道，只是因为大家都一样沉迷，没人出面带头抗衡，个人又没有恒心和毅力，戒手机瘾便是雷声大，雨点小。现在，村里多管齐下有组织地开展活动，我们一定配合学校消除这个隐患。"

彭育晚语重心长对孩子们说："你们是油溪桥村的希望，未来科技、知识与文明将同步，你们要好好学习，要有上进心，要讲文明礼仪，要培养好品德，要有教养。谁评上了奖，谁就可用奖状与证书来村里兑换相应奖品。在家里要多做力所能及的劳动。长大后，不管在哪里，不管从事什么工作，都要勤劳。"

彭育晚教育和引导学生做到"记住要求，心有榜样，从小做起，接受帮助"，进一步密切学校与家庭的联系，注重从点滴小事中教育孩子欣赏真善美，远离假丑恶，坚持开展组织教育、自主教育、实践活动，把广大少年儿童团结好，教育好，带领好。呼吁家长有意识地培养孩子爱国爱家的情怀。

忙碌了一天，快到家门口，彭育晚一拍脑门，他答应去学校给儿子开家长会的，竟忘到了九霄云外。进到房间，他一眼瞥见儿子耷拉着脑袋坐在书桌前。文二莲指指儿子，冲他使了眼色，数落起来："你真是，答应得好好的，又放鸽子。"

彭育晚连忙道歉："对不起，儿子。早上我还记着的。"

儿子转过身子，噘嘴说：“爸，你从来没给我去开过家长会。这一次全班就我的家长没去。怕你忘记，这个星期我每天早晨都提醒了你。”

文二莲也为孩子叫屈：“儿子念这么多年书，他的教室门对东还是门对西你都不知道。”

儿子的睫毛上挂着泪花：“爸，你对村里的小朋友比对我好得多，我是不是你捡的？”

彭育晚摩挲着儿子的脑袋，满是歉疚。

四十五

幼吾幼以及人之幼，老吾老以及人之老。彭育晚除了关心儿童成长，对老人也一样。

油溪桥村方圆百里，有很多德高望重的老人。近有本村重学重教的前辈苏术初老先生，严于教子的百岁老人吴桃花，远有深受文明和谐家风熏陶的李荣华、彭巨星、龚谷成，他们为油溪桥人做出了表率。

村里成立老年协会，不光挂了牌，彭育晚还安排人员为老年人服务。苏术初退休在家，本应享享清福，却不辞劳苦担任会长。村里设有老年人娱乐中心，组织老人跳广场舞，还有专门的活动室、阅读室，供老人看电视，看书读报，休闲。老年协会另有一个重要分支——老科协。老科协主要是让有一技之长的老同

238

志发挥余热，让有组织能力、说服能力的老同志帮助村里出主意解难题。工作开展得很有意义。村里十来个组，每组有人负责。

娄底市老科协会长到吉庆镇调研，听说油溪桥村有老科协，感到很惊讶："管区能成立老科协已属不易，没想到一个小村庄竟也有这个组织。"他赶到油溪桥村考察。苏术初做了汇报，会长很高兴，也很满意。他说："娄底市还没看见另外哪个村里有老科协。"他奖给镇里一万块钱，这对油溪桥村的老人们是个莫大的鼓舞。农村的老人更需要充实、关爱。

村里尊重老人，让老人当村民代表，听取他们的意见；年年重阳节慰问老人。上了六十岁的老人，在彭育晚的努力下，都得到了来自村里的关爱，不光平时有慰问、物资配送，每年还有慰问金，六十岁的五百元，七十岁的一千元，九十岁以上的两千元，彭育晚戏说自己是化缘的和尚，慰问金大多是他东讨西讨讨回来的，拉着各种社会资源支持村里。

滴水成冰，雪花飞舞。油溪桥村故了一个人，那人没有妻子儿女，很穷苦，连棺材都买不起。他家亲戚急得一筹莫展地说："实在没办法，我们去镇里给他讨副棺材。"

彭育晚拦住说："这怎么行，一点小事就找镇里，村里的担当去哪了？我们这么多人，每人凑一点，不信抬不了他出去。"

他带着村干部自发筹了五千元钱，冰天雪地里把那人妥善安葬。

彭育晚和村干部一年到头，工作又累又苦，尽己所能给村民带去温暖，不给党和政府添麻烦。哪里有困难，哪里就有他们的身影。

快过年了，彭育晚安排彭德友买回来米、油、肉，准备上门慰问贫困户。彭德友请示："支书，慰问金怎么准备？"彭育晚说："还是按上回开会议定的标准，特别困难的，像张孟兰那几户，两千吧；稍好的，一千；剩下的，四百。"

来到张孟兰家，彭育晚一放下手上提的油，就进了她家的厨房。他揭开厨房一角的米桶盖，大半桶米在里头发着莹莹的光；他拉开厨具门，厨具里有鱼有肉还有青菜；他又凑到灶台前，灶里的火正燃得红通通。他满意地走了出来。张孟兰精神虽有问题，此刻却精神得很，一手握着红包，一手拉着阳瑞珍舍不得松。见到彭育晚，她混沌的眼珠子有了片刻的澄明，脸上露出了腼腆的、与常人无二的笑容。

从张孟兰家出来，彭德友问："支书，我们还去彭贵华家吗？"

彭育晚大步往前走："去，怎么不去？"

彭德友说："他太可恼了。我们哪次慰问都没落下他，他倒好，无论村里干什么，不积极参与放一边，每次还阴阳怪气地指指戳戳。"

彭育晚说："德友，你的想法很危险。他不友善，难道我们也针尖对麦芒，以牙还牙吗？我们要让他改变对村里的抵触情绪。咦，我让你把村里历年对他的慰问做好统计的，你做了吗？"

彭德友递过一张纸："做了。白纸黑字，清清楚楚。支书，村里对他的直接慰问金累积已上了一万多。"

彭育晚说："到他家，我们也不用多说什么，把这纸给他看看就行。这是说服他最有力的证据，我就不信他是块铁疙瘩。"

果然，彭贵华看到这么一笔庞大的数字后，羞愧地低下了头。他可能忘了，但时间并没忘记彭育晚做了什么，没有忘记油溪桥村干部做了什么。

张仁望说："管理一个村要花费很大的精力与物力，谁都有疲劳的时候，遇到挑刺的村民，偶尔也灰心。好在村民的觉悟渐渐高起来，让人觉得再累也值得，睡一觉醒来什么都忘了，精神饱满地继续投入工作。我年纪大了，我们村委班子里出现了很多年轻的佼佼者，比如彭玉华、彭阳兵等。我希望油溪桥村以后幼有所育，学有所教，劳有所得，病有所医，老有所养。"

老年协会的会员们虽然年纪大了，但并不糊涂，他们时刻关注着村里建设的点点滴滴，心疼着村干部工作的艰难。

油溪桥村目前的村干部多从外面打工回来，他们心甘情愿舍弃外面的高收入，回村拿少得可怜的工资，受苦受累。

扶贫专干彭友新，是乡村医生，经常需要出诊，而他总因村里的工作耽误给人看病，收入少了很多，老婆有意见，逼他辞职，他不依。老婆一气之下，扔下孩子，出去打工，不回来。她父母在外包工程，给她一月六千元的工资。

彭友新既当爹又当妈。孩子读书，要接送。他工作很出色，做的扶贫资料非常完善，经常得镇里表扬。他有专业，去外面赚钱肯定比当村干部多，她老婆出去每个月都能赚六千元，大男人在村里赚这么点钱，多没面子。

收入差距这么大，村里留得住他们吗？他们代表一个群体，村里怎么才能留住他们？对这些，苏术初看得很透彻，他忧心忡仲："农村工作主要还在怎么才能留住人才，人才留不住，基层工作谁来开展？国家政策其实也要多些思考，要想政权稳固，基层很重要。基层不稳，地动山摇。"

彭育晚对他说："村里的变化，离不开每个人努力，人人都要有家园情怀，除了爱家、爱父母、爱孩子，还要爱国家，还要爱生养自己的这片土地。只要有人想改变家乡，我们都会全力支持。当然，人与人不一样。有人无所谓个人得失，不怕吃亏；有人却斤斤计较。村干部选择奉献，就有坦然接受一切的心理准备。在油溪桥村当村干部赚不到钱，没钱，生活质量可能比不上别人，幸福指数却不比别人低。"

每次开会，彭育晚都在灌输家乡观念留人，用信念支撑他们为村里做贡献。文艺作品里经常说乡愁，对油溪桥村的建设者们来说，这是一样的。如果没有甘愿为家乡贡献一切的精神，怎么能当好村干部？

苏术初说："你因为年轻时赚了钱，打好了基础，衣食无忧了，所以能安心当支书。换作家庭困难者，毕竟谋生重要，怎能让人饿着肚子干革命啊？情怀再好的人，如果他家里饭都没得吃，孩子也没人管，谁还愿意干？"

彭育晚说："所以村里的项目建设、产业推进我都力求万无一失。只要经济发展了，还愁日子好不起来吗？"大家的心情他理解，都是走一步，看三步。跟着村里的步子走，赚不到钱，下回还有人跟吗？所以只能成功。每上新项目，他都自己先垫钱并保证不让村民亏本，就像哄小孩子喝中药，得用糖骗才行。如果出现一次失误，哪怕前景再好，也没人跟了。干农村工作，要失败只能自己失败，不能让别人失败，在艰难得看不到希望的时候，只能拿自己的身家去赌。他肩负着历史的重任，不能拍拍屁股走人，必须打赢这场硬仗。

群众的想法都一样。有人在前面过河，他会跟在后面观望，若过河的人没淹死，他会试着跟上来，他的屁股后还会跟着别的人。这就像自行车上的链子，只要有希望，就会带动轮子一圈一圈地往前走。

有群众和彭育晚开玩笑说："晚支书，晚支书，你就是出来'晚'了点，要早点出来，我们油溪桥早不是这个模样了。"

上面千根线，下面一口针。当好一个村支书，不是一件简单的事。为什么呢？因为国家的各种政策，最终落着点在这里。

这里没落实下去，上级的基调再高、再好都等于零。国家的各种政策是水，基层工作就是水龙头，群众能不能喝到水，能不能长期喝到水，全由水龙头控制着。

彭育晚有个大胆的设想。中国农村改革的渠道应该在基层，在村级基础政权这里。打个比方，少了镇政府这一级，国家机器还是能运转，如果村一级缺了，那会乱套。如果只有县委政府和村委会，县里可以直接给支书开会，布置任务，督促落实，这样要节省很多行政成本。说到底，还是体制问题，资源分配不均匀。如果国家把上层的人力、经费资源精减一些，投入到村级这一块，一定会是另一种效果。梳理起来就没这么吃力。基础稳了，大厦就稳了。

他说："在县里，可以由一个常委负责一定数量的支书，统一开会，督促监督，责任到常委或县级干部，每人五个或十个村，专心带着大家干，工作和政绩挂钩。县里直接领导村干部。新中国成立前，我们党就是这么打天下的。基层的稳定，决定人心向背。"

他又说："不过，有些村连支书都抱怨、牢骚满腹，群众怎么会不抱怨？风气怎么好起来？前几年抱怨声多，很多人都感到迷茫。那时只说西方好，别人什么都好，自己什么都不是。习近平主席上任后抱怨声少了。人人点赞。人人都能看到前景，只往前冲，不抱怨。治村也一样，不能你东我西，锣齐鼓不齐。"

他说得一针见血。农村工作最重要的是村支部的建设。过去打仗是支部，和平建设时代也是支部。支部是带领大家冲锋陷阵的战斗单位。

狭路相逢勇者胜。选择正确的道路，霸蛮走进去，可能就走进去了。

四十六

晨光村并入油溪桥村，彭育晚并不偏心，既然合村了，就是一家人，都是身上的手指，一样疼。

针对晨光片区群众思想相对滞后、各项建设几乎等于零的现状，他决定把产业开发的重点放到晨光片区，把晨光片区定位为生态产业区，先着手解决人畜饮水灌溉问题，彭育晚计划把陈家岭的坤溪塘扩建为饮灌一体与休闲旅游相结合的多功能水利工

244

程，把晨光片区打造为柑橘基地，完善旅游配套设施，让游客走在橘园，吃在橘园，住在橘园。陈家岭经庵堂山至坤溪塘的公路修建势在必行，这条路计划从彭访清老屋旁往庵堂山到坤溪塘再经扁担坪、文路上、白衣界至彭某屋旁，形成一个半圆，不管是对坤溪塘维修扩建也好，村民生产生活也好，还是以后的旅游开发也好，都非常方便。但由于部分群众自私自利思想严重，修路成了僵局。

彭友新痛心疾首说："要想富，先修路。这道理三岁娃娃都懂。可到了我们这，却被板死了，想想都心痛啊。只要能修通路，凡是我的土地我都愿意跟人对调，最好是都经过我的田、土、山，那样别人的损失就会少很多。"

彭育晚握着他的手说："友新，晨光片区要多有几个你这样的人，工作就好开展了。不过，你要相信，他们会改变的。"

油溪桥片区推进建设，不管要占谁家的土地、挖多挖少，没人计较。村里只负责挖机施工，修通公路就功德圆满。为村里做出牺牲，村里大力欢迎，也会记得他们。镇里下来的五保、低保，还有别的优补政策，会优先考虑支持村里工作的人们。可晨光片区的人吃一点亏都像身上被剜掉了一大块肉，多次协商后，土地问题依旧悬而不决。

公路不修通，挖机进不去，产业怎么推进？

彭育晚命令彭德友："晨光片区情况复杂，你去！不但要把路修通，还要把他们的思想扭转过来。"

彭德友爽快应允："行，我去！"他什么都没想，连有没有待遇也没问，勇敢地接受了彭育晚委派的工作，担任晨光片片长。他只有一个信念，一定要干下去，干好干歹取决于工作能力，不干却得端正态度。越困难越要向前走。

彭德友到晨光，人生地不熟，但也有好处，和谁都没绊扯，群众不用担心他偏袒谁。为了避免落人话柄，彭德友从来不去村民家吃饭。

他组织晨光片区的群众开会，说："我带着心、带着钱来帮你们开发产业。地方要发展，村里拿树苗子增强你们的造血功能，产生效益了，便能带动今后的发展建设。推进产业，就得把路修通，我一定公正公平处理问题，绝不偏心。"

有人问："假如有人不愿意，不配合怎么办？"

彭德友说："只要百分之九十的人愿意，我就整体推进。如果百分之九十的人不愿意，那我只好带着钱回油溪桥，告诉支书，自己没有能力，推进不了。"

不少村民认为，修路占土地并不公平。有人问："德友，你有什么办法处理好被占用的田土？"

他的话问到点子上了。这是与会人员最关心的，他们心里都有小算盘，见有人打头，便如一群麻雀，叽叽喳喳起来：被占用的田土有补偿吗？有的人被占的田土多，有的人被占的少，甚至还有些人的土地根本就不在修路的方向，但也享受着路带来的便捷，这要怎么算？我家的土都没了，以后吃什么？失土较多的人心理不平衡，情不自禁大声嚷。

这些话冠冕堂皇，听起来似乎有一定道理。但在彭德友眼里，是自私自利，不顾大局。没有大局观，患得患失，路永远修不通。

彭德友摆摆手，示意他们安静。他说："修路是为整个晨光片区好。你们要补偿，我没有权力，村里也不可能有钱用来征收。先修路后致富，扁担一担你能担好多？修路，是为了让扁担下岗，对谁都有好处。路修到田间地头，你们有收成就不再用扁担，可用车子拖，效率高了，经济效益就会增加。你们不能谁多五寸，谁少五寸，谁甚至没挖过他的田土，都来要补偿，这样的话，公路建设怎么推进？"

其实政策的变化，谁都估计不到。那些山、土如果重新分过，到底是谁的也不知道。别人的土没被挖，是因为隔公路远，收东西还得用扁担，而路边的人家则不需要担了，被损害了利益的同时，也获得了利益。

彭德友说："为了晨光的发展，村里花了很大代价，你们要懂得感恩、支持建设，还要搞好产业，要想有出路，这三者得统一、同步。晨光片区的所有东西要和油溪桥片区同步。否则，到时别说，村里厚此薄彼。"

村民说："德友，大部分人都同意修，只有个别人不同意。"

彭德友说："这好办，我单独给他们做工作，实在做不好的话，他们就别动，你们在协议上签字同意，马上动工。不能被少数几个人绊住脚。"他掏着心窝子说，"如果你们不修路还能给村里省几万块钱，但既然已经合村，你们有权利享受和油溪桥片区一样的待遇，你们肯定也想变得好起来，村里有责任带着你们一起发展。"

后来彭德友找那几人单独谈话，做好工作，同意推进，把路修通。不过也有个别群众犯迷糊。

一个叫冬先的单身汉，守着自己的土愣是不许挖："你们把我的土挖了，我的玉米怎么办？没有玉米，我拿什么养猪？"

彭德友说："冬先，挖机得几百块钱一个小时，你堵它浪费村里的建设资金。如果大家都像你一样，不赞成修路，那我就不修了。但是，别人都想修路，所以我不能放弃，绝对要挖通。"

彭德友口水都说干了，他仍不同意。路到了这里，上又上不得，下也下不得，他这么一堵，大家所有的心血都白费了。难道造福全村的公共建设因一个人的阻挠便半途而废吗？怎能让一粒老鼠屎打坏一锅汤呢？彭德友拿定主意：继续挖！出了问题由我负责。

冬先最后没能堵住挖机，气得莫奈何，一屁股坐到地上，随手捡块石头便往自己脑壳上砸。

彭德友见状扑上去紧紧箍住他："冬先，你别犯傻。"彭德友没料到冬先会这样，惊出一身冷汗，捶坏了怎么得了。他钳住冬先的肩膀，用力晃了几晃，大声喝道："冷静点。你是大男人，要有男人的气量。"

彭阳兵、彭民辉也来了，三个人一起耐心劝解冬先。

把冬先的思想工作做好，已是凌晨两点多。

这条路事先并没测量，边挖边走，但也修得很平坦。中途曾有人找彭德友说："德友，让路稍稍偏点方向，避开我家的土。"

彭德友说："你倒贴一万块给我都不会给你避。避开你的，方向偏了，坡就陡了，坡一陡，大家上不去，公路不白修？"

彭德友凭着担当勇敢、公事公办，硬是把路劈通了。村民都称赞路修得好，欢喜得很。彭德友说，真要帮他避了的话就该死了。避一个，接着会有第二个、第三个。所以不能讲情面，该从哪走就从哪走。

有些田土被占用的人，在彭德友那没讨到说法，直接打电话找彭育晚诉苦，要补偿。这些人都是那一片村干部的亲戚，群众反倒没有。

彭育晚勃然大怒，说："村干部的亲戚怎么了？他们的腰比群众的粗？有特权？"

彭育晚认为出现这种情况与村干部的素质、思想观念有很大关系。有人把村里的岗位当成荣耀与面子，并没当成事业，时不时在乡亲们面前显摆自己的身份，连村干部的亲戚都以为自己和别人不一样。

为了刹住这股歪风，彭育晚前往晨光片区开会。他说："你们都看到了，油溪桥片区的水电路，都是张仁望和苏开初他们带着全村人干出来的。你们有这样的带头人吗？油溪桥片区能有今天，是因为村组干部站在了一起，拧成一股绳。你们有没有人能做到？如果晨光片区村组干部没有奉献担当精神，村民群众没有自力更生的精神，我也无能为力。如果你们能像油溪桥片区一样，还建设不好，那是我的责任。但是在你们眼中，合村就是绑架。今天要电，明天要水，后天要别的东西。这些东西天上不掉，地上不生。村里的要求你们做到了没有？在你们心中，需要村里满足的好像很容易；而村里要求你们配合的，却难上加难。世上哪有这样的道理？人与人之间都是相互的。"

从某些方面来讲，村干部素质的高低决定着一个村的发展。晨光片区如果越来越好意味着村干部干了实事，群众内心接受、认可。当然，群众开始肯定有情绪，感觉束缚、辛苦，看到成绩后就会发自内心感激村里煞费苦心。建设的过程总是充满艰苦，只要村干部把心思放在村里，提高认识，慢慢改进，树立好风气，带领村民创造出财富，村里随时都能充满希望。

彭育晚说他将亲自驻点，和晨光片区的干部群众比耐心和心理素质。如果晨光片区没有人担当，达不到要求，建设就只能停摆。成绩需要用担当成就，上级只能给予支持、指导，具体工作还得自己动手。要想发展，人人必须融入，投入建设，要么出钱，要么出力。"人穷志不穷，脱穷靠自身。"晨光片区的村干部和村民都应该兢兢业业对待工作，天上没有馅饼掉。

四十七

清明节马上就到了。油溪桥村正推行殡葬改革，清明祭祖是很重要的一环，晨光片区当然也不可或缺。合村后的第一个清明，彭育晚更不敢松懈，因为清明失火烧山率最高。虽然村里禁了炮，烧纸钱的仍旧有，依然存在安全隐患。彭育晚希望村民文明祭祖，他建议用松柏树叶代替纸钱，松柏树长青，寓意也好。

晨光片区是还没驯服的野马，他的话在群众中间引起轩然大波，他们在背地里谩骂他，攻击他。有人甚至说，如果清明节上坟不许挂纸钱，就把纸钱挂到油溪桥上去。彭育晚不是被吓大的。十余年支书，他遇到的处处是难题，桩桩件件都被他如同剥笋壳一般捋顺了。他说："我连谁家一口水都没喝过，和人无冤无仇，又没损害过你们半点利益，有什么好怕的？大不了，我不当这支书罢了。"彭育晚培养彭民辉、彭阳兵等年轻人，目的就是为了挑选优秀的接班人。不过，他还是希望人多替村里想想，别寒了村里、村组干部的心。

彭育晚对村组干部说："受委屈，很正常。对村里存在的不良现象我们要耐心对待；对表现好的多倡导多宣传；对蛮横无理的、懒惰不改的，向他们严正声明利害关系，再不能有半点纵容。一定要好坏分明。"

晨光片区要想快步跟上油溪桥片区的脚步，必须加大投入建设资金力度。但钱从哪来呢？村里的账上刚好入了上级奖给农庄的一百万元，彭育晚想全额拨付给晨光发展。这么大的事，可不能一言堂。他召集油溪桥片区的村组干部、群众协商讨论。这话一说出来，群众哗然了："支书，一百万哪，都是我们辛辛苦苦干出来的，晨光片区凭什么捡这么大的便宜？"

彭育晚说："大家的心情我理解，油溪桥片区当年可都是一分钱一分钱地抠啊。"

"支书，这么大的手笔，放在以前，我们谁都不敢想。"

彭育晚说："这是我们强大了，有能力去帮助他们，难道不帮吗？这是在座每一位的义务。"群众都用心思考着彭育晚的话。最后，这项提议全票通过。每一个油溪桥片区人都真诚地希望晨光片区的群众也能早日过上好日子。

晨光片区原村支书彭某不住地向大家拱手致谢。他语无伦次地对彭育晚说："支书，你真是没话讲。"

彭育晚说："顶初，请你把村里的心意传达给晨光的每一个村民，工作上有意见和建议欢迎随时提，但不能再出现侮辱人格、无理取闹的事，人需要互相尊重。晨光片区的村组干部抗压能力太差，遇上困难只想往后退缩，不能迎头而上。应该好好向油溪桥片区的村组干部学习，他们经过十余年历练，已是百炼成钢。大家一起加油。晨光片区的发展指日可待。"

当然，晨光片区也急。

彭某回去后，没忘向群众宣讲："晨光片区走的是传统产业之路，而油溪桥片区已经成功转型，我们要向他们看齐。如果有想承包山土的，可以跟村里沟通，愿意承包别家田地的也可以跟村里对接，村委也会积极请农业技术专家前来查看土壤、阳光、气温、海拔等数据，再根据实际情况提供品种与相应技术。"

晨光片区有农户想打造自家菜园与花园，彭育晚派张仁望来察看预算，再由村里提供沙石水泥，并不限形状与规模大小。家禽圈养则由彭德友负责，他严格监督村民扣准傍晚放鸡喂食和入鸡圈的时间，并随时提醒各户整顿好公共卫生，垃圾不到处乱扔，庭前屋后摆放整齐，农具放在专用的位置，窗子上不乱堆乱挂，屋内收拾干净、利落。

民以食为天。肚子饱了才能干别的。为了让晨光片区的群众尽早脱贫，彭育晚决定先行推进能创造效益的项目，基础设施建设暂时让步。但有些村民并不珍惜这些机会，总在纠结，吞下去是骨头，吐出来是块肉。村里费心巴力地投入，还要受他们不少窝囊气。

有些村干部负气地对彭育晚讲："支书，别推进晨光片区的产业了。"虽是气话，但反映出晨光片区群众对村里工作的态度。村干部干得没意思，没信心再干下去。

彭育晚安慰说："不要遇到阻挠就想绕道。群众思想有病，我们要当治病的医生。"

在晨光片区推进产业，他一再强调机会只有一次，不可能年年重复相同项目。比如橘子树今年成片、成规模种植后，明年便只会补栽未成活果树，所以他让村民最好别迟疑、别观望。彭育晚说："怀化有个小山村，种着丑橘，四面八方的游客慕名去山里摘，一个丑橘重几两，村民的收入杠杠的。大家要抓住机会，管护好经果林，若干年后，你们就能看见，晨光片区谁家橘子树最多，谁家将最富裕。"

可是，晨光片区的群众和油溪桥片区的不一样，他们没有长远打算，没有想法，只想得过且过。还有人计划继续去外面干。

他对他们说："你们想想，今天种的花生明天就扯会有效益吗？赚钱的事谁都想做，但我们要不急不躁，今天播下种子，也许三年之后才有收益，周期可能有点长，却会有别人比不了的效益。今天做好明天就见效的事，个个都想干，一窝蜂上，能赚钱吗？只有发展需要时间才能见到成效的产业，才具有竞争力，做到人无我有。"

观念改变不是一朝一夕的事。通过给晨光片区的群众摸底，彭育晚发现关键不是缺少机会，而是大部分人脑子很贫穷，不识变、不应变、不谋变。

他一刻都不拖延，马上给他们敲警钟："你们有些年纪比我大，想事却没我十分之一多。你们不要老想着出去打工，要围绕村里的发展需求做文章。"

有人问他："支书，我们不出去，在家里能干什么呢？"

彭育晚说："你们看，油溪桥片区的甲鱼养殖发展也没多长时间，但经济效益已经明显见优势了，哪个养殖户心里不乐？晨光片区水田多，可以充分利用资源，把田埂整结实，大家养甲鱼。"

那人又问："个个养甲鱼，卖得掉吗？卖不掉我们怎么办？"

彭育晚说："你们一百二十个放心，不要担心卖不脱。我们的市场空间很大，大得你们无法想象，什么都不愁卖。"他顿了顿，接着说，"但一定要保证品质，不要把歪瓜裂枣、自己都不想吃的东西拿到村里卖。这样糊弄一回只有一回。"

彭育晚说到就做。甲鱼养殖户的甲鱼苗已经发放，半斤左右的鱼苗每丘田发一百只，半斤到一斤的苗每丘田发五十只，大小由村民自行选择，争取到年底就能产生经济效益。

为防范甲鱼养殖出现问题，彭育晚丑话说在前头："如果甲鱼在喂养过程中跑了或者死了，村里要追究责任。同样是养殖户亲手选的种苗，人家的能养到两斤一只，你的却不见了，怎么回事？是不是你把崽当娘转手卖了？或者送给别村的亲戚喂去了？村里不是傻瓜。发放鱼苗给你们，是为了让你们致富，不是为了让你们去送人情。这样的话，扶贫工作还有什么意义？"

又有群众提出想养兔子。彭育晚表扬他："这个想法好。我们马上去联系种源和技术，尽快推广养殖。"他承诺，晨光片区是油溪桥的一分子，脱贫路上村里绝对不落下任何一个贫困户。

要想真正脱贫，没有牺牲哪行？不管彭育晚多么努力，晨光片区仍是牢骚满天飞。

彭育晚没料到会出现这种情况，他感慨万千。做一件事，十人的身，百人的心。百人一条心，多难啊。一人难满十人意。群众思想观念要完全改变，需费九牛二虎之力，任重道远，还有好长的路要走。一个村尚且如此，何谈国家？

四十八

建设家园，需要人们尽最大的力量做好自己的事。国家给予这么多支持，还有人斤斤计较，如果全国人民都这样，还有盼头吗？国家兴亡，匹夫有责。国家是一个大家庭，每个人都是大家庭的一员，要想着怎样减轻家的负担。全往国家推，社会会停滞不前。

减轻国家负担，基层需要担当，老百姓也要担当，不能只盯着自身的困难。国家政策上给予支持，村里面组织、协调，群众积极参与，才是解决问题的根本。如果只站在自己的困难去想，成天抱怨，作壁上观，永远解决不了问题。要想改变，更要多思考。思考群众应当如何参与建设？建设的主体是谁？受益的是谁？真正受益的主体最终都是群众。建设者肯定也是群众。谁建设谁受益，天经地义。

在这种理念的指导下，油溪桥村的各项基础设施都是公益建设，日常管护也由群众共同参与。比如饮水工程，村里设了饮水保管员，以每吨水一定价钱承包给他。同时，他得负责处理小故障，坏了大设备的维修费用由村里承担百分之六十，他承担百分之四十。假如管子爆炸、结冰、管路被垢或发生别的自然灾害，仍需全民参与才能保证正常供水，不能让个人承担风险。平时村里把水耗利润控制在最低，切实保证村民用水。风险来了也得大家共同努力排除，才能维持以后的实惠。

对于筹工，晨光片区大部分人支持，但也有少数人平时自私自利，不愿劳动，钱又看得重，舍不得花钱请人代工。还有个别在外做工的人，外面的钱要赚，一分分都要兜着，家乡发展的红利也一分都不想少，不参与劳动怎么可能有收获？只有五保户、老人、没劳动能力的才能享受村里的关照。

彭育晚回想起，老一辈在毛泽东时代担着扁担到处修铁路、修公路、修水库，他们并没有及时享受到建设带来的红利，而是他们的后代享受着那时的红利。他们抱怨过吗？没有。那时的建设畅通无阻，逢山过山，遇水涉水。

多年的工作经验使他明了，干基层工作需要信仰和耐力。如果像鱼误进草丛里，只知发脾气、不耐烦、受不了，找不到出路，路就走死了。

如何才能让全国的村支书坚持下去呢？彭育晚认为，必须解决大家的后顾之忧，那就是养老和退休。在他心中，村支书是压力最大的人，能干满二十年的村支书不论能力强弱，绝对有功劳，对乡村治理有贡献。如果不能解决养老问题，就没人用心用情扎根基层。

谁都没料到，没过多久，晨光片区的班子成员思想波动，几人提出辞职，包括主要村干部彭某。他们认为工资低、压力大，工作效益也不理想。彭育晚连连叹惜："仗都还没打，人就当逃兵了，这仗还打得赢吗？"

他特意找彭某谈心。

彭育晚说："老兄，你原来也是支书，基层工作经验丰富，心里有什么想法，对当前有什么规划，我们好好聊聊。"

彭某并不遮掩自己的情绪，说："现在镇里安排的工作与我个人的身份不符，既然定补干部的薪水我没有，那么，镇政府的安排我可能不会遵循，但村里的工作我仍会尽力去做。我谨记自己是一名党员，为人民服务是本分、义务、责任。"

彭某囿于现实，深感力不从心。他有两个孩子，在外读大学，一年的学费得几万，每次交学费都让他头痛，得找人借钱。还有七十多岁的老母亲要赡养。人总得生活。他希望薪水待遇能保证养老养小。

彭育晚说："老兄，你讲得极对，工作必须做，老人小孩也应该赡养。你的精神很让人感动，为村民服务是正确的心态。体制制约了我们的薪酬待遇，我也曾向上级反映过，他们的回复是：政策是铁的，不能因为油溪桥村是先进村，就开这个先例。所以你的个人编制让我很为难。既然你的心态已经摆正，我也就无后顾之忧了。基层工作开展的广度与难度无法想象，你的这句

'为人民服务'让我放心。我们班子里'有福共享,有难同当'的团结精神一直都在,你的个人薪酬村里会考虑的。"

在彭育晚心中,彭某是油溪桥村的二把手,肩负着指导其他村组干部的责任,彭阳兵、彭民辉等更需要他的帮助与带教。在和彭某共事一段时间后,彭育晚发现了他一些不足,并坦然告之,希望他加强政治意识,在大会上不要发表异议,有意见单独提。这样才能让人看到村班子的团结精神,不会质疑村委的核心意见。作为晨光片区的分管人,应主动、有效落实所有工作,不把情绪带到工作当中。个人得失固然重要,但要相信组织会有交代,负面情绪会瓦解自己的能力与威信,要珍惜油溪桥这个平台。

彭某说:"平台是不错,但我在村里任职多年,已经有些倦意,之所以这届又进村委班子,是放心不下晨光片区的群众。他们的信任是我的责任与动力。但就目前班组的结构来看,也不少我一个。如果明年能找到合适的人选,我愿意退出。"

彭育晚说:"说'退'字太早,晨光片区有好几个人在协助你,有些事你不用亲自动手,只要指导他们就行。你有情绪,我理解,但要摆正心态。如果你想干,我保证你村主任的待遇。真不想干了,也做完今年,明年再做安排。"

彭某说:"明年自愿退出吧。但我也会一如既往地支持村里的工作。"

通过这次深入谈心,彭育晚做出如下总结:组织了解彭某的情况,做出相应承诺,如果他还坚持退出,村里将如实向镇党委政府反映,考虑另安排人选。彭育晚再次真诚地挽留彭某一起为村里战斗。因为晨光片区选择了彭某，他不能辜负他们。

彭某最终还是离开了。

晨光片区的村干部总认为工作不好开展，有阻力，责任在群众身上。彭育晚说："大家要好好反省。一个巴掌拍不响，肯定是你的理念和知识没有贯通群众的思想，没有找到真正的钥匙打开村民的心结，他们没有心悦诚服。长此以往，群众产生逆反心理，认为村里以强欺弱。因此，你们一定要做到以理服人，耐心引导、感化群众，赢得他们认可。"

晨光片区的群众也说："如果没合村，我们的路修不成。"

彭育晚说："从今往后，大家该有的都会有，差了的村里一定会补上来，但若弄虚作假占公家便宜，一分都没有。你们该拿出来的也必须拿出来，这么做事才有条理。"

在晨光片区，彭德友几人又组成了战斗小组，运用战略战术攻克每一道难关，谁冲锋，谁做工作，配合默契。推进经果产业时，以前遗留下不少土地纠纷，彭德友请各院组负责人及时了解登记并汇报到村里，在矛盾没有激化前——化解。他到晨光片区半年，处理了六起纠纷。基层工作不是一蹴而就的事，需要有人付出和坚守。

彭民辉是村里调解委员会的一员，他参加晨光片区的矛盾调解比较多，至少有二三十起，大多是历史遗留下来的矛盾。一些很小的事，邻里之间的土地、山林纠纷，当事双方为了一丁点面子、名誉、利益，互不相让。得山排院子的阳新河和阳正华是同一个家族的，以前一起住在四合院里，四合院分到户时，因为地界划分的多少和位置好坏，两家互不退让，积怨经年，动不动就打架。调解委员会给双方做了大量工作，目前两家已有和解迹象。

彭民辉感慨万分，晨光片区现在只剩他一人在村里任职了。他们离职，有家庭原因，也有承受不了群众不理解的压力，更是缺乏担当责任。晨光片区要想发展，根子还在思想观念上，只能一步一步慢慢引导。

张仁望说："刚合并时，油溪桥片区群众对晨光片区稍有微词，认为他们的基础建设没有我们好，会拖累我们。但后来大家都想明白了，既已合并，就应共享，我们有的，他们也要有。比如农庄百分之五的村集体收益，他们也有权利分红。"

值得欣喜的是，晨光片区潜藏着一股力量。一位八十多岁的老共产党员，叫彭忠宝，他参加过抗美援朝，深知现在的好时光经历了很多坎坷，来之不易。他风雨无阻参加村里的每一次会议，代表那一片的村民表达改变的意愿，感动了所有人。

四十九

过去的油溪桥，只要下雨，三山五岳的人都围拢来赌博。彭阳兵的爷爷是其中一个，还带他爸押宝，他爸如没押得好，他爷爷就骂。村里经常有人骂架，为了牛吃人家一兜禾，鸡啄了一棵白菜，上屋骂下屋，下屋骂上屋，甚至大打出手。也没人认真想过为了鸡毛蒜皮的小事，撕破脸面，值不值得。人人心胸狭隘，眼里只有自己碗大的世界。

油溪桥村的民风曾经最烂。有本事、有能力、脑子活的人通过当兵、考大学逃离了这里，在外参加工作或创业当老板；留下的人好吃懒做，大事做不来，小事不想做。有些人甚至走上了歪路，打抢做贼，一捉就是七八个。还有人专门扒车，骑墙像走平地，一下爬上去了，把货车上的东西往下扔。村里有个叫七姊妹的地方，公路坡陡，汽车爬坡容易翻，车翻了，货倒在那里，附近的人就蜂拥而上，一抢而光。南来北往的客商，从油溪桥经过都会提心吊胆。现在不一样了。如果有人翻了车货在那里，村民会去帮着捡起来。在油溪桥村周围，哪里发生安全事故，起火、车祸，村组干部就会出现在哪里。

有一次，彭阳兵他们在村里听到一声巨响，估计是出了车祸，一分钟不到便赶到出事地点。原来一辆摩托车钻到货车下去了。那人是外地的，在安化做生意。吉庆的一位医生带着他们把人从车子底下搬出来，别人都不敢，怕担责。可惜送到医院后没抢救过来。

村里变化很大。彭阳兵个人也跟着变化，这是他没想到的。

起初，他老婆天天在家犯愁："阳兵，柴米油盐样样要钱，你到村里干，拿什么养活我们娘俩啊？"

这确实是不容回避的问题，从一年十几万收入到村里这点微薄的工资，落差太过悬殊。彭阳兵开导她说："老婆，家里还有点老本，总不至于饿死的。"

"没有来项，再大的山都吃得空。"

"那怎么办？"

"这样你看行不行。村里的事你别落，空余时间再做点别的赚些生活费，两不误。"

如果能两全其美，岂不快哉？

于是，彭阳兵花一万多块钱，从安化进了一批拱门回来出租。生意火得很。他白天忙村里工作，晚上就去检查出租给客户的拱门电路短路没有。但他没想到村里的工作会多到这种程度，重担慢慢压到他身上，拱门生意做不成了，只得瞒着老婆便宜卖掉。

彭阳兵父母曾建过沙场，打粉沙，现在年纪大了，设备闲置在那生锈。他们说："阳兵，咱不图那虚的东西，你接好沙场的班，我们一家的日子就有着落。"

彭阳兵拒绝了。他说："现在哪还顾得上这些，我只恨不得一分钟能变成两分钟用。"他家里种了水蜜桃，养了甲鱼，田里还栽了高笋，都由父母在管，他完全没有一点时间照顾家里，连洗澡换下的衣服都是家人帮着洗了。

很多个晚上，他捏着酸胀的脖子从办公室出来，已是凌晨三点。深夜的油溪桥静谧安详，路灯照得村里一片通亮，亮得连天上的星星都看不见了。想起被窝里女儿均匀轻柔的鼻息，彭阳兵满身的疲惫一扫而光。只有家乡才能带来让人舒心的温暖，他愿意成为这温暖的守护神。

彭阳兵接手彭德友，担任综合治理组组长，他什么都得管。无论大小事，彭育晚都会点名："阳兵，你那要担起责任来啊。"村里难处理的问题、调解，环境卫生检查，美丽乡村、全国文明乡村创建，上门督促村民清理屋前屋后的杂物，拆除违建的棚子……都是综合治理组的工作。彭阳兵偶尔也在心底埋怨：

"我们总共才四个人，在支书的心目中，却是万能的，什么都得会，什么都得干。"不过，埋怨归埋怨，只要任务一来，他总会在第一时间带着队友们冲上去。

有人问彭阳兵："你过去在外面开挖机赚了不少钱，为什么要跑回来吃这种苦呢？对你个人、家庭又没什么帮助。是因为家乡养育了你，你回报它吗？是这种纯粹的朴素感情吗？"

彭阳兵总是笑笑，不多说什么。

彭阳兵有自己的想法。在外打工，一家几口人就散在几个地方，过年时在一起也住不了几天，又得分开。年年如此。他牵挂孩子，担忧父母，在外面很难安心。现在虽然忙，但每天见到家人，内心踏实安宁。外面的世界再好也是浮华，自己也是过客。回家既可帮村里干些实事，又不用四处奔波，一举两得。

村里要想发展，就要有项目资金来源，不论大小多少，都得去争取。国家每年对农村都有支持，油溪桥村有特色产业园、经果林、农庄等配套服务设施，与国家政策对得上口。彭阳兵参照彭育晚的文本，撰写资料，再把资料报送到县里、市里。因为现在的东西都需要公示，到市里还要找人盖章，所以得跟紧，不能把项目跟丢了。彭育晚一般没空，他去，彭阳兵得跟去，他没去，彭阳兵自个也得去。

彭阳兵很怕做得不好。一到年底，村民的待遇、村里的建设都等钱来支付，项目不能争回来的话，心里肯定有责任和压力。只要能办好，他两天不睡觉都顶得住。

油溪桥村对村干部的经济开支管控很严。彭阳兵在外办事，二百块钱以内的可以自行处理，二百块钱以上就要汇报。

有一回他去办事，时间赶不赢，领导快下班，东西还没出来。上面有时间要求，先到县里审，再到市里审，市里必须在规定时间到那，不然就关门。彭阳兵没把握好时间点，眼看办不成了。他很着急，不知怎么办。

只好先汇报彭育晚。

彭育晚当时在娄底办事，很多人围在他身边，他火冒三丈，一点面子都没给彭阳兵留，狠狠训了他一顿，说："怎么办？只有别办了。"

其时和彭育晚在一起的朋友吓了一跳，他后来和彭阳兵讲，阳兵啊阳兵，支书这么骂你，没想到你不到一分钟就振作起来了，又打电话说想好了怎么处理。

彭阳兵挨骂后，反倒好像有个结扯掉了，他冷静地匀了口气，马上振作，整个过程不到分把钟。他立马打电话给彭育晚说要怎么处理，征求他意见。彭育晚说："行，你尽管放手做。"

彭阳兵请局长吃饭，尽量拖延时间。他一边在微信上发位置给村里的文会，要他们赶紧把材料送过来。资料他早已准备齐全，只要他们到电脑上按要求拼拢组合就好。他又一边和人家说好话，我们地方有困难，我们想帮村里做点事，请你们支持帮助。吃饭、聊天、扯淡。彭阳兵只有一个意念，就是想方设法拖住他们，别走。结果，他成功了。在他心中，争项目就像打仗，争分夺秒，谁抢得了先机，谁就取得胜利。像南征北战一样，敌人在山那边，自己的部队在山这边，两个都放肆往上爬，谁先爬到顶点占领了制高点，谁就胜利了。

吼过后，彭育晚又觉得自己过分了，彭阳兵才二十六岁，换作别人，还是大男孩一个，他却为村里承担了那么多。他拍拍彭阳兵的肩膀说："阳兵，难为你了。"

彭阳兵咧嘴微微一笑，挺了挺胸膛，瘦高的个子更直了。

他说："支书，如果有人才，我就退。"

他说的是真心话。只要有人比他优秀、突出，他就不占着地方，把地方让开。但是如果工作当中需要，他一定仍会全力帮助、配合，听指挥。

彭育晚说："阳兵，别有意见，你知道我这人，性急。好好干，未来属于你们。"

彭阳兵说："我的确水平有限，跟在你身边，离你差距太远，帮不到什么忙。"

彭育晚对工作很挑剔。凡是他认为重要的事，他都会亲力亲为。交给别人做的，只是让人得到锻炼。

上级来村里检查工作，彭阳兵负责迎接。他把桌上的杯子倒满茶水，眯着眼睛用手中的旧报纸比对了两只杯子间的距离、角度，再依次把下只杯子做微微调整。桌上的茶杯便随着桌子的弧形曲线成了首尾相接的圆。

彭育晚来了。他扫了眼会议桌，脸上泛起满意的笑："阳兵，别小瞧这些，因小见大，人家一眼就能看出我们的工作态度。"

油溪桥村真正的样点在村办公楼里的办公室，这是让其他村一级，包括镇一级都汗颜的地方。

办公室里面收藏的东西规范整齐。这么多年的总结保管，县里面都不一定做得到，估计乱成一堆。彭育晚要求哪样在哪，都有指定地点，并且实际做的和文字记载结合，有指征体现，有实际证明，真实可信。他说："有些村做的都是假东西，有些做了真事，却没记录，没有证据，在别人眼里，也成假的了。"

彭育晚喜欢故意出题目考彭阳兵。彭阳兵刚进班子时，摸不着方向，什么都是一头雾水，他便每天都让他去办公室找材料。其实他要的东西办公室里并没有，他知道放在哪，彭阳兵翻遍办公室，便晓得哪些在哪里。过些天他怕彭阳兵忘了，又要他去翻。后来，彭阳兵知晓了他的用意，便想着好笑。

他让他翻是要他熟悉，今后用起来随时都可以找到，做到心中有数。

彭阳兵只想努力把工作做好，从来没想过别的。

合村时，彭育晚担心年轻人没职位有想法，特意问他："阳兵，你想不想，干不干得下专职干部？"

彭阳兵笑嘻嘻地回答："支书，我的能力自己一清二楚，你要把我放在蛮高的山上，我衣服穿少了冻人。"

这回答出乎彭育晚的意料，他由衷赞道："年轻人，有境界，不错。"

村里人认为专职干部是镇里认可、群众选的，名正言顺，感觉都不一样，好多人在意那种优越。

彭阳兵没把这放在心上。

彭阳兵还在山里带工，如没什么特殊情况，他一个人带着大家干，喉咙都喊得嘶哑了；早晨来时，会议室要操心，水要烧，东西要摆齐，该准备的得准备好。有时连杯子他都要提前洗好，人多的时候，夜里他还得提前把水调到保温状态，因为净化器烧水比较慢。湖南卫视来拍"新春走基层"时，他的手冻得完全像包子一样。

彭育晚对他说："心有多大，事业就有多大。你要坚信这一点。一个情怀、心不大的人，即便本事再大，永远走不远。"

彭阳兵说："村里建设好了，就会慢慢产生效益，村组干部的待遇也会慢慢提高。有我们的精神做支撑，人才会大量回归，村里可以设个人才库。"

一眼塘里，小鱼小虾年年有，真的大鱼却在海里。无论做什么事，从几百人里挑选和从几个人里挑选出来的人是不同的。干好基层工作得靠悟性，在掌握政策的前提下，在实践中不断总结经验，不断地完善自我。人需要目标，有目标的人一直努力走，总会走到。

彭育晚就是有目标的人。

基层的情况无奇不有。有的村选支书买票，几千块一票。在有些城市郊区、矿区、产业区，有人为了当支书，花了近一两百万。他们认为这个投资划算，只要当上支书，一两年就能回本。

彭育晚觉得这些很可笑，嗤之以鼻。

五十

彭育晚对村组干部要求严格，但也为大家的进步欣慰、骄傲。

这天他遇上了一件头痛的事。邻县一个团队来村里取经，且早已约定请他给他们上两小时课。不凑巧的是，省里临时有个重要会议点名他务必参加。怎么才能不爽约又不耽误会议呢？难道把自己劈成两半？

看着他焦急的模样，彭德友自告奋勇说："支书，你去开会，课我来上。"

彭育晚很惊讶："德友，你说真的？这可不是开玩笑的事。"

彭德友信心十足地说："支书，这些年我跟着你耳濡目染，你讲的那些，我都记在心上了。"

彭育晚大手一拍说："行！是骡子是马总得拉出来遛遛。我相信你。你每一天都有进步。"

上台前，彭德友把讲课内容细细在脑海中回想了一遍。说来奇怪，那些话竟像是刻印在他的脑子里一般清晰明朗。调整好思绪后，他空手上了台，连稿子都没带一张。好家伙！两个小时，他坐在那，口若悬河，滔滔不绝。

这堂课，震惊了整个油溪桥村。谁都没想到彭德友竟有如此水平。

彭育晚对他也大为称赞："德友，你的变化就是油溪桥村的变化，你最能代表我们村十余年的改变。"

没进班子前的彭德友，和许许多多过去的油溪桥村人一样，什么事也不想做，连在供销社卸货都不干，看不上那点零花钱。谁都料不到，他当上村干部后，天天为着村里忙，完全变成两个人，让人刮目相看，家里也建设好了。

彭德友家庭条件很差。他父亲是孤儿，四岁失父，六岁丧母，他父亲成年后和母亲辛苦盘活四子三女，一家九口住在一栋烂木架子房里，在生存线上挣扎。生活很艰难，彭德友几弟兄之间经常吵架，牙齿相撞也吵。彭德友内心敏感又自卑。这种生活让人绝望，他从没想过人生的美好也会降临到他身上，他只想人生再怎么好、再怎么风光都会死。他便麻木自己，在一天过一天，当一天和尚撞一天钟。

当时充斥在彭德友身边的都是些赌博、阴暗不光明的东西。他失望极了，没有人能撑起油溪桥村的一片蓝天。他只好随波逐流。不过，他从不干坏事。

油溪桥村人背地里说彭德友是跛跛鞋子的人，跛跛鞋子代表一种堕落、不向上，只图轻松好玩，玩世不恭，反正人生只有一世，他不愿意想太多。

麻木的另一个解释是淡然。彭德友悠然活在自己的世界里，不嫉妒，不眼红，不忧伤，不烦恼。他唱着凉快歌，打赤脚也很快乐。

谁都无法预测自己的未来。

彭德友人生的改变始自彭育晚当支书后。他经常跟彭育晚在一起，耳闻目睹彭育晚为人处事，思谋决断，胸怀坦荡，处处给村里做好事，浑身充满光明的力量，没有任何私心，也没破坏过村里的一草一木，是死都要维护大众利益的人。他的所作所为把彭德友的灵魂净化了。彭育晚的思路、讲话、做事，彭德友都认同，愿意放心跟着他走。彭育晚是全村唯一没喊过彭德友诨号"猫科长"的人，他尊重他。彭德友很是感动。在彭育晚的熏陶下，日积月累，彭德友也慢慢变成有追求、有梦想的人，也喜欢做好事、善事。

彭育晚从来不看轻一个人。假如你到他面前说别人差，他外表看起来在听，心里却在深思，他是不是和你说的一样？你讲给他的目的是什么？他喜欢总结探讨，但从来不会在背后说人。

油溪桥有彭育晚这样一个人站出来了，敢担当，敢作为，彭德友跟着他拼死拼命地干，边干边琢磨，怎么才能得人心？怎么规划自己的路线？怎么打动群众？他以自己为例子现身说法，教导群众不要继续堕落，要活得有尊严，要多思考问题。

彭德友崇拜彭育晚的智慧、机敏，能高瞻远瞩，善随机应变。跟着他，油溪桥村就有希望。油溪桥村有希望，彭德友就有希望，两者相辅相成。

彭德友对彭育晚满怀感激。感激他提供平台让他发挥，实现了他的人生价值。如果没有平台，再聪明也发挥不了。感激他带着大家一起努力，把不能实现的都实现了。彭德友从来没想过自己也能传播正能量，做一些有意义的事情。他真的感激彭育晚，让他能够给社会产生效益。

彭德友非常珍惜讲课的机会，每堂课都用心用情在讲。他希望世界所有的角落都能像油溪桥村一样，甚至更好。只要有人来，他就讲，任何东西都不保留。人活在世上没多久，能留下一点东西很难得。为了把课讲好，他一直在努力学习普通话，空余时间又摸起了久违的书本。一有机会，他就找彭育晚聊天，请支书传授理论知识。

油溪桥村是新化县的一面旗帜，也是全国的一面旗帜。

油溪桥村十多年建设，彭育晚则在外面争取了十多年资金。

他说讨米十多年他讨惯了，越讨越有味，他把这些钱用在油溪桥村每一个需要发展的角落上。

他大哥经常骂他："你到处去讨什么钱？讨回来的钱是大家的，万一出点什么事就都是你一个人的。"但是市委完全认可彭育晚，怕什么？只要是拿回去建设村里。拿钱回村里建设可以解决就业问题，减少矛盾，通过建设把钱返给群众，既做了实事，钱也用妥了。

彭育晚认为，为家乡发展担责值得，不能因为有顾虑就放弃。村里栽的红梅、桂花树年年长，这是跑不了的；群众养成的文明习惯，是跑不了的。现在还有谁把鸡放出来？还有谁"噼噼啪啪"放炮？

油溪桥村开展创建文明先进院组和十个好人先进模范评比活动，涌现出了一大批好人好事，比如：好家风彭育科、彭师山、好婆婆彭目桃、康银花，好儿媳鄢晓梅、彭顺香，好儿女彭海燕，助人为乐彭民辉……

吉庆华山三名少年在烈日下到油溪河游泳，其中一人因腿抽筋、体力不支，不慎溺水，两同伴施救未果，大声呼救。正在附近的彭民辉马上到电站把水关了，并立即打电话向彭育晚汇报情况。接着和彭俊良、张仁洋等人毫不迟疑地跳入六米深的河水中搜救。彭育晚闻讯后立即组织党员干部参与救援。水深又湍急，少年不知被水冲到何处。几个人扎了猛子下去，水虽清，却不见少年踪影。在水下不能憋气太久，他们又怕和少年失之交臂，只好轮流探出水面换气，在水中搜索了十分钟后，才把溺水者打捞上岸。人已没气了，但大家仍给他做人工呼吸，胸外心脏按压，希望尽最大努力，创造奇迹。毕竟是一条生命。很遗憾，由于溺水时间过长，已无力回天。油溪桥村召开向彭俊良等人学习的表彰大会，彭育晚为彭俊良等人颁发了"舍己救人"模范荣誉证书，并给予八百元奖金。

彭民辉在长沙学习，发现珊瑚大酒店的沙发上有一个钱包，里面有几千元现金和相关证件，他通过宾馆前台转交给失主，后来得知失主是怀化市通道县芋头古侗寨景区的负责人杨镖。

腊月二十七，快过年了，村里来了位迷失方向的男子，叫潘江，湘潭人。他能清楚地写出自己的姓名、父亲的姓名、电话和家庭地址，但是，隔几分钟又会不自觉地傻笑，精神似乎不太正常。至于什么原因离家，他只字不提。通过电话联系，得知其父母均已六十多岁，有重病，无法来接。彭阳兵、彭德友一边与吉庆镇政府、民政部门、派出所联系，一边向彭育晚汇报，与村组干部商量对策。安排潘江吃饱肚子后，已是凌晨一点。彭阳兵掏出二百元钱，递给他，让他以后一定听父母的话，不要到处乱跑。经多方考虑，特别是安全问题，村组干部自发筹钱八百元，租车连夜送潘江回家。

这体现了油溪桥村人精神面貌的根本改变。他们的物质财富得到充分发展，也收获了无比丰厚的精神财富。

五十一

　　彭育晚在部队时，新兵比武第一，由新兵直接当班长，他带的班一直是优秀集体；立三等功三次。他悟到主要技巧是学习，眼观手为，起决定性作用。他说："部队是锻炼人、让人思想升华的地方。我家有四个当兵的，他们熏陶了我。通过部队的学习，让我懂得人性的光辉怎么散发更有意义。"在部队，人人都知道彭育晚。什么表彰大会都有他的名字。他带兵时全连五点半出操，他却要求五点出操，他与他的兵，比别人永远多跑五公里。因为过人的素质与能力，他给将军做过警卫。

　　十余年支书，漫漫征程。在时间的长河中，可能不过是一朵小浪花，但对彭育晚来说，他倾尽了所有，他的青春、心血都毫不吝啬洒在了油溪桥这片土地上。纵然这样，还有不少明的暗的打击非议朝他袭来。他强由他强，他横由他横，彭育晚泰然自若地走在自己的既定轨道上。

　　可总有些难听的话刺得文二莲心窝子疼。她替彭育晚委屈。这些年彭育晚受的苦只有她最清楚，他每天顶着星星出门，踏着路灯归家，图什么呀？她气得按捺不住，把一摞报表甩到彭育晚办公桌上嚷开了："老公，别干了，我们回南宁，油溪桥有的是能人。"彭育晚大惑不解："怎么了？"

　　文二莲扫机枪般说了一大堆，"你禁炮就招卖炮的人恨！你禁赌就招社会上的人恨！你禁喜事大办就招做道士和包办喜酒的人恨！你禁渔就招爱捕鱼的人恨！你禁伐就招做木材生意的人恨！这些年，你从未管过我和孩子，管过这个家，这是何苦呀？"

　　彭育晚哑然失笑："被某些人怨恨很正常。老婆，你要调整心态，人家怎么说是他的自由，我们做好自己就行。虽然有人不满，但也有跟我一起无怨无悔战斗的人。党给了我这么一个平台，给了我工作上那么多肯定，带给村里这么大的发展变化，这是对我最大的关心。只要我在这位置一天，就要对得起组织的关心与培养，对得起村里干部和村民对我的信任，我绝不留下一分遗憾。真的，我不图别的，每当看到村里片片鱼跃果香、户户居住舒适、个个丰收喜悦，我就满心慰藉。我只愿有一天老去后，还有人记得我这老头子给他们留下了一点点东西，那就谢天谢地了。"

　　彭育晚从不把情绪带到工作中去，谁都没在村里一次会议上看过他半点脸色。他一天天成长、坚强。他只要有看得到的结果，别的东西无所谓。结果才是给人最好的荣誉。他感知得到村里巨大的变化，怎么可能否定自己？他收获了很多，得到了群众发自内心的尊重，也让自己的内心沉淀，这是最大的价值体现。彭育晚对得失愈来愈清醒。

　　他理解文二莲，觉得对她的引导还不够，让她的思想存在误区，以为无论做什么都是为了帮他，而没有站到改变家乡的高度。他要改变她，让她树立正确的价值观。他对文二莲说："别人的不理解，不能阻挡我们前进的脚步。只要我们村组干部都战斗在前线，其他都是小事。发展，用正确的方式往正确的方向发展，才是我要的结果。即使为此得罪某些人，我不能再干村支书，也不会因此改变我的做法。"

在他的影响下，文二莲的境界逐步提升，连续两年被群众选为县人大代表。

彭育晚说："基层工作要想做好，必须有强大的心理承受能力与政治自信，不能对自己质疑，它是个漫长的过程。没有信仰与信念，很难出成绩。"

他很自信，无论遇到什么困难，从不气馁。现实生活中，他从不传播负面的东西，谨言慎行，有着一股成熟的沉静的力量。

彭育晚小时候卖过冰棍。背着箱子边走边卖，五分钱一个。赚两块钱也让他的内心很满足。一块六毛钱的生活费，省四毛钱给妈妈买包子回来。家里来客人了，他不上桌子吃饭，一是有点害羞，二是父母有交代，不允许。

他母亲说他很有"人气"。彭育晚对这个词的理解是：爱热闹，有阳光气息。

他那时淘气，用此来体现存在感，有着天不怕地不怕、不服输的个性。他和小伙伴们挖暗洞，放点树枝盖住，有人从上面路过时掉洞里，他们偷着乐。除了淘气，他也爱帮助人。十二岁那年，有人掉进了水里，那人体重约二百斤，不懂水性，他一个猛子扎进去，居然把人拉了上来。他说，当时也没想太多，"嗵"地就跳进水里了。

同村的康旺国在新化被人欺负，当时彭育晚刚退伍，血气方刚，一个人大战好几个。后来新化街上就有了一个说法："晚吉飞得起来。"讲义气、霸得蛮、耐得烦这些梅山汉子的精神在他身上得到很好的诠释。

目前，还有些农户并不看重村里发展带来的利益。毕竟在外面打工的利润更大。不过彭育晚并不担心，因为现在已经往好的方向走，以后只会越来越好。

他说："大多群众只看得到眼前，这是现实。村里只有给群众带来看得见、摸得着的收益，大家才不会再怀疑，会百分之百支持村里的工作。面对以后的发展，村里的压力会小不少。"

彭育为是个老党员，年龄七十多了。他从没缺席过村里的会议，风雨无阻。他说："现在形势大好，搭帮习主席，政策好。我呢，还能赶上这么一个好时代，可惜老了，做不到什么了。据我眼睛看着的，耳朵听着的，我们村的幸福指数比吉庆、新化范围之内的其他村都要高。我们这里到处有路灯，夜里光晃晃的。搭帮村委领导，彭育晚支书干得好。"

村民们说："生活在油溪桥村真幸福！"

通过十余年努力，在党员村组干部的带动下，油溪桥村村民由过去自私自利的小农思想，变得有情怀了，村里修路，要征收一些田土，村民说"没事，你拿去尽管修"；村里实行"十不要"，特别是春节、清明节不许放鞭炮，村民说"我一定遵守"；村里要搞建设，为了省钱，要义务筹工筹劳，村民说"你么时叫一声，我就么时来"；村里建户主档案，一些违反村规民约的不文明现象要记入档案，村民说"我下次一定改正"……一句话，"只要是村里的决定，我们都遵守"。

彭育晚高兴地说："村干部为村里做了很多，留在村里的人都被他们带出来，自立，自强。油溪桥村人精神面貌焕然一新，我感到了最大的欣慰。"

五十二

彭育晚上任前，油溪桥村财经账目混乱，规章制度不健全，当然村里还欠着账，无钱可管。财务工作是个敏感话题，他上任后，狠抓财务制度建设，制订财务管理办法，成立村级民主理财小组，选举彭玉华任组长，彭中来、阳清华、张仁敬任组员，具体负责村里的财务管理工作。

刚开始的时候，虽然大家思想纯朴，工作热情高，但由于以前并未从事过相关工作，没有经验，老出现各种纰漏，彭育晚总是手把手教他们如何开展工作。村里的文会，是个做事严谨、细心的人，但根本不懂财务制度，竟然把彭育晚委托她管理的财务专用章交给彭阳兵保管。彭育晚知晓后又气又好笑，说："你不懂，我不怪你。财务专用章是村里财务的命脉，我是法人代表，我行使权利，把章授予财务人员，是工作的需要，也是彼此的信任，但你不能把公章私自授予他人。我们去镇里办事，要盖章的话，得镇长签字同意，不然谁敢乱盖？这是很严肃的问题，要负法律责任的。"

文会被他说得面红耳赤。从此，文会不断加强财务方面的学习，努力提高自己的业务水平，尽量把账目做得清楚规范。

彭阳兵老婆给彭阳兵洗衣服，从他兜里翻出张给村里买文具的发票。彭阳兵接过仔细看了看，不声不响撕了。老婆急道："你犯什么傻？钱都没报销呢。"

彭阳兵说："这发票还是九月份的，现在已经十一月了，支书规定一个月报一次发票，逾期不予补报。怪我粗心大意，把它夹在资料里忘了。"

老婆揶揄他："你这班上得可真带劲，又出力来又垫钱，村里真该给你评个先进。"

彭阳兵笑笑说："太多的钱我也垫不起啊。这个月的发票我都清好，签上名字交给支书助理审核，支书今天审批后会到出纳手里，我就能把钱拿回来了。"

老婆怀疑地看着他说："彭阳兵，这张是我碰巧发现的，真不知你干过多少回傻事了。人家巴不得多开发票找公家报销，你倒好，自己花的都要不回。"

彭阳兵连忙止住她："老婆，这话可不能乱说。油溪桥村没有这种浑人。再说，支书那眼睛，面粉里落颗盐他都挑得出，报假票、多报票的人不得吃不了兜着走？"

老婆问："支书专管别人，谁管他呢？"

彭阳兵说："支书很注意这些的，他本人经手的费用得班子其他成员审批。"他还告诉她，村里的钱管得很严，彭育晚的审批额度只在二百元之内，二百元至一千元由村委会和民主理财小组集体审批，一千元以上必须经村民代表大会讨论通过。凡未经审批的费用一律不准报销入账。村里支出二百元以上，必须在登记本上说明用途。

彭育晚要求村里的财务必须高度透明，不能有一分钱的出入，这既是对全体村民负责，也是对村干部的一种保护。他对理财小组人员说："你们要态度端正，严于律己，这是基本的做人做事原则。账目交接工作中不能出现脱节失误，谁失误由谁负责。"

理财小组四个人，任何财务不是混到一起一遍就过，而是一个一个审，你过了，他那里再过。最后签上名字，交到彭育晚手里。因此，村里的账目没有半点虚假，开支的资金绝对有项目可看，完全没有漏洞。

油溪桥村每年一两百万的账，打三个点的税来说，要花六至七万，而这些替供货商买的税并不准报账，要求内部消化。所以，村组干部都养成开税务发票回来报账的习惯。

油溪桥村的特点是建设项目多，很多项目资金都由县财政专项直接调拨，不带吉庆镇的现金指标。彭育晚利用这个优势鼓励外出办事的村组干部，提升底气和勇气，全力维护村里的利益。上面规定村里的财务情况一个季度公布一次，油溪桥村却一月一公开。村里建立了专门的财务公示栏，在这一个月里，村里花了什么钱，搞了什么建设，到月底，理财小组把财务方面的有关资料、照片、详细数据都打印出来，张贴在公布栏内，清晰地呈现给村民，让他们了解得一清二楚。

彭育晚总是在考虑如何把村里的钱用好，用到关键的地方去。

他要求村里的相关项目，资金落实到位后，账目要及时跟进。种经果林的与经果林组签协议，买苗木的与苗木组签协议，结合项目要求，互相之间配合，做到项目到位账目也到位。

彭育晚要求文会，不光到了的钱要通知他，那些曾和她提过但没到的钱也要提醒他。这样他才好继续跟踪，把没到的钱寻回来。如果不说清楚，东一榔头，西一锤子，他不知哪家单位的钱没到，找谁去？

他对文会说："你是村里的内当家，工作要实要慎，当不好一团糟，当好了就得心应手，转得溜活。各种情况都要盯在眼里，放在心上。盯和不盯是不一样的。有钱不盯，领导那么忙，谁管那么多事？你提供的信息要高度准确，我才好去催，不然，过一两年人家还会给吗？一定要清晰地告诉我，钱还有多少没到，到了的钱还有哪些没领，要让我心里有数。等、看是没用的。"

油溪桥村做到账目、资金办理一分钱都不丢，一次机会都不错过。虽然不容易，但只要高度负责就能行。

现在村里的财务管理越来越规范，越来越透明。国家已实行村级财务"互联网+监督"。点开网站，上面来了多少资金，村里什么项目支出多少钱，清楚得很。比如公路维修花了两万块钱，便要上传发票，发票上有谁签字，谁批准的都看得到。镇里的财务审查也很严格，很细化，办公开支、广告费、资料费、打印费、办公用品费，都要对接项目做账。遵循专款专用的原则，什么项目资金就用到什么项目上。

谁对村里的财务有疑问，财务人员教他上网一查，就能看个清楚明白。

村里公司、合作社、农庄的财务管理，彭育晚从外面聘来专业会计，大家只需配合，严格把关，走向规范化。

油溪桥村根本不存在贪污现象。很多村干部都是从外面回来建设家乡，既然放弃外面的好条件，选择回家，就不可能贪图小便宜。一年到头，村里都在不停建设，上面的钱常要到年底才能到位，每个村干部都会给村里垫资，多则十几万，少的也有三五万。

彭育晚在镇里办事，上面下来一笔资金。工作人员说："彭支书来得正是时候，你顺便把这笔钱领回去，省得我们保管。"

彭育晚摆摆手："你也知道我的老规矩，我不和现金打交道。"他通知文会和出纳，让他们两个人一起来镇里领取资金。

工作人员说："彭支书，我真佩服你，十多年你都没破过例。"

彭育晚也不参与做账，充分信任班子里所有做事的人。遇上有人查账，他也不到场，光明磊落，任由人家怎么查。后来上面有政策说下面不能设小金库，村里不能做账，账目便直接由镇经管站接管，签了合同的承包项目，资金直接打给承包方。有些项目是村里自建，劳动力自筹，账目仍由村里做。

吉庆镇定期到油溪桥村参加财务审计会议。财务审计就是核对账目，查找误差，让群众清楚钱用在哪个地方。审计完后公示七天，有疑问的话可以直接找村里，也可以找镇里，可以把账目拿出来重新核查。保证财务工作公正透明。

五十三

知人善任，人尽其才，一个团队才能走向成功。

选人用人，彭育晚注重的是人品和执行力。

他只要和人打半个月交道，就能给每个人把好脉，每个人的特点，适合干什么，他记在脑海里，一目了然，知人善用。

会写字的就用笔，能讲话的就讲话，晓得挖土的就挖土，愿意冲头打先锋的就冲头打先锋。他看人准，用人准，做事也准，把人用得溜活。苏开初只知写字，不善表达，便负责会议记录、申报资料、张贴制度、报表等有关文字的事。需要去外面跑，争项目时就让彭民辉、彭阳兵放开手脚去谈。

油溪桥村的村组干部们，各有各的个性。铜锣湾片长彭玉华，很幽默，做事干净利索，但如果被惹恼，他发一通火就不管事了，要别人给他擦屁股。他这人，听不得差话，只能听好的，如果有人说他差，他爱理不理，事也不干了，心就会像退烧一样凉下来。只能哄孩子般哄他，说他干得好，他便像迎风转的风车，停不下来。

张仁望很扎实，喜欢做工，也善于这一行，各项建设都能保质保量完成，是交代一遍不用再说第二遍的人，彭育晚安排他任施工建设组组长，多年来一直负责村里的建设。

彭德友跟彭育晚一起看牛，一起长大。彭育晚把他带进村里，看重的是他的执行力，只要任务一布置，他总能执行到位。

村里人戏称彭德友有点毛毯火。什么叫毛毯火呢？毛毯火烧起来了只能冒一下烟。开始做事时，他比谁都冲得高，火焰冒得高，前期做得很好，到了中间，那股火就蔫了，再后来，火看不见了。彭育晚认为他只适合综合治理，有新举措出台，能先冲一把就去冲一把。

彭德友说："我只要冲上去了，就想速战速决。拆棚子时，我只想怎么才能拆下去，挨家挨户做工作，只看怎么快就好。因为只要果断，茶芽子就不得萌，等它一萌棚子已拆，萌也没用，所以事情处理就有了模样。"

彭德友是个性急的人，笃笃地干，产业就能推下去。为了不给彭育晚添乱添堵，很多事彭德友都瞒着他，可他总像长了千里眼，一见面就说："德友，你有一桩事又瞒着我。"听他这么一说，彭德友便乖乖和盘托出。其实人家是在套他。

彭育晚的确爱用心理战敲打村组干部。

彭阳兵说："我们支书总讲，哪段游步道旁有瓶子，谁捡了才是真正务实的人。"

彭德友说："我没看到有瓶子。"

彭阳兵说："这是心理战。他这么说，是要村组干部走路带眼法，到底那个瓶子在哪里？顺便把别的垃圾捡了。其实根本没有什么瓶子。"

彭德友说："他是在旁敲侧击。"

彭阳兵说："我们这些人天天都在仔细找，瓶子到底在哪里？寻遍了硬是没寻到，环境卫生倒好了。我虽然怀疑他声东击西，但确实也可能有我们没注意到的地方。他走路都在观察四周，而我们总是只看着眼皮子前，两者之间的角度不同，发现的问题也不一样。"

彭德友说："他蛮讲究方式方法。"

彭德友最了解支书。

他说："支书是做大事的人，我们跟着他没错。"

彭德友虽然跟彭育晚私交甚好，但这和发展是两码事，他保持着清醒的判断力。跟一步看两步。如果跟一步，不进步还退步，他坚决不会再跟。事实证明，彭育晚走得又快又稳。

彭育晚走遍了整个新化县城的打印店。因为村里以前没有会复印电脑打字的人，在家里不能把他想要的文字、图片编排出来，剪辑图片，做成刊物。一份报告都要老半天才能打出来。现在彭阳兵他们能很快做出PPT，他轻松多了。

彭阳兵去新化县城的一家打印店打文件。打印店老板一看文件上的"油溪桥村"四个字就笑了，他问："今天彭支书没亲自来呀？"

彭阳兵纳闷："你认识我们支书？"

老板笑意更浓地说："新化的打印店谁不知道他？让人头痛的家伙，我们看见他就怕。文件打出来，错一个字都不行，一遍两遍三遍更正。他又小气得很，一分钱都不加。"

老板学着彭育晚的神态和嗓音说："是你们搞错了，还要我加钱？"

他学得惟妙惟肖，彭阳兵也跟着笑起来："那是，我们支书就是这样的。"

彭德友说："支书这点我也清楚。那些年他到哪家打印店，我便跟到哪家，他从不单独行动。小文说我才是他的第一个老婆，睡都要和他睡在一起，没和他睡一起，手机也会被他打得烫人，挂又不敢挂。"

彭育晚常深更半夜一个电话来："德友，你在哪里？"

彭德友回答："我在家里睡觉。"

他便没好气地说："啊！你还有心思睡啊，搂着老婆舒服。"

彭育晚"嘭"地就把手机挂了。彭德友也不介意，知道他不是发脾气，他在工作上有很多烦恼，打电话也是释放压力的途径。他的意思是我睡不了，你也别想睡，得跟我一起分担。五分钟不到，彭育晚的电话又到了。他细细地向彭德友交代工作，怕他疏忽、毛糙，一杯茶该怎么倒、怎么摆都反复讲了好几遍。

文二莲被他的大嗓门吵醒了："你明天再说不行吗？"

彭育晚说："事太多了，想起什么我就得处理好什么，不然忘了更麻烦。"

"你倒是习惯了，可人家呢？你大半夜搅得人睡不了觉，影响白天工作。"

彭育晚没有一丝倦意："真想干好工作，哪还分白天黑夜，他会理解的。"

"真是服了你，那你继续打，我去别的房间睡。"

彭德友再怎么捂着嘴"嗯嗯呀呀"，腊嫂还是睡不着了，她气恼地往彭德友头上砸了一枕头："还有没有完？都说了快一个钟头了。"

彭德友冲她"嘘"了声，指指卧室门。腊嫂没办法，打着哈欠也去了另一间房。

彭德友敦厚，笑起来眼睛眯成了一条缝。为了得到腊嫂的支持，他变着法子在她面前念叨村里的好。村里有人在外的工程款要不回，那人知道彭德友朋友多，在外头有些关系，便请他帮忙。彭德友帮他把钱要了回来，那人非常感谢，硬是送了一罐茶叶给他。彭德友推辞不掉，只得拿回家。回家后他说是工作干得好村里给的奖励，腊嫂不知他又撒谎了，以为真是村里奖的，高兴不过，大力支持他的工作。彭德友不爱撒谎，他也没觉得这是撒谎，村里的确时刻都在关心干部群众，只是方式不一样而已。

彭德友认为彭育晚是个狡猾死了的人。以前让他任综合治理组组长，就是考虑到晚上兴许有人偷鱼，他的手机不能关。彭育晚可以随时打他电话。他如果没接，他就骂人：电话都不接，别人怎么向你报案？你是什么综合治理组组长？

以前没有智能手机，老式手机声音大，吵死人，调到振动吧，人也跟着弹，一来电话，彭德友一下就被吓醒了。他如果一次没接就会被罚五十块钱。彭育晚的理由是，综合治理组组长是搞治安工作的，手机白天晚上都不能关机。

彭德友和支书关系越好，挨他骂越多。有时，他不是真正地骂彭德友，而是借此骂其他人。有些人年纪比他大，他考虑到别人的尊严，只得指桑骂槐。聪明的人提头就知尾，但有些不会听话的人以为真是在骂彭德友。

没办法，彭德友就这么长年累月地被他骂了去。

彭育晚知道他不会介意。有时彭德友被他骂得没头没脑，摸不着墙。等他气消了便问："支书，怎么又骂我了？我都不晓得这桩事，你没交代我。"

彭育晚说："德友，没办法呢，只有你和我关系好一点，不骂你骂谁？他们骂不得。我骂你实际是在间接地骂他们。"

挨骂次数多了，彭德友想悄悄抗议，他向彭育晚建议说："你要开会骂人的话，我们没必要参加，你给那该骂的几人直接开会骂，是他们工作没到位。"

彭育晚不干，说："不行。虽然你们没有错，但也不是百分之百对，看我怎么骂他们，可以汲取教训。"

他很少指名道姓，统一骂，让人难受不过。

彭育晚就是这么寻找工作方式。

彭德友没入党前，村里开党员会，他硬要彭德友参加。

彭德友说："支书，你要我去干什么？我不是预备党员，在里面好尴尬。"

彭育晚说："让你听听怎样开展党内生活，党员怎么严格要求，难道听都听不得？"

彭德友只好老老实实坐下来。

过去很多人叫彭德友"猫科长"，带有挖苦、讥讽的意思。彭育晚派他去晨光片区主持工作，他的思想境界、个人能力，说话水平都提高了，还有信仰、眼光也提高了。在晨光片区很有号召力，也像支书一样。

彭德友清楚这并不是他个人的能力。村民都知他代表支书。纵观全局，油溪桥村的发展中，彭育晚是关键，有团结奋斗的班子和集体，领导者又善于用人，用得恰到好处。

彭育晚看中的人，都心为己所想，人为己所用。他说："一个地方的人总有参差不齐，就像山里长的树，有的高，有的大，有的矮，有的歪，还有笔直的。这个情况很复杂，就看领导如何驾驭。"

中途合并的晨光片，和油溪桥片区不光有发展距离，还有思想距离。油溪桥片区经过了十多年打磨和洗涤，晨光片区想一下走上正轨，那是神话。良药苦口利于病，一定要耐心让他们加强思想观念的转变，彭育晚不时告诫自己。

因此，他从不强迫晨光片区推进建设，他等着他们主动要求。他们有要求，他一定去解决。油溪桥村推进基建时，彭育晚想在晨光片区同时推进。晨光片区不同意。他说行，不勉强。油溪桥片区基建搞好后，晨光片区的人过来看，觉得不错，说，支书，我们那边也要建。彭育晚这才组织人到晨光推进。

如果当时他硬性规定，反而给自己出了大难题。基层工作，以东击西很重要。以东击西，让群众变被动为主动。村支书不但要有好的心理素质，还要努力掌握工作技巧。

彭育晚打了个比方。一个孩子的家庭没有竞争，给他东西吃他也不爱吃；两个孩子的家庭就不一样，会抢着吃。如果晨光片区的思想没改变，强迫去推进，得找更多的理由。即使事做成了，他们也能挑出十个不是出来。油溪桥村的建设一直无条件遵循三个原则：土地不能征收，得按村里的规划，得由村里来开发。任何建设，村里都牢牢把握这三条，所以畅通无阻。这就是讲究方法和技巧。

彭育晚说："一个地方发展滞后，一定要寻找原因，然后改变，解决所有挡道的障碍。解决问题，不光要敢炸碉堡，还要善于进攻，完全把敌人打垮。手榴弹丢出去不只炸人，还能掩护我们。它不一定要炸着人才有用，掩护我们时更有用。"

有计谋，有策略，作战如此，乡村治理也一样。

多年历练，彭育晚对怎么当好村支书有了自己独到的见解。

当好支书并不难，只要用心去做。有些村支书只知怪群众不理解、不支持，原因其实在自己身上。真正造成村里工作开展不动的，是村支书选人用人的观念不对，大多支书普遍有困扰和顾虑，认为选择几个听话的和自己关系好的、会捧的人，更能体现自己的权威。有些人为了保住位置利益，甚至不惜向邪恶势力妥协，与他们称兄道弟，误导群众内心对美好的向往。有时他们说的竟比领导的话还管用，领导都怕，群众更不敢吱声。这是错误的。村里用人一定要遵循一个标准，那就是用真正为群众服务、为群众谋福利的人，这样的人才能得群众心，才是素质高、品质好的人。

谁品格好选谁，谁有能力谁上。用人导向严格，让所有人都看得到，怎样的人才能得到村里的认可。

支书一个人要跟全村的群众搞好关系，这有难度，每个人性格、思想都不同，但是可以利用村干部跟全村人走到一起来，班子几个相处好了，就意味着能跟全村人的关系处好，利用每一个村干部的为人处事，利用他们在每一个院落的人格魅力，就能带活全村。

支书自己做得好，得到群众认可，才能驾驭优秀的人。尺有所短，寸有所长，每个人的优点都不一样。支书应当胸怀宽广，希望有人能强于自己，江山代有能人出，地方才能稳步向前发展。

五十四

心在哪里，结果就在哪里。

彭育晚最初只是凭着一腔热血，答应杨力勤书记，改变家乡贫困落后的面貌，一步一步走来，他的眼光越高远，思想越深邃，情怀越温暖。他发现全国还有很多像油溪桥村一样的村庄，还有万千像油溪桥村人一样的人们，他有责任和义务去帮助他们摆脱困境，他要给大家树立可以学习的榜样，他愿意为此奋斗不息。他不断总结经验、得失，不断积累，渐渐形成了一种独特模式——油溪桥模式。

彭育晚深有体会地说："干农村工作，一定要有定力。上面的领导来自各个部门，这个说要这么干，那个说要那么干，干到最后稀烂，他两腿一弹，走了。瞎指挥真让人恼火，不听吧他说你架子大，但能听吗？他又不懂这地方的实际情况。我天天在思考村里的发展，中国乡村的发展，思考今后五年、十年甚至更长远的利益。"

独木难成林。

油溪桥村并不是靠彭育晚个人的力量在单打独斗，彭育晚很庆幸身后站着一个优秀团队。他们村班子积极向上，无私奉献，这是无可比拟的优势。村里的基础设施、产业发展，纸上谈兵没用，要用行动才能换回来；村里的好民风则是通过制订村规民约，狠抓落实，经过很多斗争，管理出来的。这一点一滴都离不开村组干部的努力。

当然，彭育晚也不敢想象如果没有文二莲的默默支持，他能走多远。她是他最强有力的后盾，有她在，他走得笃定而又顽强。

三十年不遇的寒潮来了。大雪率性地从早上下到黄昏，它的热情丝毫没有停歇的迹象。从镇长办公室出来，彭育晚才发现，路已被厚厚的雪冻住了，路上一辆车都没有，没有司机敢上路。镇长留他在镇上住一夜，天气好转再回去。彭育晚说："老婆在家等我呢。没车，我不还有一双腿嘛，走回去，这可是难得的锻炼。"镇长拗不过，嘱咐他注意安全。

多少年没踏雪而行了！彭育晚难掩兴奋之情，他昂头扑入洁白的冰雪世界。雪花曼妙而又轻柔地把他从上到下笼罩住，有些调皮地落在他的唇边，凛冽清新的气息直入肺腑，身体里积存多时的浊气都被逼了出来，只觉神清气爽。前方的路上铺着比蛋糕还厚的雪，鞋子一踩上去，便没了踪影。这雪可真大！朋友圈有人晒了，说是深达十八厘米。这在南方可真难得。瑞雪兆丰年！明年油溪桥村的桃子肯定更甜。彭育晚噏着嘴唇，打了长长的呼哨，喜滋滋地抓起一团雪，用力抛向前方。雪团在空中四散开来，就像绽放的绚丽礼花。

得知彭育晚走路回家，文二莲的心吊在了半空。路都被冰冻住了，走在上面，稍不留神就打趔趄。镇里到家里，那么远，天又快黑了，她喃喃自语："这家伙，总爱霸蛮。"她隔不了几分钟就打他的电话，问他到哪了，路还好走吗，冷不冷……她的屁股一挨沙发，腿就不由自主弹起来，拖着她趴到窗台前去瞅那个熟悉的身影有没有出现在门前的路上。几番折腾后，文二莲把在朋友圈里看的据说是骨科医生教人怎么在雪地里走路的方法发给了彭育晚。她把烤火炉生得旺旺的，只要彭育晚一进门，就能感受到无处不在的温暖。

彭育晚知道她怕自己摔着了，可大男人，走路还用人教吗？不过，他抬脚落脚益发小心起来，他不想让她担心。

几个小时后，彭育晚终于看见了自家窗户亮着的灯光。他三步并作两步，跑上楼梯。门悄然打开，融融暖意扑面而来。文二莲迎上前，替他掸落头上、身上的雪花，不由分说把他按在烤火炉跟前坐下："冻坏了吧？烤暖和再说。"

彭育晚把手伸向她："一点都不冷，你看，我手心都在出汗。"文二莲麻利地把焐在锅里的菜端出来，又盛了两碗饭，笑着说："饿得我肚子咕咕叫了。"彭育晚责备她："不是叫你先吃吗？""没事，饿了还好些，多吃点。一起吃才有味。"文二莲边说边把彭育晚碗里的锅巴挑到自己碗里，"饭在锅里焐得太久，都成锅巴了，又干又硬，你吃这软和点的。"彭育晚抢过她的碗："我就爱吃锅巴。"他大口大口嚼起来，嘴里发出"嘎巴嘎巴"的脆响。

吃完收拾好，文二莲马不停蹄拿起了搁在茶几上的毛衣。这毛衣她紧赶慢赶，只差一只袖子没完工了。天气预报说，低温冰冻天气会持续一段时间，今晚无论如何她都要把它织好，彭育晚穿上它，去哪里都不怕冷了。彭育晚静静地守在一旁。文二莲灵巧而快速地戳针、绕线，看得他眼花缭乱。彭育晚情不自禁轻轻叫了声："老婆。"文二莲心无旁骛织毛衣，没有应声。彭育晚想起以前文二莲在南宁的日子，想起那时家里冷清，孤独。他加大声音唤了两声"老婆"。文二莲温柔地抬头应道："哎？"她的眼神分明在问："怎么了？"

彭育晚转身抱出一摞资料。这些天，他一直在思考油溪桥模式相比于其他地方的优势与可行性。

油溪桥村每项工作都务实向前，每项产业都可持续发展。经果林种植成功后带来绿化效益和采摘效益。游客到村民家摘果，摘了果又在那里吃饭，或是在那吃饭的游客又会采摘果实，两者互为补充。产业做到实处，就不用愁钱的事。各产业都成了规模，合理规划，同时参与的群众也能受益，残疾人也种上桃树，贫困户养了甲鱼，还能卖出好价钱。和别的村土地流转、租用的模式比较，油溪桥村群众的利益是最实在、最稳当的。

彭育晚认为，油溪桥模式是乡村振兴最好的模式。他们哺育、喂养、销售一条龙，自己生产自己消费。

很多企业看中了油溪桥村的自然资源，想和村里合作开发旅游，湖南卫视和上海一家企业在和村里联系合作打造水上乐园。他们已经不缺投资和技术，重要的是要打造出特色，他们正逐步将建设重心转移到产生效益的项目上来，为村民谋福利。

油溪桥村的发展建设没走错过一步，彭育晚就像下象棋，走一步就想好下一步该怎么走，因为亏不起。他说："人家一千万干出的效果不一定比得上我们十万。有些人总不能让群众满意，而我，绝对能调准群众满意的地方。"

他凭什么敢这么说？

凭彭育晚结合当前政策、时代，地方的实际情况，想个不停，讲个不停，走个不停。他每天都在用心思考问题，发现问题，解决问题。他节省了时间、资金，少走了弯道，减少了损失，做到精益求精。

中国乡村需要这样的治理模式。

彭育晚反对土地流转、租赁。油溪桥村曾尝试过流转，但发现不可持续，甚至阻碍束缚了经济发展。土地流转到某一个人，富起来的只有一家；不流转的话，每个农户都有产业，大家同时富起来。

土地流转，一亩田，即使承包金能高达每年一千块钱，油溪桥村是丘陵地区，五分田一个人，五百块钱一年能解决什么问题？土地流转了，村民只能给别人打工，别人吃肉，村民只能喝汤。不共同致富，人与人之间，怎么会没有矛盾？要想维持地方建设的可持续发展，应当让群众的利益最大化，让大家同时能看到希望。资源是群众的，产生的效益也是群众的。农村工作者不能只看眼前，而要用心思考发展产业到底为了谁？受益公平吗？有没有工农矛盾？共同致富的目标能实现吗？流转可能创造短期利润，但承包期满后呢？终究是不能永远承包的。农民如果没有农业支撑，怎么还能像农民？油溪桥村拿出了更好的办法，带动所有人积极参与农业。

彭育晚也在思考规模农业。谁都无法保证规模农业未来的风险有多大，成本投入有多大，以后的市场又会怎么样。如果不因地制宜，只管盲目、大面积推进产业，造成市场过剩，效益谁又来保证？所以，发展产业切忌盲目跟风，要发动群众直接参与，合理整体规划，尽量推行投入少、风险低的产业，便于应对市场，便于规避风险，便于充分支配劳动力，便于销售。

彭育晚希望油溪桥村成为解决工农矛盾突出、土地荒废严重、贫富差距大等问题的先行者。现在，油溪桥村的群众家家户户有产业，生活有保障，有钱没钱的人都能享受发展机遇。油溪桥模式巧妙圆满地解决了三农问题，这是一个活生生的试验基地。为了使自己的建设经验和管理模式得到全面推广，彭育晚归纳整理出各类基层工作心得体会六十余万字，他为省内外参观学习团义务授课达一千余次。

不少没技术、没素质、不负责的人，满肚子都是对社会、现实的牢骚、不满。而油溪桥村人却乐于奉献，因为他们对这块土地爱得深沉。

彭育晚小时候家里穷，学费都交不起。苏术初知道后，给他送了一百块钱来。那时的一百块多么值贵啊！苏术初家也不宽裕。这份温暖与感动他记了一辈子。身为油溪桥村人，他时刻记着在困难的时候得过乡亲们的帮助，他想感恩。当他身处深渊，乡亲们用力推他出来，他要反过去再把他们拉出来。这个选择是无价的，能体现人的能力和价值。

人在外面，可以要求待遇，但回到家乡，谁都不行。这些年，他除了专职干部的每月一千两百元工资外，没在村里再拿过一分钱，包括公司、农庄的操劳，全是义务劳动。很多人敬佩彭育晚的奉献和牺牲精神，他自己从没觉得吃了多大亏，反觉收获满满。虽然他没直接拿多少工资，但村里的资源升值了，产业发展了。别人十年内捡芝麻，他们是十年里放掉芝麻，十年后捡西瓜。这是更大的收获。

没有哪个战士打仗不想赢。

彭育晚始终坚信，付出一定有回报，坚持就会有收获。这回报可能远在十年、二十年之后，但也可能会是笔永远的财富。

他知道，只有永远站在人民一边，老老实实、勤勤恳恳为人民服务，才是永久的，才经得起历史检验。村里面的工作都是顺应村民呼声，想村民之所想，急村民之所急，村干部们从来都是村民中的一分子，大家是一个利益整体，一荣俱荣，一损俱损。

彭育晚说："我当油溪桥村支书，只不过是村民的代言人。我从来都不敢放松一分钟，做梦都在给村里做事。"油溪桥村每年要推进什么产业，彭育晚都做了公开承诺。他真心希望所有村民的日子都能好起来。

彭育晚时刻都保持理智，村里的发展从不盲目图快。两百斤的担子，人只能挑着走几步。分成两次，便挑得起。如果不量体裁衣，一年就会走入死胡同。村里的发展资金不多，需合理谨慎安排，既不能停止建设，也不能欠债。如果背债，今年帮村里做事的人，年底拿不到钱，明年就不会来了。一定要把握好度，该急的急，不该急的不急。算不准的东西他从不碰，有什么事，他都要备好一二三梯队保险。比如他找人帮忙，一个没办妥，没关系，他还拜托了第二个在后面，还有第三个。就算百分之百能成的他也有备案，他绝对不会被一步棋就将死。

彭育晚上任第一天就立下三点决心：不跟村里群众发生直接利益往来，不进高端娱乐场所，不跟歪门邪道上的人来往。十余年过去，他没违反过一条。彭育晚遵纪守法、自我保护意识很强，从不独断专行。他当村支书，没有哪个亲戚得过任何不该有的利益。原则性强才能服众。

他哥哥开大卡，给村里运东西，彭育晚特别交代张仁望，数量价格一定要查实，他不能靠这些关心家人，不能让别人说闲话。如果失掉原则，为家人谋私利，怎么能当十多年支书？一年人家就把他看透了。

彭育晚的一个好友找上门来，开门见山地说："晚支书，油溪桥村建设项目那么多，肥水不流外人田，有好项目给我一个，自然忘不了你。"

彭育晚哈哈一笑："兄弟，这你得和张仁望联系，村里的工程都由他调度，我不插手。只要你价格优惠，质量保证，和大家一起来竞标就行。"

君子爱财，取之有道。任何朋友想到彭育晚那包工程占便宜，不可能。他没吃过包工头一餐饭，没拿过他们一个红包。拿了红包，万一是豆腐渣工程，抓质量就没底气，心虚。羊毛出在羊身上。不拿红包，才能严格要求质量。他不干扰任何工程，也不给任何人讲好话。谁找他说好话，他都不搭理。找他没用。但如果是张仁望他们向他提要求，"支书，这个砌保坎的师傅要加点钱才要得。"他就会答应。

每个油溪桥村人都把自己当成一滴水，把村里当大海，有大海，水永远在。人与人之间互相帮助，一个人是一根筷子，油溪桥村是一个拳头；别人一个指头围绕家庭建设，油溪桥村一个拳头围绕村里建设。他们始终记着，不能老依靠国家，国家能帮更好，不帮也不能给国家添麻烦，自己有责任把家乡建设得更好。

村民认为村里的模式非常正确，他们说油溪桥村有彭育晚支书是件十分幸运的事，他们感谢他，也将继续支持他。

五十五

彭育晚一直围绕"让村民奔小康"这个理念，在油溪桥村发展产业。别的地方发展产业时，多是组织者、实施者占大头，村民占小头，油溪桥村百分百的利益都给村民。

全面建设小康社会，乡村振兴，村一级需要担当。如果个个村级组织能承担责任，国家怎么不好治理？实现振兴指日可待。

2018年1月12日，彭育晚参加湖南省委1号文件起草座谈会，作为唯一一个农村支部书记代表，他就乡村振兴提出三点建议：乡村要振兴，一看村级组织能力强不强，二看乡村风气好不好，三看产业发展模式行不行。

彭育晚意识到，只有不断提高村民群众的素质，养成良好的习惯，才能让文明创建根植于心。文明创建工作的关键不是钱而是人。因此，他把文明创建和美丽乡村建设作为对村民最基本的公德要求，并结合实际，民主地制订相应的文明公约，开展各种学习评比活动来激化村民的参与度和认同感，营造良好氛围，以"钉钉子"的精神不断推进文明创建工作的提档升级。

创建美丽乡村有件让人头痛的事，得拆除村里所有乱搭乱建的棚子，要命的是，彭育晚只给彭德友十五天时间。他说："别人的我不管，你先去把我哥彭育光家的拆了。"

彭德友硬着头皮上门了。

彭育光老婆堵在门口不许他们进。她含着眼泪说："这棚子去年才建，花了一万多块钱，崭新新的，你们怎么能说拆就拆？"

彭德友说："嫂子，大家都得拆，你们配合的话，支书的工作就好开展了。"

彭育光老婆死活不松口。

彭育晚把彭育光叫到了办公室，劈头盖脸给他上了一堂政治课。他说："我是支书，你当哥的都不支持我工作，不拆棚子，谁还会支持我？"

彭育光说："你当支书，我又没占什么便宜，干吗拆棚子就瞄准我呢？"

"如果你能得好处，我这支书还干得下吗？"

"你只知要我付出，要我拆，我靠那车养家糊口，棚子拆了，车子日晒雨淋，生锈了我家怎么办？"

"谁家的车不停在外面？是兄弟的话就要理解我。你不拆，别人的怎么拆？这也没办法。我们是一家人，以后你如果遇到困难，我个人一定会帮助你，就像以前一样。"

彭育光想起买这车时找彭育晚借钱，他一句推辞的话都没说过。他只好说："你都这样了，我还讲什么？要拆就拆吧。"

"你能想通最好，你是我哥，应该支持我的工作。"

就这样，油溪桥村的棚子都顺利拆除了。

彭育晚身上透着一种梅山人的强悍。村级管理，他奉行严爱分明，对事不对人，管得严就是爱。软软弄弄，推进不了工作。

一些不起眼的小事，彭育晚都会想得很深很远。

　　一天，村里有位妇女在旱田中间烧玉米秆。玉米秆烧得毕毕剥剥，浓烟滚滚，灰烬随风飘散到四处。彭育晚正好路过，他掸落头上的灰烬，寻思起来：这是典型的野外用火，正是天干物燥的时候，如果蔓延开来，那还得了？可又在旱田范围以内，没出田埂，要怎么算？这问题让他很纠结。他想，应该把防火详细明确要求到田间地头，才能更干净利落。万一小朋友在外面玩过家家，点把火烧着玩，这又如何处理？彭育晚意识到这是村规民约存在的漏洞，亟须改进。

　　没过多久，他嫂子在山里烧玉米秆，彭育晚把她作为第一个违犯者罚了。当时彭阳兵他们嘴上不敢说心里却想："这是第一次，原谅她吧，自己嫂子，不然，亲戚关系都僵了。"

　　文二莲也帮着嫂子说好话："嫂子可能不清楚，下不为例。"

　　彭育晚鼓起眼珠瞪她："你怎么这么点觉悟？我是村里的一家之长，规矩制订了，人人一样。"

　　"你看，我没回来之前，哥嫂经常喊你去他们家吃饭，现在你却……"

　　"这是两码事。公是公，私是私。他们有什么难处，我们可以尽兄弟情谊帮助他们，但绝不能徇私，否则，她烧了，别人也可以烧。"

　　彭育晚当众说："给我全村通报批评，该罚多少就罚多少。"后来全村人都知道了这事，他嫂子还被罚了二百块钱。在彭育晚心中，工作是工作，私事是私事，任何人没有特殊，不能讲儿女私情。什么事他都身先士卒，而不是一味只知要求别人。如果没有这种执政决心、大义灭亲的精神，想把村里治理得比别人好，都是零，不容置疑的零。

忠诚到了极致便是无情。没有人能逃离故土牵绊，彭育晚内心也有个这样的脆弱角落，他忠于村支书职守与担当，对家乡行大爱，默默地奉献自己对家乡的深情与眷恋。

这是他最大的底气。他不对任何歪门邪道让步。当村支书首先不是能力，而是坚定的信仰、信念，如果怕得罪人，千万不要当。

某领导来油溪桥村参观后对彭育晚说："你们这里的建设也只一般化，又没什么高楼大厦。"他听了后，觉得很悲哀。在油溪桥村建几十层高楼大厦，合适吗？搞个形式让别人来参观？油溪桥村一步一步走了十多年，致力解决人、生态环境、基础建设、配套服务、产业开发等一系列根本问题，村里将实现群众产业效益最大化、利益合理分配作为奋斗目标。

这是真正的全心全意为群众服务在行动。油溪桥村之所以能走出来，得益于实干。只要不损害群众利益，他们就敢尝试，就有希望。

村里的硬件配套大都已跟上发展的脚步，软件也在不断更新。经常有游客问油溪桥村能不能搞个微信扫一扫，随便在哪都能找着来。彭育晚很多朋友想来，却找不到地方，只好要他发微信定位。村里有些懂电脑的年轻人，他们出谋划策，利用网络平台给游客提供更便捷的服务。虽然不能一蹴而就，但千里之行，始于足下。

新化县委书记朱前明说，油溪桥村初步实现了农业强、农村美、农民富，为探索乡村振兴之路做出了很好的榜样。油溪桥村善于做转化文章，变荒山秃岭为金山银山。一个远近闻名的省级特困村，嬗变成全国文明村、全国脱贫攻坚示范村。油溪桥村这个典型的最大意义在于它不是上级党委政府集中人、财、物力打造出来的"盆景"，因而具有更高的学习和推广价值，不论贫困地区还是先发地区都可以学习，但也是最难学到手、做到位的，因为它不是靠单纯的资金投入就可以做到的。目前，新化正在全县范围推广油溪桥村经验。

2018年7月3日，彭育晚应邀在湖南省十二届政协第二次常委会议上做了发言。他说，油溪桥村要把资源、人力和政策有机融合对接，走市场化、规模化的发展道路，让每一位村民成为公司的员工，让每一家农户都成为公司的股东，还要带动周边村庄的发展。彭育晚信心十足，油溪桥村将在丘陵地区和资源匮乏的地方创造一个更大的奇迹，为乡村振兴摸索出经验。

一个有前途的国家不能没有先锋，一个有发展的村庄不能没有楷模。

彭育晚设想，五年后，油溪桥村六十岁以上的村民都能解决养老就医的问题，村里拥有一所教学设备和教学质量一流的完全小学，实现油溪桥村党建引领全面决胜建设小康村庄的目标。他们正为创建全国"全面建设小康社会示范村""新农村建设示范村""精准脱贫示范村""民主法制示范村"和全国"最美休闲乡村"五个创建目标而积极努力。

天才蒙蒙亮，一群鸟儿落在窗台上啁啾不已，这些小调皮每天都会来闹腾。文二莲支着耳朵倾听许久，感觉它们的叫声比往常毛躁了许多。莫不是雪大，找不到食物？文二莲披衣起床，往窗台撒了一捧谷粒。鸟儿们高兴坏了，伸直尖嘴啄食起来。胆大的竟歪着脑袋啄到她掌心来了，它们啄几下又停下，晶莹的眼珠子一眨不眨地盯着文二莲看一会，又从容地踱开。吃饱后，它们扑棱棱飞向远方。远处山上，在大雪的覆盖下，树木依旧挺着青翠的身子。这里没有汽车的轰鸣，没有街道的嘈杂，文二莲仿佛能听到远山树木拔节的声音。彭育晚也来到窗边。听着身后人绵长的呼吸，文二莲突然说："老公，我们把南宁的房子卖了吧。"

"为什么？"彭育晚摸不着头脑，"家里什么地方要用钱吗？"

"没。你看，这多美啊，没有噪声，空气也比南宁不知好到哪去了。"

"可是，房子卖了的话，你就不能回去了。"

"我哪也不去了，就守着油溪桥。现在，村里不光外部环境好，连乡亲们的内心都和以前不一样了。说实话，以前我真受不了他们的狭隘与尖酸。"

彭育晚上前拥住文二莲的肩膀："以前村里穷，乡亲们做得不好，也是被生活所逼，你要多担待。乡村振兴，村里的每个方面都会往前走。相信我，以后的日子好着呢。不过，我不同意卖掉南宁的房子。"

这回，轮到文二莲疑惑了："为什么？"

"房子在那，好歹都是财产。再说，我们又没急着用钱。"

"房子总空着不好，没有人气。要不，我们把它租出去？"文二莲眼里蓄满笑意，"你的工资太低了，我收点租金正好补贴家用。"

"好办法。"彭育晚夸奖道。

文二莲转了话题："不知德友家的年猪杀好没有？他昨晚说请你去吃猪血的，我还真想喝那鲜美的猪血汤了。"

"走，我们一起去他家蹭一顿。"

这么多年，文二莲和彭育晚一样，从来不给别人增加不必要的麻烦，但今天是杀年猪！油溪桥村有个传统，杀年猪时，主家都会真诚邀请亲朋挚友一起分享喜悦。

葱花猪血汤、油爆猪肝、酸辣肥肠、蒜焖五花肉装在蓝瓷大海碗里，一碗碗摆在桌上，像一座座饱满的山峰。主人不停地给客人们布酒搛菜，客人则吃得满嘴流油、红光满面。那些时光可真让人怀念啊。文二莲不由拽着彭育晚加快了步伐。

壮实的腊嫂远远迎了上来。她拽着文二莲来到厅屋里。大肥猪已被剖开膛肚躺在门板上。腊嫂眼角笑出一大把褶子："这年猪足足有三百斤呢，不亏我喂了一年。"

文二莲摸摸白花花的大肥猪，一种真挚的富足与欣喜迅速在心中升腾起来，她惊羡道："腊嫂，你真厉害，害我都眼馋了，明年我也喂头猪。"腊嫂得了夸，圆胖的脸上绽开一朵灿烂的月季，兴致昂扬地说："好啊，过年后我就带你去场上买猪仔。"

空气中弥漫着猪溺味和新鲜猪肉特有的腥味，文二莲不但没有感觉不舒服，反倒有些迷醉，这是最朴素、最真实的生活气息。想起自己曾经不顾一切想要逃离它，她的脸有些发烫。她搜寻彭育晚的身影，发现他正帮着德友在翻猪肠子，两个人配合默契，很快就要入席了。

五十六

经过多年不懈的坚持，油溪桥村实现了村民人均年收入由不足八百元到一万二千元的飞跃，村级集体收入突破一百万元。

在这个基础上，如何进一步调动全体干群工作积极性，保障村民的利益，让大家的日子越过越红火？彭育晚探访过很多形势很好的村庄，当经济发展到一定程度后，群众的思想和精神会渐渐松懈，集体凝聚力会减弱，经济不能持续发展，甚至出现倒退。这种情况，不光油溪桥会遇到，全国许许多多的村庄都普遍存在。这是横亘在彭育晚眼前的一道屏障。彭育晚甚至感到它藏匿在某一暗处，挑衅般讥笑。一定不能让它的阴谋得逞！

怎么攻克呢？

彭育晚在古老的油溪桥上苦苦思索。油溪桥村从零开始，一步一个脚印，一年一个模样，自己也由一个普通村支书嬗变成了全国的明星村支书。面对党和政府给予的荣誉，面对自己村庄的进步，彭育晚有了一种更高远的情怀和责任，要为广大的乡村蹚出一条更好的治理大道，为国分忧，解决农业农民农村问题。

他一直不是一头只知埋头拉车的牛，他喜欢抬头看路，经常通过网络进行学习。湖北群艺集团董事长李荣的"积分制管理"像一道闪电照亮了他的心，"用积分调动员工的积极性、用积分增强制度的执行力、用积分培养员工的好习惯、用积分建立健康的企业文化、用积分打破分配中的平均主义、用积分留住人才、用积分建立优秀的管理团队、用积分解决管理中的各种困惑……"这不正是彭育晚苦苦寻觅的东西吗？彭育晚兴奋极了，一个乡村，同样可以通过积分制进行管理啊。他开始认真学习，结合村里的实际情况拟订具体规则。

彭阳兵纳闷地问："支书，什么叫积分制？"

彭育晚举着整理好的初稿说："简单地说，积分制就是把村民的每一点每一项，以分数的形式呈现出来，再将分数转化为经济。"

彭阳兵听了，匪夷所思，说："又不是在学校考试，怎么给人算分数？"

彭育晚说："这个好办。先给每个村民一个基本分，在基础分上优加劣减，村民的土地入股，算分数；劳动力算分数；村规民约做得好也算分数……用分数的形式来体现村民的情况，再根据分数分配村里的红利。只要规则制订好了，就是一个公平、透明、可操作的长期激励机制。"

彭育晚信心满满。

油溪桥村级集体经济已经发展起来，利益分配是大家关心的问题，只有做到按劳分配，多劳多得，不劳不得，才能促进群众的共同参与建设。而积分制的推出，能最大限度激发村民自身活力，实现村民利益分配公平公正，用制度推动全面发展，更快更好更持续地建设美丽文明的乡村。

彭育晚多次和村组干部、群众对积分制管理进行研究和讨论，广泛征求群众建议，不断完善积分款项。坚持以人为本，引导群众积极参与积分制管理全过程，做到积分制管理依靠群众，服务群众。

彭育晚说："我们眼光要放长远，要想可持续发展，不能光靠个人的理念、能力、人脉，而是要用制度来保障，来引导大家共同进步。我们要尽快把积分制推行下去，成为全国农村精细化管理的典范。"

积分制在油溪桥村顺利推行，收到了很好的效果。

村里规定，只要完成义务筹工的村民都能得五十分，在这基础上多做一天加五分，多做两天就加十分，多三天的加二十分，多四天的加三十分，不断累计。让多干的人和没干的人产生区别，防止出现做与不做、多做与少做都一样的局面。家庭所得分数越多，待遇越高，使村民投入付出与收入成正比。环境卫生搞得好，给村里做了贡献都能奖分，分数能变成钱，大家怎么不好好干呢？

油溪桥重视教育、尊崇文化，特别制订有孩子考上大学的家庭要加分，连小学生得奖都可加分，以此带动村里的文化氛围，让大家都想学习。当然也有人嘀咕："人家祖祖辈辈出人才，我家穷，出不了人才，好处都让他们占了。"彭育晚回答他们："不能拿自家比别人差当借口，你家没出人才，更要加倍努力培养，让后代一代比一代强。"

他就这么一点一点鞭策群众跟上去。

积分制有奖也有罚。违反村规民约的人按标准罚减分数，产业没管护好扣分，邻里之间吵架扣分，红白喜事超标扣分，破坏公共设施扣分，在村里不做事、煽风点火、看把戏的人，重扣。如果分数越来越少，钱也会分得越来越少，人人都逼着自己做好，还杜绝了矛盾。通过积分把村民的日常和利益紧紧捆绑在一起，激励、制约、规范村民行为，全民积聚满满的正能量。

油溪桥村统计积分时召开全村大会，公开透明，让群众明了，哪些事干了会处罚，哪些干好了会得到奖励，只要努力，谁都能过上好日子。

积分制还与评先评模挂钩。村民积分高于平均分的，还可以被推荐为"最美党员""最美村官""最美家庭"等荣誉称号。"模范党员""十星级文明户""五清五禁模范户"等授牌必须是积分高于平均分的农户，向上级申报的各类"道德模范""劳动模范""创业模范"和先进典型等也必须是参与积分制管理的先进代表。

积分制把一切过程转化为结果。在油溪桥村，任何人，只要比彭育晚多做工、做得好，就能分到比他多的钱。

积分制激活了基层党组织建设，充分发挥广大党员的先锋模范作用，提高村组班子的村级治理能力，确保村民自治的正确方向；激发了村民潜能，优化乡村治理。群众积极参与积分制管理全过程，实现积分项目全覆盖，积分对象全参与，积分过程、积分奖励全公开，确保积分制管理公平公正，全村形成了人人参与、积极向上的良好风气，积分制带来了真正的村民自治。

彭育晚说："没有积分制，村民和我关系好时，我的话他愿听，关系不好时，我的话他就不听，干群关系体现更多的人情水分。有了积分制，篮子里的分红，不管我在不在，他分数多就能多得钱，分数低就会少分钱。这样才能带动群众的自觉性，村里才能持续发展。"

彭阳兵说："这么一来，村里的发展并不会因为某一人的变动而受影响。这解决了一个能人振兴一个村，能人走了又反弹的后顾之忧。"

积分制是制度，制度有发展、成长、成熟的过程，每个阶段所处的情况不同，举措也不一样。油溪桥村积分制不断创新管理理念，完善管理办法，形成特色管理制度，使村民自我管理、自我教育、自我服务。通过积分制，把村里的一切规范化、常态化，具有了连续性，成了促进村里未来发展建设的量具。

十年磨一剑，彭育晚一直探索研究乡村治理最佳模式，终于取得成功。湖南省委一号文件起草时，已经把"户主积分制管理"列入其中。这种可复制可持续发展的模式是一种利益联动机制，集激励、监督、分配于一身，目的是凝聚正能量，实现公平正义、长治久安，它是在原来的油溪桥模式基础上的突破，升华。

深秋，金色的阳光铺满山野，这是一个收获的季节。从北京传来了振奋人心的消息：彭育晚的实践成果——户主积分制管理，被中央农村工作部作为乡村治理经典案例向全国推广！沉稳的彭育晚也显得很激动，这是莫大的荣光与喜悦。村民们由衷赞叹："支书真是我们村了不起的大英雄，把一个山旮旯搞得全国皆知。"文二莲站在人群里，静静地聆听乡亲们的议论，分享着老公的成功与辉煌。她满怀深情地望着彭育晚。没错，他是她的英雄，也是大家的英雄，是无所畏惧、开创未来美好生活的当之无愧的英雄。文二莲想起被她烧掉的笔记本，眼睛泛起潮湿。

时光不会遗忘，历史也不会遗忘，彭育晚更不会遗忘。油溪桥村山变绿了，水变清了，村民的日子变甜了。这些都是彭育晚和所有村组干部群众撸起袖子奋斗出来的，他们的心血和汗水浇灌出了累累硕果。彭育晚正在筹划建造村史馆，把村民档案袋、党员廉政登记表、党员干部戴过的红袖章、用过的建设器具、村民群众所参与建设和贡献情况，都陈列到村史馆，把曾经丢失的、这一代人努力树立的自强自立、担当奉献的精神，一代一代传承下去，铸造成为油溪桥村的村魂。

油溪河就像一名从陡峭山脉中走出的英勇战士，一路艰险，一路欢歌，执着地向前流滚，时不时拍起澎湃的波浪……

后 记

　　我离开《芙蓉》杂志社去了西藏，然后从高高的雪山之巅回到故乡新化，无论是肉体还是心灵都有失重的感觉，有时在家里走着，分明看到坚硬的墙壁还在很远的地方，可是，却突然"砰"的一声撞上了，头晕眼花。坚硬的墙壁好像置于波动的流水中，不停晃荡。我找不到路径，只好静止不动。站了一会儿，房子里的家具包括茶杯渐渐清晰起来。

　　从喧嚣中脱身，我打定主意想回到安静里去，找到写作状态中的我。

　　我的心也仿佛置于流动的水中，怎么努力都不听使唤，无法静止。

这可能是流浪的惯性使然。

平时找我看稿、提意见的人仿佛约好一样，不见了，我感到轻松，有时心头也掠过一丝孤寂。这个时候，冷水江市作协组织去油溪河漂流，邀我参加。

有朋友惦念，我很感动，欣然前往。

油溪河很多年前就入过我的小说，是一种半生半熟的关系。我出去流浪近二十年，终究陌生了。

我的父亲在油溪桥那一带工作，我跟他去玩过，印象中穷山恶水。但我们漂流时看到的村庄，干净整洁，水泥道路阡陌纵横，今非昔比。我惊讶这个村庄的变化。

其时，省作协号召作家们深入三湘四水生产生活第一线，书写脱贫攻坚乡村振兴实践中贡献突出的个人和单位。我抱着试一下的想法，探问新化县委宣传部的同学，是否有值得书写的个人或单位，他毫无打停地说，油溪桥村彭育晚。

至于彭育晚，我并不认识。

经多方了解，获知他是我高中同学彭育武的弟弟，有了一份亲切，加上我曾经当过六七年村支书，尽管久违，但曾对乡村治理有过一些思考，感到熟悉，顿时涨起兴趣。于是，我决定深入采访。

申报选题时，手里没有任何资料，内心很空，我想起曾经看到过的一张图片，说的是一个人手举一根大棒，把穷神赶得满世界飞跑。于是，我临时决定以《送穷神》为书名申报了选题。

一过完年，我一头扎进油溪桥村。我和彭育晚一见就如故人。透过镜片看他的眼神，深沉坚定，凭直觉判断，他身上蕴藏着很多东西。他很忙，只能每天中晚餐陪我到山上农庄吃饭时聊聊天，从山下到农庄，大约三里路。晚上，如果他有空，我们就在他家里聊天，兴味盎然，聊到深夜两点，意犹未尽。他思路清晰，睿智，深谙国家关于农村的方针政策，说起乡村治理，一套一套。他的言谈举止、思想涵养，无不显示他干练沉稳的素质，是位优秀的乡村工作先行者。

说到采访，我得益于我父亲的荫泽。油溪桥村组干部和群众，只要上了年纪的人，都说认识我的父亲，说我父亲是一个大公无私的人。听说我是老书记的儿子，他们很高兴地和我喝酒、交谈，零距离相处，把我当成自己人，知无不言，毫无顾虑。我获得了第一手有益的资料，很翔实。

在油溪桥村，除了认识彭育晚，还认识了张仁望、彭玉华、彭德友、彭阳兵等村组干部，我非常喜欢他们。他们的所作所为，真是感天动地。他们是梅山文化基因的杰出代表，朴素、倔强。

我采访得到的资料是一大堆乱麻，我希望找到头绪，盯着电脑发了数天呆，不知从哪下手。突然有一天，灵光在脑子里一闪，油溪桥村的成绩是干出来的，他们做了那么多事，就用他们所做的事作为本书的框架结构。于是，我把他们做了些什么事，一一列出来，然后把与这些相关的东西归到一起，几经梳理修改，就成了现在的这个样子。

油溪桥村的脱贫攻坚、乡村振兴这部书迟早会有人书写。机缘巧合，让我成了它嬗变的见证人和记录者，我感到荣幸。我觉得是油溪桥村在呼唤我，漂泊在外的我回到故乡，就是为写这部书。说实在的，写这部书，我比别人更有得天独厚的优势。我是他们的老乡，他们说的方言土语，我懂，我甚至知道他们的言外之意，我们交流无丝毫障碍。那里有我父亲的足迹，有我可爱的同学，我对这一方山地充满感情。更重要的是，我有当村支书的经历。一直以来，我有一个愿望，就是把我的这一段经历记下来，油溪桥村的出现，彭育晚的出现，使我找到了一个出口。当然，这部书写的是他们，但我把这一段的情感和兴趣都转移到了他们身上。完稿后，我把书名改为《嬗变》。从社会学这个角度来看，我觉得我做了一件特别有意义的事，因为，只要世界还有穷困，还有落后，油溪桥村的做法，就有借鉴作用。

愿世界每一个角落都更美丽，人民生活更美好。